먼저 퇴사해보겠습니다

먼저 퇴사해보겠습니다

퇴사부터 하고 계획을 세운 도른자의 생존법

초 판 1쇄 2024년 02월 06일

지은이 도른자
펴낸이 류종렬

펴낸곳 미다스북스
본부장 임종익
편집장 이다경
책임진행 김가영, 윤가희, 이예나, 안채원, 김요섭, 임인영

등록 2001년 3월 21일 제2001-000040호
주소 서울시 마포구 양화로 133 서교타워 711호
전화 02) 322-7802~3
팩스 02) 6007-1845
블로그 http://blog.naver.com/midasbooks
전자주소 midasbooks@hanmail.net
페이스북 https://www.facebook.com/midasbooks425
인스타그램 https://www.instagram/midasbooks

ⓒ 도른자, 미다스북스 2024, *Printed in Korea*.

ISBN 979-11-6910-484-5 03190

값 19,000원

미다북스는 다음세대에게 필요한 지혜와 교양을 생각합니다.

퇴사부터 하고 계획을 세운 도른자의 생존법

CRAZY SURVIVE

먼저 퇴사해보겠습니다

도른자 지음

미다스북스

재산은 가슴속에 품은 꿈과
방 한구석 책상 하나면 충분하다.

추천사

이 책은 단순한 자기계발서가 아니다. 일상의 틀을 깨고 꿈을 향해 도전하는 모든 이 들에게 필요한 지침서이다. 저자 도른자는 원하는 목표에 집중하였고 단 6개월 만에 목표를 이루었다. 목표한 내가 되는 방법에 대한 마인드 셋, 전략 전술, 실행 계획이 궁금하다면 이 책을 꼭 읽어보기를 바란다. 이 책을 통해 당신의 목표가 단순한 구호 가 아닌 현실로 다가올 것이다.

해원칭(『라이프 위너』 저자)

비상을 꿈꾸시나요? 퇴사가 마려우시다고요? 이상과 현실 사이에 고통받는 이유는 4가지 미신을 믿고 있기 때문입니다. 아무 계획 없이 회사를 그만둔 외벌이 가장의 생존법은 다음 생존자인 당신의 손을 힘차게 잡아줄 것입니다. 생존 파트너 도른자 님의 손 놓치지 마세요.

정예슬(책사언니)(함께성장연구소 대표)

이제 더 이상 안정된 직장은 없다. 경기 침체와 각종 질병 등으로 도산하는 기업들이 늘어나고 AI 발달로 인간이 설 자리는 줄어들고 있기 때문이다.

그럼 우리는 어떻게 살아가야 하는 것인가?

위기에 대처하는 자세, 그리고 마인드 셋.

목표를 가지고 쉽고 빠른 실행력으로 생존을 위한 방법을 찾아야 한다.

그 해답이 바로 여기 있다.

퇴사 즉시 정체성 목표를 세우고 6개월 만에 달성한, 행동으로 보여주는 도른자의 책이 당신의 불안한 미래에 대한 길잡이가 될 것이다.

윤명희(럽맹)(13K 인플루언서)

잘못된 미신을 뿌리치고, 목표를 위해 어떤 어려움도 마다하지 않으며 도전한 생존법 전문가, 외벌이 가장 도른자 님의 조언이 이 세상에 나오게 되었습니다. 당장 아무런 계획이 없어서 새로운 도전을 주저하는 사람들에게 도움이 될 만한 이야기가 담겨 있습니다. 이 책을 추천하는 이유는 다양하지만, 가장 중요한 이유는 6개월이라는 런웨이 안에 무언가 성취하고 싶은 당신에게 '가능성'이라는 가장 강력한 무기를 제공해 주기 때문입니다. 이 책을 통해 독자들은 자신의 삶을 새롭게 바라보고, 자기 삶이라는 비행기의 조종사 자격증을 확보하게 될 것입니다.

이윤정(『평단지기 독서법』, 『10년 먼저 시작하는 여유만만 은퇴 생활』 저자)

닉네임 도른자
처음엔
한 발 뒤로 물러나게 한
이름이었지만

그분의 생각과 계획을 듣고는
절로 박수를 보내다가
어느 순간
배울 점을 찾고 있는
저를 발견하고 웃었습니다

누구를 쉽게
인정하지 않는 나이가 되고 보니
존경할 만한 마인드와 비전을 품은
도른자 님의 책은

돋보기를 코끝에 걸고라도
꼭 읽고 싶은
꼭 읽어 내고 싶은
그래서

안주하고 있는 나를
조금 움직거리고 싶은
바로
그런 책입니다

장경자(『인생은 피하지 못한 새똥처럼』 저자)

어떻게 이렇게 단기간에 단단하게 자신만의 브랜드를 구축할 수 있을까? 퍼스널 브랜딩을 공부한 사람으로서, 빠른 속도와 단단함의 균형은 쉽지 않음을 알기에 이게 가능하다는 것이 더욱더 감탄스러웠다. 촘촘하고 실용적인 내용이 체계적으로 구성되어, 책을 읽으며 그저 따라 하는 것만으로 적어도 둘 중 하나는 확실히 채워질 것이다. 퇴사 혹은 미래가 고민이라면 안 볼 이유가 없는 책이다. 책과 함께 삶에 자유와 성공을 안겨주길 바란다.

김지숙(완벽한오늘)(『나를 더 사랑하게 하는 퍼스널브랜딩 상담』 저자)

드라마로도 큰 성공을 거둔 웹툰 〈미생〉에는 이런 대사가 나옵니다.
"회사가 전쟁터라고?", "밀어낼 때까지 그만두지 마라.", "밖은 지옥이다."

그런데 회사 밖이 정말 지옥일까요? 만약 살아남는 방법을 모른다면 지옥일 것입니다. 하지만 살아남는 방법을 안다면 어떨까요? 더 이상 지옥이 아닌 천국이 될 수도 있습니다.

이 책의 저자 도른자는 지옥에서 살아남는 방법을 알고 있는 사람입니다.
회사 밖으로 나와 자신의 2가지 목표를 세우고 6개월 만에 이루었습니다.
도른자가 자신의 생존법을 넘어 성공법을 공유하기 위해 이 책을 썼습니다.

만약 회사 밖에서 살아남고 성공하길 원하는 사람이라면 도른자의 생존법과 성공법을 먼저 배워보시길 바랍니다.
회사 밖이 지옥이 될지 천국이 될지는 이 책을 읽은 후 판단하시길 추천 드립니다.

흑상어쌤(『하루 10분 마케팅습관』 저자)

도른자 님은 책스타그램 운영자분들 중 실행력이 눈에 띄는 분이었습니다. 매일 피드를 올리고 고민하고 질문하며 성장하는 모습이 눈에 보였어요. 추진력이 좋다고 생각했는데 역시나 이렇게 빠르게 작가가 되셔서 참으로 대단하다고 생각합니다. 용기 있게 앞으로 나가는 모습을 통해 퇴사를 원하는 다른 분들에게 본보기가 될 것으로 생각합니다. 축하드립니다.

꿈꾸는 샤넬(콘텐츠 크리에이터)

목차

1부 위기 그리고 당신의 준비물

2부   퇴사를 위한 마인드 셋

3부 도른 탈출 계획

서문 당신의 도전을 막는 4가지 미신

영국의 철학자 프랜시스 베이컨은 서구 철학사를 천 년간이나 지배해온 아리스토텔레스의 철학에 도전장을 던지며, 아리스토텔레스가 저술한『오르가논』에 대한 쿠데타를 기획합니다. 이른바 오르가논에 대적하는『노붐 오르가눔』이었습니다. 그전까지 서구 사회에서 누구도 의심한 적 없는 아리스토텔레스의 연역법적 논리학에 대한 베이컨의 쿠데타는 우리에게 '귀납법'이라는 논리 영역을 선물합니다. 그리고 그는 이 혁신적인 저술『노붐 오르가눔』에서 인간이 진리를 상징하는 진짜 신을 볼 수 없게 가리는 가짜 신, 우상(Idol)의 가능성을 언급합니다. 그는 4가지 가짜 신을 언급했고 이 '미신' 논쟁은 점차 학계로 퍼져나가 학문 연구의 기본적인 자세로 자리 잡아 왔습니다.

자본주의의 화려한 전성기를 걷고 있는 오늘날의 우리에게도 '미신'은 있습니다. 우리가 진정한 도전과 성장의 길로 나아가지 못하게 하며, 그 길을 볼 수조차 없게 만드는 가짜 신.

첫 번째 미신은 '성공은 어렵다.'라는 믿음입니다.

우리는 학교나 부모님에게 계속해서 이렇게 배웁니다. '돈 버는 게 얼마나 어려운지 아느냐?'라거나 '성공하기란 하늘의 별 따기'라고 말이죠. 이러한 미신은 우리에게 성공이 막연한 것이며, 이해할 수도 없이 어려운 노력을 해야만 얻어낼 수 있는 것이라고 믿게 했습니다. 이 미신은 우리에게 크게 두 가지 잘못된 인식을 가져다줍니다. 첫째로 성공을 위해서는 아주 오랜 싸움을 준비해야 한다고 믿게 하는 착각이고, 두 번째로 도전 그 자체도 성공만큼이나 어려운 것이라고 믿게 하는 착각입니다.

이는 분명한 미신입니다. 우리는 언제나 도전할 수 있고, 성공할 수 있습니다. 지금 이 자리에서도요. 성공이라는 것 자체나 혹은 그 방법과 그를 위해 우리에게 필요한 모든 사유체계는 학습할 수 있는 것입니다. 우리는 성공을 배울 수 있습니다. 성공은 '이해할 수 없는 힘'이 필요하거나 '선천적인 능력'이 필요한 학습 불가의 어떤 것이 전혀 아닙니다. 자본주의 초창기를 생각해보면 '성공'이라는 것이 학습될 수 있는 성질의 것이라는 점은 비교적 명확해집니다. 초기 자본주의 시대에 '상인의 생각법'이 보편화하면서 수많은 자본가가 탄생합니다. 이 자본가는 신분제 질서와도 무관하게 다양한 분야에서 탄생했습니다. 성공이 '천부적'인 자질이었다면 이렇게 단기간에 부의 추월이 사회 곳곳에서 목격되기는 어려웠을 겁니다.

'단기간'에 '다양한 분야에서' 자신의 입지를 뒤집어엎은 사람들이 나타났다는 것은 이 가짜 신의 정체를 암시하고 있습니다. 중농주의 사회에서 벗어나 자본가가 탄생하기까지 그 짧은 순간 동안 달라진 것은 단 하나. '사람들의 생각'뿐이었습니다. 학자들은 여러 사회적, 문화적 변화와 충격적인 사건들을 이 변화의 원인으로 지목하지만, 그 모든 사건이 가리키는 방향은 한 곳이었습니다. 생각의 변화죠. 성공의 속도와 방향에 대한 근본적인 생각의 변화 말입니다.

생각을 바꾸면 성공할 수 있다는 말은 바꾸어 이야기하자면, 생각을 바꾸지 않으면 성공할 수 없다는 말이기도 합니다. 성공은 막연하며 어렵다는 미신은 그러한 차원에서 우리의 성공을 막는 가장 강력한 암시이자 저주입니다. 우리는 먼저 이 최면을 깨뜨려야 합니다.

이 미신을 깨뜨리는 주문은 단 한 가지. 성공은 분명하고 단기간에 달성할 수 있다는 믿음입니다. 특히 현대에 와서는 하루아침에 모든 것을 뒤집어엎는 혁명 같은 성공도 가능해지고 있습니다. 단 하나의 게시물로 당신은 백만장자가 될 수 있습니다. 또한, 그 모든 것은 명확하며 배울 수 있고, 실현 가능합니다.

두 번째 미신은 '더 많이 일하면 성공한다.'라는 미신이죠.

더 많이 일하면 더 크게 성공할까요? 아닙니다. 이는 명백한 미신입니다. 우리가 실제로 보유하고 있는 자산 중 환금성(현금으로 쉽게 바꿀 수 있는 성격)이 낮은 자산들은 일반적으로 투자 수익률이 높은 편입니다. 부동산같이 바로 현금으로 만들기 어려운 것들이죠. 부동산보다 환금성이 낮은 자산은 '시간'입니다. 따라서 시간의 기대 수익률은 사실상 무제한입니다. 부동산도 싸게 팔면 빨리 팔 수 있지만, 수익률을 높이기 위해서는 비싸질 때까지 기다려야 합니다. 시간 역시 정확히 그렇습니다. 시간은 우리에게 실제로 무제한의 수익률을 제공할 수 있습니다. 반면에 내 시간을 싸게 팔고 싶다면 우리의 시간을 '최저시급'이라는 가격으로 바로 판매하는 것도 가능하지요. 시간을 언제, 어떻게 판매하는가가 기대 수익률을 결정합니다.

일반적으로 시간 역시 거래되는 재화라고 가정했을 때, 재화의 가격을 결정하는 경제학의 원칙이 시간에도 적용된다는 것을 우리는 알 수 있습니다.

바로 '적은 공급량'과 '높은 수요량'이 '가격'을 올려줄 수 있다는 것이죠.
우리는 우리의 시간을 가능한 한 비싸게 팔수록 성공합니다. 그것을 위해서는 우리의 시간을 사려는 사람의 수를 늘리고, 우리가 파는 시간의 양을 줄이는 태도를 보여야 합니다.

자본주의에서는 이 진실을 알려주지 않습니다. 학교 역시 마찬가지죠. 그들이 필요한 것은 값싼 노동력이며, 이것은 다르게 말하면 값싸게 살 수 있는 시간이 필요하다는 것을 의미합니다. 최저시급으로 살 수 있는 시간이 많아지면 수많은 자본가가 쉽게 자신이 할 일을 레버리지 할 수 있죠.

더 많이 일하고, 더 열심히 일하면 성공한다는 말은 이 자본가들이 만들어낸 미신입니다. 정작 그들 자신은 수많은 타인의 시간을 레버리지해서 살아가면서 시간 투여량을 늘리라고 강요합니다. 그래야 무언가를 배울 수 있다고, 자기 자신도 엄청나게 오랜 시간을 일하고 있다고 말하면서 말입니다. 일종의 가스라이팅이죠. 그들은 노동시장에서 구매할 수 있는 시간의 절대량을 늘려서 그 값을 낮추고 싶어 합니다. 이건 부정할 수 없는 진실입니다. 취업 희망자의 수가 늘면 그 취업자들의 시간은 저렴해지는 것이 자본주의의 원칙입니다.

우리는 더 적게 일해야 합니다. 더 효율적이고 더 값비싸게 일해야 합니다. 더 많은 사람이 우리의 시간을 사고 싶게 해야 하죠. 수요와 공급의 법칙이며 간단한 산수입니다. 원래 미신은 간단한 산수를 복잡해 보이게 하면서 만들어지는 법입니다. 이해할 수 없어 보여야, 믿으니까요.

세 번째 미신은 '성공은 혼자 하는 것'이라는 미신입니다.

빌 게이츠가 얼마나 많은 파트너와 일하고 있는지, 워런 버핏의 파트너가 얼마나 되는지 혹시 아십니까? 아마 본인들도 모를 겁니다. 빌 게이츠와 워런 버핏, 혹은 그 밖에 우리가 상상할 수 있는 수많은 성공한 사람들의 공통점을 혹시 아시나요? 사람들이 '그들을 통해서' 성공한다는 점입니다. 버크셔 헤서웨이를 통해 성공하는 사람이 많아질수록 워런 버핏의 성공은 커집니다. 빌 게이츠를 통해 성공한 사람의 수가 많아지면 많아질수록 그의 성공은 더 단단해지고 커집니다.

우리는 너무 오랫동안 성공을 '어떤 사람이 가진 것'이라는 물질적인 관점으로 접근해왔습니다. 이것이 미신입니다. "그 사람은 성공했다."라고 마치 성공이 그 사람의 소유물인 양 대했죠. 성공은 그런 것이 아닙니다. 성공이란 어떤 물체가 아닙니다. 성공은 하나의 상태죠. 부자는 많은 돈을 저축하고 있는 사람이 아니라 많은 돈이 그를 통해 흘러가게 하는 자입니다. 성공이란 많은 성공이 그를 통해 흘러가는 상태를 말합니다. 당신은 당신을 통해 수많은 사람의 성공을 돕고 있는 상태를 '성공'이라고 정의해야 합니다. 즉, 성공은 저량(Stock)이 아니라 유량(Flow)입니다. 장사꾼을 통해 거래되는 재화의 양이 늘어날수록 그는 큰 장사꾼이 되고, 투자자를 통해 오가는 돈의 양이 늘수록 그는 큰 투자자가 됩니다.

당신을 통해 흐르는 사람들의 성공이 늘수록 당신은 더 큰 성공자가 됩니다. 당신을 통해 더 많은 사람이 도전할 수 있으면 당신은 가장 강력한 도전자가 됩니다. 왜 우리는 이것을 배우지 못했을까요? 경쟁 때문입니다. 순위라는 환각이 우리를 그 숫자에 미치게 만든 것뿐입니다. 당신을 통해 더 많이 흐르게 해야 합니다. 흐르는 것이 무엇이건, 많이 흐르는 것에는 힘이 있습니다. 수력 발전기가 에너지를 만들어내듯 당신은 당신이 원하는 것을 많은 사람에게 함께 흐르게 함으로써 힘을 만들 수 있습니다.

마지막 미신은 '무엇을 하기 위해서는 많은 준비가 필요하다.'라는 착각입니다.

완벽해야 한다는 미신, 충분히 갖추어질 때까지 기다려야 한다는 미신입니다. 제대로 시작하지 못하면 아무것도 할 수 없다는 공포는 수많은 똑똑한 사람들을 홀리는 최악의 미신입니다. 그것이 당신의 꿈을 무덤까지 가져가게합니다.

'언젠가는'이라는 이름의 이 가짜 신을 믿게 되는 순간 당신의 삶은 영원히멈춰버립니다.

저는 이 책을 쓰기까지 총 6개월의 과정을 기획하고 기획이 마무리되자 바로 실행에 옮겼습니다. 그리고 목표한 모든 것을 마무리했습니다. 저는 본의든, 본의가 아니었든 10년 이상 다녀온 회사를 아무런 계획이나 목표도 없이퇴사합니다. 그리고 뭘 했느냐고요? 두 가지의 정체성 목표를 세웠습니다. '도서 인플루언서'와 '책을 쓰는 사람'이었습니다.

그리고 그 사람은 어떤 사람인지를 구체적으로 계획하고 달성했습니다. 저는 3개월 차가 되던 달에 도서 전문 마케팅 크루인 〈팀 피치트리〉를 설립하고, 독서 모임을 개설했으며 챌린지를 열고, 여러 출판 작가들이나 출판사와의 협업 및 인터뷰를 성사했습니다. 출판사들이 저와 협업하기를 원했고, 작가들이 저에게 인터뷰를 해주십사 요청했습니다. 팔로워 0명에서 여기까지소요된 시간은 단 3개월입니다. 두 번째 목표인 책 쓰기는 퇴사 4개월 차에바로 출판사와 출판 계약 협의를 시작하게 되었죠. 미다스북스의 현명한 본부장님과 편집장님께서 어떤 가능성을 보고 저에게 감사하게도 계약을 제안하셨는지는 모르겠으나, 저는 해냈습니다. 작가가 되기로 했고, 무계획 퇴사

4개월 차에 계약했습니다.

제가 한 것이 뭐냐고요? 바로 '언젠가는'이라는 이 가짜 신을 다시는 믿지 않기로 결단한 것뿐입니다. 그 결과 저는 많은 팔로워와 함께 소통하며, 같이 출판물에 대한 마케팅 전략을 세우고 토론하는 크루의 리더가 되었으며 지금 보시는 바와 같이 이 책의 저자가 되었습니다. 기간은 딱 6개월이었습니다.

지금까지 저는 우리의 성공을 막아 세우는 현대판 4대 우상론을 이야기했습니다. 이 책은 퇴사라는 이름으로 쓰였으나 사실은 생존법에 관한 책입니다. 정답이라고 믿어져 왔던 것들이 사실은 일종의 우상(Idol)이며 미신이라고 이야기하는 책입니다. 이 4가지 가짜 신의 존재를 고발하는 책입니다. 그것을 통해 이 책은 무엇을 말하려고 하는 것일까요?

저는 위험한 자입니다. 아무런 목표도 비전도 없이, 그저 숨을 쉴 수 없을 것 같아서 일개 외벌이 가장 주제에 감히 회사에 사표를 던진 '도른자'입니다. 이 책은 이 위험한 자가 살아남기 위해 미친 듯이 공부하고 실행하며 깨달은 '미신을 깨뜨리고 효율적으로 살아남는 방법'에 대한 기록이며, 나와 같이 시퍼런 바다를 등 뒤로 한 채 서 있는 절박한 사람에게 남기는 생존 비법입니다. 당신이 경력단절 육아 맘이든, 무언의 퇴사 압박으로 고통받는 회사원이든, 꿈꿔왔던 그 사람이 지금 당장 되라고 선언하고 싶었습니다. 당신을 가로막는 모든 '안 된다'로부터 퇴사하라고 주장하는 책이죠.

제가 아무 계획도 없이 회사를 그만두었을 때, 예상한 생존 가능한 기간은 6개월이었습니다. 2023년 8월에 사표를 냈으니, 2024년 2월까지 확실한 생존의 근거를 마련하는 것이 목표였습니다. 이 6개월은 저에게 일종의 런웨이였습니다. 런웨이는 원래 항공기의 활주로를 의미합니다. 이 활주로가 끝날 때까지 날아오르지 못하면 비행기는 고꾸라지게 마련입니다. 그렇습니다. 저의 런웨이는 많은 사람이 상상하는 것과 같이 모델들이 무대에 오르는 화려함 가득한 것이 아니었습니다. 모든 것이 불확실한 상황에서 미친 듯이 "날아! 날아!!"라고 외치며 비행기의 조종간을 들어 올리는 과정. 그것이 저의 런웨이였습니다. 그 런웨이 동안 '이 빨간 버튼은 누르면 안 돼'와 같은 수많은 미신과 만났습니다. 그리고 그것을 깨뜨렸죠.

저는 제가 6개월 이내에 달성하기를 원했던 2개의 정체성 목표를 모두 확보했습니다. 이 두 단계를 통해 저에게 얼마나 큰 '수치적인 성과'가 도출되었을지는 모릅니다. 하지만 이 책을 보셨다는 것은 제가 목표한 결과들을 모두 달성해 '원했던 정체성'을 손에 쥔 채 날아올랐다는 입증입니다. 저는 성공하고 그 결과를 책에 담은 것이 아니라, 성공하면서 그 과정을 담고 싶었습니다. 무계획으로 퇴사해버리고, 오히려 원했던 제가 되었습니다. 그리고 이 책을 집어 드신 감사한 독자들 덕분에 저의 정체성 입증은 성공리에 마무리되어가고 있습니다.

이 책은 당신에게도 런웨이가 6개월뿐이라는 전제에서 시작합니다. 당신은 이 책을 통해 앞으로 6개월간의 런웨이에서 무엇을 알아야 하고, 무엇을 해야 하는지를 배울 겁니다. 그리고 퇴사에 성공할 것입니다. 제가 제법 괜찮은 생존법 전문가거든요.

여러분은 제가 했던 것과 똑같이 6개월이라는 시간제한을 걸어두고 여러분 스스로 설정한 2개의 정체성을 달성하는 훈련을 저와 함께할 것입니다. 사실 두 개의 정체성 목표라고는 했지만, 두 번째 정체성을 달성하는 과정에 필요한 경유지로서 하나의 정체성을 더 넣어둔 것이기는 합니다. 어쨌건 그 훈련을 통해 우리는 우리의 시간 가치를 극대화할 수 있고, 그를 통해 성공에 대한 기존의 미신을 모두 깨부술 것입니다. 이것이 제가 가짜 신을 고발한 진짜 이유입니다.

'무기한'이란, 목표를 달성하지 않겠다는 의미입니다. 프로젝트를 망치는 가장 쉬운 방법은 자신에게 '넉넉한 시간'을 제공하는 것입니다. 우리는 '고의로' 시간제한을 두어 6개월 안에 어떤 것까지 달성할 수 있는지를 스스로 입증할 것입니다.

스티브 잡스는 11년 만에 애플로 돌아오면서 당시의 애플을 '파산 90일 전'이라고 정의했습니다. 파산 90일 전이라는 위기의식은 그에게 '다르게 생각하라.'라는 위대한 캐치프레이즈를 남겨줌과 동시에 애플의 부활이라고 하는 엄청난 일을 이룩하게 해주었습니다.

당신은 어느 엉망진창의 물웅덩이에 처박히기 180일 전입니다. 당신에게 선택지는 둘 중 하나. 날아오르거나, 처박히거나입니다. 저는 '성공'이라고 남들이 부르는 일반적인 결과까지의 여정을 안내할 생각이 없습니다. 그럴 자격도 없지요. 오히려 이 책에서는 '성공을 위한 준비'의 단계인 이륙 직전까지 당신이 알아야 할 것들을 기록하고 있습니다.

그럼 제가 '날아오른다'라고 비유하는 생존 혹은 퇴사라는 것은 어떻게 정의할 수 있을까요? 맞습니다. 당신이 '자리를 잡는 것'을 날아오른다고 이 책에서는 반복해서 은유할 예정입니다. 당신과 당신의 운명이라는 꽤 무거운 항공기가 비상하게 함으로써 당신만의 '포지션'을 잡게 될 겁니다. 포지션이

란 내가 목표한 나의 정체성입니다. "나는 ○○ 하는 ○○이다."와 같은 명제
가 바로 정체성입니다.

인플루언서든, 사업가든 그 어떤 정체성이 되었든 6개월의 런웨이 안에 당
신이 그 정체성을 얻고, 그런 사람이 되어 있게 하는 것. 그것이 이 책의 지상
목표입니다. 전업주부이건, 염증 나는 회사이건 당신을 지치게 하고 당신의
꿈을 무덤까지 가져가게 할 모든 것에 대해 사표를 던질 수 있도록 돕겠습니
다. 이것이 '이륙'입니다. 이륙 이후의 주행은 당신에게 맡기겠습니다. 이 책
을 다 읽을 무렵에는 당신도 당신이라는 운명의 조종사로서 자격을 갖추게
될 테니까요.

이 책은 퇴사 또는 이륙의 관점에서 우리 시대를 살아내기 위한 구체적인
전략과 준비물을 제시하고 있습니다.

한 가지, 이 책을 읽으실 때 신경 써주셨으면 하는 부분이 있습니다. 이 책에
서 제가 언급하는 생존법이라거나 마인드 셋, 계획이나 실행 등 모든 내용은
'공략'이 아닙니다. 세상에 공략집이나 테크트리는 존재하지 않습니다. 칸트가
말했듯 결국 인간은 자기화된 세계에서만 살 수 있습니다. 세계가 흥미로운
것은 지구상에 수천억 개 이상의 성장 순서가 존재하기 때문입니다. 모든 인
간이 각기 전혀 다른 정보, 지식, 지혜의 조합을 통해 서로 전혀 다른 테크트리
로 성장할 수 있다는 것이 얼마나 다행인 일인지는 책의 본문에서 이야기하겠
습니다. 도리어 이 책에서 말하고 싶은 바는 '위기탈출 요령' 같은 것입니다.

혹시 KBS에서 방영했던 〈위기탈출 넘버원〉이라는 프로그램을 아시나요?
이 프로그램의 목적은 다양한 재난 상황과 안전사고, 예상하기 어려운 위험

들에 대한 정보를 제공하는 것입니다. 하지만 〈위기탈출 넘버원〉에서 제시한 위험에 대한 대비책들은 그 내용을 잘 알고 반복해서 각인함으로써 실제 나에게 발생할 수 있는 위기상황에서 본능적으로 활용할 수 있게 하는 것이 진정한 목적입니다. 따라서 이 책에 나오는 준비물, 마음가짐, 계획과 실행의 모든 단계는 정보 제공이 주된 목적이라기보다는 위기 시 대처요령이 그러하듯 당신이 충분히 반복 트레이닝함으로써 실제 상황에서 본능적으로 이 기술들이 당신을 구할 수 있도록 하는 것을 목적으로 합니다.

될 수 있는 대로 이 책이 안내하는 생존요령을 자주 읽거나, 가능하다면 직접 삶에 적용하는 훈련을 해보시기를 권해드립니다.

각각의 장에서는 실제 저자가 생존을 위해 사용했던 사례나 전략들도 포함되어 있으므로 당신만의 퇴사 후 생존전략을 세우는 데 참고가 되면 좋겠습니다. 당신을 가로막는 그 모든 미신을 혁파하고 사상 최초의 당신이 되기를 기원합니다.

마지막으로 큰 가르침과 사랑으로 돌보아주신 어머니, 아버지께 깊은 존경과 감사를 드립니다. 제가 만일 한 가지라도 잘하는 것이 있다면, 모두 그분들의 덕입니다.
또한, 힘든 육아에도 글을 쓰고 나눌 수 있게 배려해준 아내와 하나뿐인 아들에게도 진심으로 사랑과 감사를 전합니다.

2023년 12월. 우리집에서.
당신의 생존 파트너, 道隱者

1부

위기 그리고
당신의 준비물

CRAZY
SURVIVE

1. 퇴사 당하기 전에 퇴사하라

어떻게 숲에 들어섰는지는 확실히 말할 수 없으나,
진정한 길에서 벗어난 그때,
잠에 취해 있었던 것은 분명하다.

– 단테, 『신곡』

본격적으로 책을 시작하기에 앞서서 우리가 놓인 상황을 먼저 정의해야 할 것 같습니다. 우리는 현재 운전석에 앉아 있습니다. 그것도 '내 운명'이라는 거대한 항공기의 조종석입니다. 이 비행기는 내가 원하든 원하지 않든 이미 출발했습니다. 멈출 방법은 없으며 점점 가속력이 붙고 있는 상황입니다. 저 멀리에 이 활주로의 끝이 보이네요. 그 앞에는 시퍼런 바다, 혹은 엉망진창의 비포장 숲길이 있습니다. 이 비행기가 이륙할 수 있을지 어떨지는 불확실한 상황입니다.

초장부터 위기감 조장이냐고 물으실 수 있겠습니다. 하지만, 사실이 그렇습니다. 그간 여러분은 학교가 원하는 나로, 부모님이 원하는 나로, 배우자나 자녀가 원하는 나로 마치 자동 항법장치라도 달린 양 살아왔습니다. 이륙은 꿈꿔보지도 못하고 말이지요. 우리 등 뒤에 날개가 달려 있었다는 것조차 까맣게 잊은 채 말입니다.

당신이 좋은 학교를 졸업하고 좋은 직장을 가졌다면 아마 주변에서는 당신에게 "저 친구 자리 잡았네!"라고 말할지도 모릅니다. 하지만 당신 마음속에는 여전히 질문이 남아 있습니다. 이 자리가 정말 내 자리가 맞을까? 이 자리는 과연 안전한 자리일까? 하는 질문이지요. 결혼, 출산, 육아, 경제 환경이나 팬데믹과 같이 예측하기 어려운 변수까지 그 모든 상황을 넘어서도 우리는 생존해야 합니다. 지금 당신이 있는 자리는 그 모든 상황에서 안전한 자리가 맞습니까? 혹은 당신이 꿈꿔왔던 자리가 맞습니까? 당신의 자존감을 지킬 수 있는 그 자리가 정말로 맞습니까? 만일 이런 생각이 들기 시작했다면 당신은 지금 위기 상황입니다.

이제 '분명한 자리'라는 것이 거의 남지 않은 세상이 되었습니다. 퇴사하기 전 저는 식품회사의 중역을 하고 있었습니다. 실제 창업 멤버이기도 했고, 일정 부분의 지분을 소유하기도 했습니다. 안전할까요? 아닙니다. 조직은 개인을 기억해주지 않습니다. 소위 공을 세운 '공신'이라고 해도 같은 처지입니다. 저는 코로나19 이후 급격한 매출 감소와 경영 구조의 긴축으로 인해 '사표'의 형식을 이용해 나온 겁니다. 많은 사람이 이 조직에서 나는 일종의 린치핀[1]이라고 생각하지만 그런 일은 일어나지 않습니다. 제가 퇴사한 배경을 말씀드린 이유도 여기 있습니다. 사람들은 기업체의 중역이 일종의 린치핀이라고 믿지만 사실 '누구나' 대체될 수 있습니다. 그리고 그것이 '올바른 경영적 판단'입니다.

사업을 한다고 해도 우리는 얼마든지 대체될 수 있습니다. 소비할 재화와 서비스가 무한한 시대죠. 세계 최대의 동영상 스트리밍 사이트 유튜브에는 1분당 약 400시간 이상의 콘텐츠가 업로드되고 있습니다. '우유'라는 키워드

---

1) 수레바퀴가 빠지지 않도록 축에 꽂아두는 핀으로 가장 중요한 요소를 의미하는 용어. 마케팅 구루인 세스 고딘의 저서에서 언급되면서 관심을 받은 단어입니다.

로 네이버 쇼핑에 업로드된 상품 수는 2023년 11월 10일 기준으로 1,738,923 건입니다. 한 우유 상품이 소비자의 선택을 받는 것은 약 170만 대 1의 경쟁을 뚫어야 하는 위기의 시대라는 것입니다. 당신의 기업은 언제든지 다른 기업으로 대체될 수 있습니다. 즉, 소비자로부터 퇴사 당할 수도 있습니다.

한편 소비자도 빠르게 변화하고 있습니다. 우리는 자본주의 역사상 처음으로 소비하지 않는 소비자의 시대를 살고 있습니다. 이제 어떤 소비자들은 환경을 해치는 소비를 멈추었고, 어떤 소비자는 호감 없는 기업에 대한 소비를 멈췄습니다. 나와 다른 신념체계를 가진 기업에 대한 소비를 멈춘 소비자가 늘고 있습니다. 소비자의 취향과 선택 기준이 매우 다양해지는 것입니다. '평균 종말'의 시대라는 말씀입니다. 불과 얼마 전까지 우리 소비자에게 영향을 주는 인플루언서는 TV에 얼굴이 노출되는 인물들뿐이었습니다. 따라서 방송국은 소비자의 심리를 움직일 수 있는 거의 유일하며 가장 확실한 수단으로서 대우를 받아왔습니다. 그런데, 지금은 어떤가요? 인스타그램에만 해도 우리가 알지도 못할 만큼 많은 마이크로 인플루언서들이 각자의 가치를 '팬'들에게 제공하고 있습니다.

방송국에서 '하나의 메시지'를 주입받던 시대에는 모든 사람이 모여서 이야기하는 주제가 같았습니다. "개그 콘서트 봤냐?" 정도입니다. '인기 있는 프로그램을 봤는가? 안 봤는가?'가 유일한 가십이던 시대가 저물었습니다. 이제 수십만 명의 인플루언서가 수십만 가지의 '흥미진진한 이야깃거리'를 던집니다. 솔직히 저도 제가 관심이 없는 분야에서는 100만 인플루언서라고 해도 얼굴은커녕 이름조차 알지 못합니다. 사람들의 관심사가 극도로 다양해지고 있는 것입니다. 이제 하나의 소비자 그룹이라는 것은 존재하지 않습니다. 관심사가 무제한으로 확장되고 있기 때문입니다. 팔아야 할 거대한 그룹이 사라지면서 우리나 우리의 회사 모두가 퇴사 위기에 처해 있습니다.

그뿐인가요? 이제 직원들은 조직에 충성하지 않고 각자도생을 도모하기 시작했습니다. '방법과 비결'은 숏폼 콘텐츠를 통해 빠른 속도로 퍼지고 있습니다. 대기업과 1인기업이 같은 수준의 전략과 전술로 계급장을 떼고 맞붙는 상황이 종종 목격되기 시작했습니다.

바야흐로, 만인 대 만인의 투쟁 상황입니다. 이러한 상황이 이어지게 되면 고용 불안정성은 더욱 높아질 것입니다.

16세기 무렵 유럽에서 중상주의가 대두되면서 농민이 시장에 직접 농산물을 팔거나 수출할 수 있게 됩니다. 이 과정에서 일부 변화에 빠르게 적응한 농민들은 부농이 되었고, 적응하지 못한 농민들은 빈농이 되어 부농들에게 고용되기 시작합니다. 그러나 곧 부농들은 노동력을 덜 사용해도 유지할 수 있는 목축업을 중심으로 농업을 구조조정해 나갔고, 이로 인해 해직된 대규모의 빈농들이 도시로 이동해 도시 노동자가 됩니다. 이 과정을 인클로저 운동이라고 우리는 배웁니다.

이 인클로저 운동의 결과 '고용주'와 '피고용인'이라는 개념은 보편화하기 시작합니다. 그리고 이 질서는 21세기까지 명맥을 유지해오고 있습니다. 하지만 기업의 위기가 점차 가시화되어 갈수록 '정규직' 관념은 흐릿해질 가능성이 큽니다. 16세기 이래 변화한 적 없던 고용주와 피고용인이라는 세계관이 무너지기 시작했습니다. 실제로 최근 SK 그룹의 최태원 회장 등이 고용에 대한 관념을 바꿔야 한다는 주장을 여러 차례 내놓기도 했을 만큼 고용의 종말은 현실화를 목전에 두고 있습니다. 코로나19 재택근무의 시행은 사무실의 필요성마저 약화했습니다. IT 기업들은 실리콘밸리를 떠나고 있습니다. 모든 것이 변화하고 있는 시대라는 것입니다.

위기의 시대가 가진 가장 중요한 특징은 '아무도 답을 모른다'라는 것입니다. 무엇이, 얼마나 변화할지를 정확히 이해할 수 있는 사람은 아무도 없습니다. 이러한 세계에서 우리가 '개인'이라는 것은 아주 강력한 무기가 될 수도, 치명적인 단점이 될 수도 있습니다. 우리는 기업보다 빠르고 가볍지만, 기업만큼 복잡한 업무를 처리하거나, 기업만큼 큰 자본을 확보할 수는 없습니다.

이제 우리는 원하든 원하지 않든 개인의 시대에서 살아가야 합니다. 우리는 전통적인 경제에 비하여 개인이 가지고 있는 상대적인 강점을 활용하여 살아남을 방안을 찾아야 합니다. 하지만 이러한 미래는 이미 과거에 존재했던 '오래된 미래'입니다. 우리가 처한 상황은 정확히 자본주의의 태동기에 보였던 만인의 만인에 대한 투쟁의 상태이며, 이때 빠르고 가볍게 '상인의 눈'을 얻어 자신이 가진 자원을 활용해 시장에서 큰 성공을 얻어내었던 초기 부르주아지와 같이 빠르고 유연하게, 독특하게 생존해야 합니다. 한동안 정상이라고 우리가 불렀던 질서가 무너지고 마침내 다시 역사는 진보의 길로 접어들고 있는 것일지도 모르겠습니다. 앞으로 나아가는 모든 걸음은 기존 몸의 균형이 깨어지고 앞으로 쏠렸을 때 이루어집니다.

우리가 있는 지금은 균형이 깨지는 시대입니다. 정상이던 모든 것이 비정상이 되는 시대입니다. 바꿔서 말할까요? '비정상'이 정상이 되는 시대란 말입니다. 구역질 나는 상사, 경제위기, 자존감을 떨어뜨리는 모든 '정상적인' 것들을 '더는 참아내지 않겠다.'라고 결정했다면 당신에게 필요한 것은 '위기감'입니다. 그 위기감이야말로 비정상적인 도전을 위해 당신이 가진 모든 무기를 꺼내 들 수 있게 해주는 수단입니다.

당신을 위한 생존법 레슨 1.

당신은 위기입니다. 당신이 누구이건, 어떤 상황에 놓여 있건 당신은 수많은 도전과 마주하고 있습니다. 언제나 이 사실을 기억하세요.

그리고 이 위기야말로 당신이 살아남을 유일한 가능성입니다.

2. 살고 싶으면 도른자가 되어라

장차 이룩할 수 있는 세상만을 보며 사는 나와
주어진 대로의 세상만을 보며 사는 당신들.
누가 미친 거요?

— 세르반테스, 〈라만차의 남자〉

저는 인스타그램과 블로그를 통해 '도른자'라는 필명을 사용하고 있습니다. 많은 분으로부터 '필명이 기억에 남는다.'거나 '브랜딩을 잘하셨네요.'라는 말을 종종 듣곤 합니다. 물론 내 글의 독자나 잠재적 독자에게 나를 각인시키는 목적을 고려하지 않은 것은 아니지만, 기본적으로는 내가 원하는 포지션을 얻기 위해 내가 무엇이 되어야 하는지에 대한 고민의 결과에 가깝습니다.

'도른자가 된다.'

저는 생존을 위해 한 가지 중대한 결정을 한 것입니다. 바로 내가 정상이라고 생각했던 패턴, 사고방식, 행동, 인간관계의 모든 것으로부터 탈피해 평소에 내가 절대 하지 않았을, '비정상'의 영역이라고 느꼈던 길들만 선택해보겠다는 결심이었습니다.

저의 경우에는 '퇴사'와 '독서'가 그 출발점이었습니다. 나와 내 가족이 안전한 상태를 달성하겠다는 목적을 구현하기 위해 사용한 전략은 독서라는 지극히 정상적인 활동이었습니다만, 전술의 차원에서는 글을 쓰는 아웃풋의 산출, 그리고 SNS의 운영과 인적 네트워크의 구축이라는 기존의 내가 사용하지 않았던 방법론이었습니다. 이 과정을 보다 와닿게 이해하기 위해서 여기서 잠시 전략과 전술의 개념을 소개해야 할 것 같습니다.

전략이란, 목표를 달성하기 위한 책략입니다. 목표를 달성하려는 방법이라고 보셔도 좋습니다. 반면에 전술은 목표를 달성하기 위한 개별적인 단계나 기술, 행동을 말합니다. 전술보다 전략이 큰 개념이라고 이해하시면 좋습니다. 전략을 달성하기 위한 구체적인 행동요령이 전술입니다.

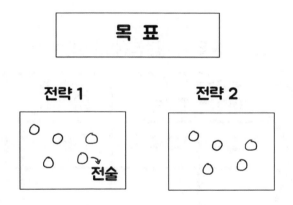

그림 1 하나의 목표를 위해서는 여러 전략이, 여러 전략은 각각의 전술이 필요하다.

예컨대, 퍼스널 브랜딩을 통해 내 고객에게 나의 가치를 명확하게 하고 수익화를 한다는 큰 목표가 있다면, 전략적 목표는 '블로그, 인스타그램, 유튜브 채널을 개설한다.'와 같은 수단을 말합니다. 그리고 전술적 목표는 '블로그에 하루 1개 포스팅을 한다. 이런 키워드를 수집해 포스팅한다.' 같은 세부적인 행동 단계입니다. 기본적으로 전술은 전략을 달성하는 데 적합해야 합니다.

목표	전략	전술
나의 브랜드 가치를 만든다.	인스타그램을 통해 1만 명의 팔로워를 얻는다.	하루에 콘텐츠 1개를 업로드한다.
		나만의 시그니처 콘텐츠를 기획한다.
	책을 쓴다.	시장조사를 통해 책의 주제를 정한다.
		책을 마케팅하기 위해 다양한 이벤트를 한다.

위의 예시에서 보신 것과 같이 전략 1과 전략 2에는 각각 다양한 전술이 포함되며 모든 전술은 '목표'와 관련이 있습니다.

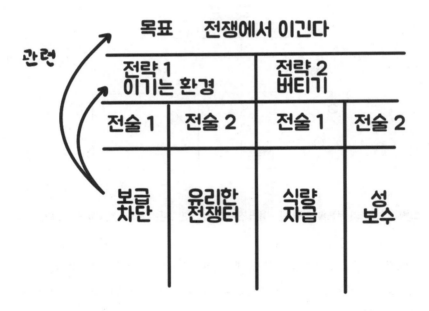

그림 2 모든 전술은 전략과 목표에 적합해야 한다.

이것이 일반적인 목표-전략-전술의 상관관계입니다. 그러면 도른자라는 것은 어떻게 다른 사람을 말하는 걸까요? 도른자는 목표에 대한 일반적인 전략을 사용하되, 그 전술에서는 내가 '정상'이라고 생각하는 범위를 벗어나서 생각해보는 자입니다.

도른자의 예시

국가적 목표 : A 국과의 전쟁을 승리로 이끈다.
전략적 목표 : 적의 요충지를 점령하여 적의 보급을 완전히 차단한다. (일반적인 목표)
전술적 목표 : 꼭 '공격'을 통해서만 요충지를 점령할 수 있는 것일까? 요충지의 적 지휘관을 '협력'하게 만드는 방법은? 요충지에 대한 일반적인 공격방식에 변화를 주어 땅굴을 사용해볼까?(특수한 해법의 모색)

→ 실패의 가능성이 존재하지만, 상대방이 허를 찔렸기 때문에 압도적인 승리를 거둘 가능성이 생긴다.

쉽게 이야기하자면, 큰 수준의 목표일수록 일반적이고 당연한 것을 추구하고 작은 수준의 목표일수록 독특하고 특수한 방법을 찾는 것이 도른자의 방식이라는 것입니다. 사실 이렇게 일반적인 목표에 대한 특수한 해결책의 모색이라는 것은 병법에서는 당연한 원칙입니다. 그런데도 이런 병법의 정석을 걷는 것을 제가 '도른자'로 소개하는 이유는 지금이 '솔루션의 시대'이기 때문입니다. 이제 각종 숏폼 플랫폼을 통해서 'ㅇㅇ 하는 법'이 너무나 많이 쏟아져 나오고 있습니다. 이러한 '하는 법' 시리즈는 대부분 전술 차원의 이야기들

입니다. 모두가 비슷한 전술을 보고, 누구나 비슷한 전술만을 구현하는 것이 정상인 시대가 되어버렸습니다. 도른자는 누구나 알 수 있는 평범한 전술을 거부하는 자를 의미합니다.

독서를 통해 지식을 추출하는 법, 스마트 스토어에서 월 1,000만 원 버는 법 같은 전술적 정보가 쏟아지면서 모두 같은 '전술'을 추구하기 시작했습니다. 처음 이 전술을 사용한 사람들에게는 이것이 위기탈출이라는 전략적 목적에 부합한 생존율을 높이는 전술이었을지 모르겠지만, 그 전술이 대중화되면 더는 효과가 없습니다.

예를 들면 '불을 전쟁에 사용한다.'라는 전술이 처음 나왔을 때는 누구도 그 전술에 대응하지 못했을 겁니다. 예상할 수 없었으니까요. 불은 그 이후로도 현대전까지 이용되는 '보편적인' 전술이 되었지만 이제 불이 처음 전쟁터에 등장했을 때와 같이 '놀라운' 효과를 얻어내지는 못합니다.

누구나 알고 누구나 이용할 수 있는 일반적인 전술만을 선택하면 어떻게 될까요?

안도른자의 예시

인생 목표 : 경제적 자유를 달성한다.
전략적 목표 : 스마트 스토어를 개설해서 폭발적인 매출을 달성한다.(일반적 목표)
전술적 목표 : 일반적으로 유튜브에 나온 소싱처에서 상품을 소싱해서

팔되 '노력'을 갈아 넣어서 외부조달 상품 수를 늘리는 전략으로 매출을 높인다.(일반적 해법)

→ 누구나 하는 방법이기 때문에 경쟁이 과열하여 점점 지쳐가다가 약간의 리스크로도 무너진다.

이 예시를 보면 어떤 생각이 드시나요? 일반적 전략목표를 일반적인 전술목표로 얻으려 한 겁니다. 예를 들면 영업실적을 높인다는 일반적인 목표를 세우고, 일반적인 영업의 전술을 운용하려고 하는 것과 같습니다. 그래서 이런 계획은 유효하지 않습니다. 한때 스마트 스토어 열풍이 불었다가 최근 잠잠해진 이유는 특수한 전술이 없어서입니다. 모두가 일반적인 전술을 추구했기 때문이죠.

도른자들은 이러한 일반적인 방식을 넘어서서 전략적 목표부터 일반적임을 거부할 수도 있습니다. 구국의 성웅이라서 조금 예시로 들기는 어렵지만, 제가 생각했을 때 우리 역사에서 추종을 불허하는 전략과 전술을 적용한 최고의 사례는 이순신 장군이었습니다.

그는 명량에서 13척의 배로 133척의 왜군을 물리쳤습니다.
전략적 목표 자체가 미친 수준이었는 데다가 그를 위해 사용한 전술적 목표 역시 정상적이지 않은 방식이었습니다.

13척으로 133척을 이긴다는 매우 특수한 목표로 허를 찌르고, 대장선 혼자 적진으로 뛰어드는 아주 특수한 전술적 목표로 '두려움'을 물리친 쾌거입니다. 이렇게 전략과 전술의 모든 차원에서 일반적인 틀을 벗어나는 방식은 아주 특수한 결과를 얻게 해줍니다.

오늘날 우리가 도른자로서 생존하기 위해 추구해야 할 것이 궁극적으로는 바로 이것입니다. 상상도 못 하는 전략적 목표와 이를 실현할 비상식적인 행동계획. 정리하면, 1단계 도른자는 일반적인 전략에 대한 특수한 전술의 추구를 의미하고, 2단계 도른자는 특수한 전략에 대한 특수한 전술의 추구입니다. 이 단계로 넘어가게 되면 본격적인 사업가의 길이 시작됩니다. 따라서 '6개월 안에 이룩'이 목표인 우리는 우선 1단계 도른자를 지향합니다. 그리고 점차 일반적인 전략에 익숙해지게 되면 전략 수준에서 특수함을 추구하게 될 것입니다.

일반적인 전략 + 특수한 전술 = **1단계 도른자**

특수한 전략 + 특수한 전술 = **2단계 도른자**

이 내용을 도른자의 사례로 정리하면 다음과 같습니다.

목표 – 나의 브랜드를 활용해 수익화를 한다.

일반적인 전략 – 인스타그램, 카페 같은 '기존에 존재하는' 플랫폼을 사용해 영향력을 키운다.

특수한 전술 – 같은 목표를 가진 인스타그래머들을 모아 '함께' 영향력을 만든다. 알고리즘에 의한 성장은 거부한다.

어떠신가요? 조금 감이 오실까요? 여기에 시간제한까지 걸어버리면 '완벽히 도른자'가 완성되죠. 즉, 영향력을 키운다는 일반적인 전략도 '6개월 안에 영향력을 키운다.'가 된다면 아주 특수한 전략적 목표가 된다는 것입니다. '책을 쓴다.'라는 일반적인 전략도 '1주일 안에 책을 쓴다.'고 바뀌는 순간 특수해지니까요. 궁극적으로 우리는 남들이 세우지 않는 목표를 세우고, 남들이 하지 않는 방법으로 그것을 손에 넣어야 합니다. 당신의 목표가 남들이 모두 말하는 월 1,000만 원이어서는 안 된다는 이야기이며, 월 1,000만 원을 달성하기 위한 방법론도 남들이 사용하는 것이어서는 안 된다는 것입니다.

1단계 도른자	2단계 도른자	완전히 도른자
일반적인 전술	특수한 전술	시간제한
		특수한 전술
특수한 전략	특수한 전략	특수한 전략

우리의 목표는 위기의 시대보다도 더 위험한 자가 되는 것. 외눈박이들의 세계에서 두눈박이가 되는 것입니다. 거대한 목표를 세우고, 도른 전략과 전술을 세우는 것. 이것이 궁극적으로 우리가 생존하기 위해 취해야 할 기본적인 태도입니다.

"아무것도 하지 않으니 아무 일도 일어나지 않는 것이다."라는 말이 있죠.
정확히는 당신이 실제로 아무것도 하지 않은 것이 아닙니다. 당신은 일반적인 목표를 일반적인 방법으로 달성하려고 해왔을 뿐입니다. 어제와 똑같이 사는 것이란, 어제처럼, 남들처럼 그저 일반적인 목표에 대해서 일반적인 해결책만을 따랐다는 것입니다.

당신은 일반적인 목표를 특수한 방식으로 해결하거나, 특수한 목표를 특수한 방식으로 해결함으로써 다른 결과를 얻을 수 있습니다. 그것이 모두가 위기인 시대에 내가 안전할 수 있는 유일한 길이라고 저는 믿습니다.

내가 실제로 변화시킬 수 있는 것은 내 행동과 결정뿐입니다.
다른 결과를 얻는 유일한 방법은 다른 행동을 하는 것뿐입니다. 유일한 방법을 하지 않는데 결과가 바뀔 수는 없습니다.

사람들은 '이대로만 하면 되는 것'을 원합니다. 그래서 '이대로'의 방법론은 통하지 않습니다. 인스타그램 팔로워가 1,000명이 될 때까지는 어떻게 하라. 몇 명일 때 뭘 해라. 이런 남들의 기준이나 성장단계가 바로 '안도른자'의 전술입니다. 결국, 도른자가 되는 법이란, 나를 포함한 다른 사람들의 통념의 감옥에서 스스로 구원하는 방법을 말합니다.

앞으로 이 책에서는 도른자의 생존법이 본능적으로 위기상황에서 튀어나올 수 있는 구체적인 준비물과 사례들이 제시될 예정입니다. 여기서는 저자인 도른자가 실제 생존을 위해 했던 생각의 흐름과 전략, 전술적 목표들을 간략히 소개해보겠습니다.

도른자가 도른자가 된 실제 의사결정 과정 Note

1. 일단 퇴사 – 이 시점에서 이미 도른자.
2. 나의 문제 상황을 객관적으로 서술해봄 – 소득이 끊김, 수익을 만들 별다른 방법은 없고 나는 유명인도 아님.
3. 잠깐. 유명인이 아니어서 수익을 만들 방법이 없다고?
4. 유명인이 되면 되네.
5. 좋아. 근데 뭐로 유명해지지? 일단 똥을 쌀까?
6. 전략적 목표 결정 : 퍼스널 브랜딩을 통해 나의 가치를 높이자.
7. 전술적 목표 설정 : 전략적 목표를 달성하기 위해 특수한 전술적 목표가 필요하다. 영향력이 없는 게 문제라면 바로 영향력부터 만들면 되겠네. 북스타그램을 하는 분들의 커뮤니티부터 구성해 협상력을 키우고, 공동의 콘텐츠를 양산할 세부 전술을 구축하자.
8. 전술적으로 꼭 필요한 행동은 최대한 빠르게 달성하자.

당신을 위한 생존법 레슨 2.
바둑을 둘 때 명심해야 할 10가지 <위기십결>

바둑의 세계는 승부의 세계입니다. 살고 죽는 현실 전쟁의 축소판이죠. 바둑에서 입신의 경지에 이르렀다는 고수, 왕적신이 가르친 10가지 명심해야 할 것들을 기억하세요.

1. 부득탐승 : 승리를 탐하지 마라. 이기려거든 욕심내지 마라.

2. 입계의완 : 경계를 넘어설 때는 느긋하게 하라.

3. 공피고아 : 적을 공격할 때는 먼저 스스로 돌아보아라.

4. 기자쟁선 : 내 돌을 버리더라도 반드시 선수를 잡아라.

5. 사소취대 : 작은 것을 버리고 큰 것을 취하라.

6. 봉위수기 : 위험에 처하면 버려야 할 것들을 버려라.

7. 신물경속 : 서두르지 마라.

8. 동수상응 : 움직임에는 움직임으로 대응하라.

9. 피강자보 : 상대가 강하면 나는 방어하라.

10. 세고취화 : 형세가 고립되었을 때는 화평을 도모하라.

먼저 퇴사해보겠습니다

3. 6개월 : 당신의 런웨이

행복이 특정한 모양을 가지고 있을 거라는 생각이
우리를 불행하게 한다.

- 달라이 라마

지금까지 우리는 당신이 지금 위기라는 것과 위기에 대한 돌파구가 있다는 것을 알아봤습니다. 이제 당신에게 남은 것은 무엇일까요? 당신의 런웨이로 바로 뛰어드는 것입니다. 런웨이는 원래 비행기의 이착륙을 위한 활주로라는 의미에서 시작한 단어입니다. 최근에는 패션모델들이 걷는 무대를 뜻하는 단어로 주로 사용되고 있습니다. 한편 스타트업 기업들이 성공을 위해 날 수 있는 활주로를 의미하기도 합니다. 활주로는 무한한 비상을 상징함과 동시에, 활주로가 끝나기 전에 날아오르지 못하면 끝이라는 의미이기도 합니다.

이 책에서는 독자 여러분의 런웨이가 6개월 남았다고 가정하겠습니다. 아니, 결정하겠습니다.

이 책에서 다루는 모든 생존법과 관련된 도구들, 지침들이나 마인드 셋은 현 시간부로 당신의 6개월 남은 런웨이를 기준으로 설계합니다. 여러분도 여러분이 날아오르기까지 최대 6개월의 시간이 남아 있다고 확정해 주시기를 바랍니다. '6개월 안에 무언가를 달성할 거야.'라는 정신이 아니라, '6개월 안에 날아오르지 못하면 끝이다.'라는 것을 전제로 생존에 불필요한 모든 것들,

불필요한 짐들을 모두 비행기 밖으로 내던지는 훈련과 준비를 할 것입니다. 아니, 훈련은 없습니다. 런웨이가 6개월이니까요. 당신은 바로, 지금, 여기에서. 이 책이 설명하는 모든 것들을 실행하셔야 합니다.

왜 6개월일까요?

일론 머스크와 함께 실리콘밸리의 상징이 된 '페이팔 마피아.', 실리콘밸리를 좌우하는 이 강력한 집단의 실질적인 수장 중 하나로 알려지기도 한 인물이며, 『제로 투 원』을 저술해 국내에서도 인지도를 높이고 있는 피터 틸은 '왜 6개월 안에 시작하지 못하는가?'라고 물으며 이렇게 말합니다.

"즉각 시작하지 못하는 자기 합리화가 시작되면, 어떤 삶도 가망이 없다. 목표가 머릿속에만 존재하는 시나리오라면, 죽을 때까지 절대 시작하지 못한다." [2]

머릿속으로 구상만 하던 나를 꺼내 드는 데 필요한 런웨이는 6개월이면 충분하다고 저는 믿고 있습니다. 6개월 안에 꺼내 들 수 있다면 꿈은 목표가 될 수 있습니다. 그리고 실제로 그 6개월이라는 시간 동안 제 첫 번째 정체성 목표는 물론, 두 번째 정체성 목표였던 저자의 꿈도 이루어졌다는 것은 별도로 말씀드리지 않아도 아실 것 같습니다. 반복할 수 있고 확장 가능한 성공의 프로세스를 구축하는 데 소요되는 최소 시간이라고 이해해주시면 좋을 것 같습니다. 그것이 당신의 모든 생존 코스를 6개월로 짠 이유이기도 합니다. 자기 합리화, 회의적인 생각. 이 모든 걸 무력화시킬 유일한 방법은 '촉박한 시간'뿐이라고 믿으니까요. 시험공부에 대한 회의적인 생각들은 시험 당일 오전에

---

2) 팀 페리스, 『타이탄의 도구들』

모두 사라지니까요.

실제로 도른자가 사표를 내고, 경제적인 자립을 얻어낸 데까지 걸린 기간도 6개월이었습니다. 당연히, 당신도 할 수 있다고 믿습니다. 저와는 달리 당신은 어떤 도구가 필요한지는 최소한 알고 시작할 수 있기 때문입니다.

우리는 우리가 아직 성공하지 못한 이유를 늘 궁금해합니다.

결론부터 말씀드리면, 당신이 아직 성공하지 못한 이유는 당신이 '기한을 정해두고 분명한 무언가를 지속하지 않아서'일 뿐입니다. 당신의 목표는 '당신이 무언가를 계획하고' '그것을 무한히 달성하는 것'만으로 성취할 수 있습니다. 당신의 유전자, 당신의 현재 상황은 잘못이 없습니다. 문제의 원인을 잘못된 매트릭스의 감옥과 같은 것으로 돌려서는 안 됩니다. 당신은 이미 활주로에 올라섰습니다. 아무것도, 누구도 탓할 여유 따위는 없습니다. 당신의 집에 불이 났는데 '나는 왜 이리 못났을까?' 따위를 생각할 틈은 없습니다. 당신의 유전자나 마인드에 대한 당신의 이해도 그러해야 합니다. 유전자의 오류, 자의식의 문제, 그런 게 사실이든 아니든 관심 없습니다. 그런 건 나른한 태도로 변화를 꿈꾸는 이들의 것이지, 저나 당신처럼 죽느냐 사느냐를 걸고 변화를 시도하는 자의 것은 아닙니다. 당신의 생존이라는 관점에서만 생각하세요.

설령 당신이 위기가 아니라고 느껴지게 할 어떤 안전장치가 있다고 해도, 그런 것도 염두에 두지 마세요. 실제로는 당신이 지금 직장이 있거나, 강남 일대 믿을 만한 수백 채의 빌딩에서 대기업 사장급 임원 3년 치 연봉 수준의 월세수익을 얻고 있다고 해도, 뭔가를 달성하고 싶다는 결정을 했다면, 그런 방탄복도 모두 잊으세요. 방탄복이 당신을 나약하게 만듭니다. 안전띠가 발명되고 교통사고 사망률이 급증했습니다. 안전띠에 대한 신뢰가 사람들을 속도에 둔감하게 만들었기 때문입니다.

당신이 기억해야 할 것은 단 한 가지.

당신은 지금 6개월짜리 런웨이에 올라서 있고, 당신은 점점 더 가속도가 붙고 있으며, 멈출 방법 따위는 없다. 무조건, 날아올라야 한다.

당신이 당신의 활주로에서 필요한 준비물들은 이후의 장들에서 차근히 다룰 것입니다. 중요한 것은 모든 것이 갖춰진 이후까지 기다려서는 안 된다는 것입니다. 당신의 도전은 지금 여기에서 시작되어야 합니다. 삶의 모든 신호등은 절대로 동시에 파란불을 켜주지 않습니다. 당신은 거대한 당신을 만들기에 앞서, 당신의 활주로에 먼저 뛰어들어야 합니다. '언젠가 어디에선가'를 버리고 '지금 여기에서'를 장착해야 합니다.

런웨이에 오르고 난 후에 거대한 당신을 만들어도 늦지 않습니다. 저처럼 사표부터 낼 수 없다면 최소한 사표를 낸 사람이라고 믿으십시오. 당신은 최 과장, 이 대리도 아니고, 박 사원도 아니며 김 주무관도 아닙니다. 전업주부 A 씨도 역시 아닙니다. 당신은 지금 백수입니다. 백수라는 이 아찔한 직업을 가지고 당신이 해야 할 것은 6개월 동안 인생 전체를 뒤바꾸는 것뿐입니다.

도른자의 시작법

1) 어떤 일을 해야겠다고 마음먹는다.
2) 일단 출발을 한다.
3) 백지상태에서 이것저것 눌러보고 해본다.
4) 모르겠는 부분을 빠르게 찾아 적용한다.(대부분의 일은 여기서 됩니다.)
5) 어느 정도 진행이 되어 내 머리로는 그 이상 다른 방법을 찾기 어려울 때 관련된 책을 찾아본다. – 여기까지 시작한 당일
6) 추가적인 자료를 공부한다.
7) 부족한 부분이 심각하다면 전문가를 찾거나 조언을 요청한다.
8) 다른 분야의 책들에서 통찰력을 얻어 보강한다. – 여기까지 시작 다음 날

당신을 위한 생존법 레슨 3.
진짜 당신을 사용하는 법

우리는 살아남기 위해 진짜 나를 꺼내려 합니다.

진짜 나를 꺼내는 유일한 방법은 '진짜 나를 사용하는 것'뿐입니다.

당신은 당신이 하겠다고 생각한 것들이 만드는 것이 아니라, 당신이 한 것들로 만들어집니다.

6개월. 짧은 기간을 정해두면 시험 전날, 당신이 직접 목격했던 그자가 옵니다.

4. 당신을 견디게 해 줄 체력

나보다 아홉 가지 이상 나은 사람도 있겠으나,
러닝머신 위에 같이 올라간다면, 그 사람이 먼저 기권하거나
내가 죽거나 둘 중 하나뿐입니다. 정말입니다.

– 영화배우 윌 스미스

인생은 소풍이 아닙니다. 모든 준비물을 먼저 챙기고 시작할 수는 없다는
뜻입니다. 때로는 당신이 바다에 뛰어들기도 전에 바다가 먼저 당신을 덮칠
수도 있습니다. 이제 당신의 주머니를 뒤져 봅시다. 당신의 생존 장비를 점검
할 시간입니다. 본 장에서 다룰 모든 준비물은 '6개월 이내에' 생존의 단계를
클리어하기 위한 목적에서 작성되었습니다. 대부분 준비물은 첫 1개월 이내
에 모두 확보해야 합니다. 이번 장의 준비물들은 '전투준비'에 해당합니다. 계
속해서 말씀드리듯이 우리는 준비물을 갖추고 도망칠 시간이 없습니다. 집에
서 빠져나오면서 잡히는 대로 준비물을 챙길 시간만 있을 뿐입니다. 따라서
차근히 준비물을 챙길 생각을 집어치우고 틈나는 대로 이 준비물들을 당신의
주머니에 구겨 넣어야 합니다. 물론, 지금 당장 말이죠.

체력 이야기로 시작하면 "뻔한 이야기겠구먼."이라고 생각하실 수도 있을
것 같습니다. 맞습니다. 체력은 기본입니다. 기본은 쉽다는 의미가 아니라 중
요하다는 의미입니다. 왜 체력은 중요할까요?

체력은 당신의 '인내력'을 측정할 수 있는 척도이기 때문입니다. 체력이 없으면 당신의 몸은 당신의 고민과 도전을 견디지 못합니다. 당신의 단점을 보완할 용기를 내지 못합니다. 바꾸어 말하면, 체력이 낮으면 자기 효능감(Self-efficacy)이 떨어집니다.

자기 효능감이란 자기가 무엇인가를 변화시킬 수 있다고 믿는 감각입니다. 효능감에 대해서 예를 들어볼게요. 정치 효능감이 낮은 사람은 '내가 투표해도 바뀌는 것은 없다.'라는 의식이 강해 투표장으로 향하지 않습니다. 마찬가지로 자기 효능감이 낮은 사람은 '내가 책을 읽어도 달라지는 것은 없다.'라고 생각해 책을 읽는 도전을 시작하지도 않습니다. 반대로, 자기 효능감이 높으면 어떤 일이든 쉽게 도전을 해볼 수 있습니다. 내가 결과를 바꿀 수 있다고 믿으니까요. 그리고 놀랍게도 이러한 자기 효능감은 '운동'을 통해 아주 빠르게 훈련할 수 있습니다. 운동을 통해 내가 내 몸을 바꾸거나 게임의 승패를 바꿀 수 있다는 경험을 계속해서 연습하기 때문입니다. 실제로 운동과 자기 효능감의 상관관계와 관련된 연구는 복싱선수, 댄스 스포츠 동호인들의 사례 등 수많은 사례를 넘나들며 진행되었고, 관련된 수백 편의 논문이 존재할 만큼 검증되었습니다.

그렇다면 당신의 자기 효능감을 높이기 위해서 얼마만큼의 체력이 필요할까요? 마라톤을 달릴 정도? 철인 3종 경기에 나가거나 하는 '불굴의 정신'을 상징하는 체력을 상상했다면 아닙니다. 저도 그런 체력은 가지고 있지 않습니다. 우리에게 필요한 것은 '최소한'의 체력입니다. 바다에 빠진 당신이 부표까지 헤엄칠 수 있다고 믿게 할 만한 최소한의 체력 말이죠. 최대한의 체력이야 인간의 한계를 추정하기도 어렵지만, 최소한의 체력은 상상하기 쉽습니다. 당신이 무언가를 할 수 있다고 믿게 할 만큼이면 됩니다.

저는 제안합니다. 딱 30분. 딱 30분을 달릴 체력만 있으면 된다고 말이죠. 쉬지 않고 30분을 달릴 수 있다는 것이 무엇을 의미할까요? 5km 코스 마라톤 대회에 참가할 수 있을 만큼의 체력입니다. 대단하지만, 너무 대단하지는 않은 정도의 체력.

그러면 30분을 달리는 사람이 되는 체력을 가지기까지 어느 정도의 기간을 훈련해야 할까요?

사람에 따라 조금씩 기초 체력 차이가 있겠지만, 통상적으로 한두 달이면 거의 대다수가 이 정도의 체력을 확보할 수 있습니다. 체계적인 훈련과정에 따라 30분 달리기 체력을 확보하고 싶다면 제가 사용했던 '런데이'라는 애플리케이션을 사용해도 좋습니다.

런데이는 인터벌 트레이닝을 기본으로 해서 초보자가 무리 없이 체력을 키워나갈 수 있도록 설계된 무료 애플리케이션입니다. 저의 경우에는 8주 코스를 마치고 다시 속도 페이스를 조금 올려서 훈련을 반복하고 있습니다. 1주일에 3회, 8주간의 훈련 코스만 완료하면 아무리 운동 경험이 없는 분이라도 (속도의 차이는 있겠지만) 30분을 쉬지 않고 달릴 수 있게 됩니다. 다른 생존 준비물은 첫 1개월 이내에 마련하는 것이 좋지만, 체력과 관련해서 만큼은 2달을 안배하고 싶습니다. 그만큼 중요한 부분이기 때문입니다. 만일 당신이 이미 30분을 달릴 수 있는 사람이라면, 당신의 이후 체력 관리는 당신의 자율입니다. 당신은 생존을 위한 최소한의 장비를 이미 가지고 있는 사람입니다. 할 수 있다고 믿는 사람이 된 거죠.

한 가지, 30분 이상 달릴 수 있는 분이라고 해도, 매일 30분 이상의 운동은 생존을 위한 런웨이 기간 내내 지속하셔야 합니다.

30분을 달릴 수 있는 이러한 체력 훈련을 통해 우리가 얻을 수 있는 것은 크게 3가지 차원입니다.

1. 자기 효능감을 높여서 '도전형 인간'으로 변화
2. 스트레스에 대한 저항력을 높임
3. 뇌의 구조적 개선

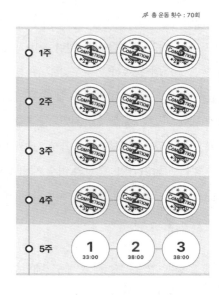

그림 3 　반복해서 훈련 중인 장면, 런데이 앱 캡처

우리가 운동하고 체력을 키우는 진정한 목적은 뭘까요? 『운동화를 신은 뇌』를 저술한 하버드 대학교 존 레이티 교수에 따르면 운동은 뇌에 혈액을 원활하게 공급함으로써 뇌를 최적의 상태로 만든다고 합니다. 근육의 발달이나 심폐 기능의 발달은 운동의 부산물에 지나지 않으며 궁극적으로는 뇌세포를 생성해 뇌를 구조적으로 개선한다는 주장이지요.

어렵고 지지부진한 이야기는 집어치웁시다. 저는 30분 달리기를 하면서 나를 바꾼 아이디어 중 대부분을 얻었습니다. 수많은 종교는 걸으면서 명상하는 훈련방법을 사용합니다. 우리는 인풋이 중단된 상태에서 가장 많은 아웃풋을 도출합니다. 내 생각들이 서로 결투하며 아웃풋을 도출합니다. 백지 앞에서 가장 큰 창의력이 나오듯, 당신은 달리는 공백 동안 가장 큰 아이디어를 얻을 수 있습니다. 제게 중요했던 아이디어 대부분은 모니터 화면이나 책장 속이 아니라 운동화를 신은 채 발견되었습니다.(이 책의 구성을 포함해서요.)

플라톤은 신이 인간의 성공을 위해 2가지 선물을 주었다고 말했습니다. 교육과 운동이죠. 바꿔서 이야기할까요? 교육이라는 인풋과 운동을 통한 아웃풋입니다.

이후의 모든 '생존 도구'들을 꺼내보기도 전에 침몰하지 않으려거든, 최소한 30분을 달릴 수 있어야 합니다. 30분을 달릴 수 있는 사람이 되면, 어떤 도전을 하든 한 가지만 기억하시면 됩니다. "나는 30분을 달릴 수 있는 사람이다." 이 자기 효능감과 자기 확신은 운동 중에 당신이 얻은 아이디어를 바로 실행할 수 있게 해줍니다. 또 모든 도전을 견딜 수 있게 해 줄 겁니다.

당신을 위한 생존법 레슨 4.
달리지 못한다면

무릎 이상, 과체중 등 다양한 문제로 달리기를 하지 못하거나 하기 어려운 분들이 있습니다. 여기서 '달리기'를 아주 좋은 사례로 제시했지만, 핵심은 30분을 멈추지 않고 어떤 운동을 할 수 있는 체력입니다. 수영, 요가, 테니스. 어떤 운동이든 좋습니다. 다만 30분 이상 계속해서 하려면 지구력이 필요한 운동을 권합니다.

운동의 기준을 '체중 몇 킬로그램 감량'에서 '30분을 쉬지 않고 운동하는 것'으로 바꾸는 순간 지겨운 운동이 게임이 될 수도 있습니다.

5. 열정을 유지하고 활용하는 방법

아주 오랫동안 뭍을 보지 못한다는 것을
받아들이지 못하는 사람은
결코, 신대륙을 발견할 수 없다.

- 1947년 노벨 문학상 수상자 앙드레 지드

이제 본격적으로 생존 도구들을 살펴보겠습니다. 우선 첫 번째 도구는 열정이네요. 우리의 생존 도구 중 열정은 플래시입니다.

본 보야지(Von voyage : 멋진 여행!)를 외치며 야심만만하게 육지를 떠났던 수많은 탐험가가 신대륙 직전에서 돌아섰습니다. 이 중에는 신대륙까지 불과 몇 마일을 앞두고 돌아선 이들도 있었습니다. 무엇이 수많은 투자금과 기대를 받으며 떠난 이들의 열정을 꺼지게 했을까요?

열정이라는 준비물을 소개하기에 앞서서 한 가지 당신이 염두에 둬야 할 사항을 정리해보겠습니다. 저는 당신에게 영원히 꺼지지 않는 열정의 불꽃을 요구하는 것이 아닙니다.

위에서 계속해서 이야기했듯, 당신이 런웨이를 버틸 수 있는 정도의 열정만 있으면 됩니다. 그 이후에는? 날아오르고 나면, 당신에게 제가 열정을 요구하지 않아도 당신 스스로 열정을 찾아낼 것입니다. 6개월이라는 기간은 당신이 열정을 유지하기에 생각보다 힘겨운 기간입니다. 따라서 당신의 열정에 대한 구체적인 사용법과 전략을 마련하고 있어야 합니다.

우리는 두 가지 차원에서 이 열정이라는 문제에 접근해야 합니다. '변화'와 '포커스'죠.

우선 우리의 열정을 지속하기 위한 첫 번째 비결, 변화에 대해서 알아보겠습니다.

열정은 불변하는 특정한 결과물이나 시작하는 힘 같은 것이 아닙니다. 열정이란 '계속해서 발굴해야 하는 어떤 것'입니다. 열정이 변화한다는 것을 믿지 않으면, 결국 열정을 잃기 마련입니다. 열정에 대한 우리의 기본적인 태도는 '열정을 계속해서 발굴해 나간다.'라는 표현이 적절할 것 같습니다.

열정이 '불'로 비유된다는 것을 주의해서 살펴봐야 합니다. 우리가 모닥불을 피웠을 때, 그 스스로 불을 유지할 수 있는 순간까지는 계속해서 바람을 불어넣거나, 땔감을 넣어줘야 합니다. 즉, 모든 불은 계속해서 새로 발명되고 있는 것입니다. 이전과 정확히 같은 조건, 같은 상황의 불은 없습니다. 불의 상황은 계속해서 바뀝니다. 우리는 이걸 꾸준히 관찰해야 합니다.

열정이 식어버려 어떤 일을 포기하는 분들은 연료를 투입하는 것을 잊었기 때문입니다.

신대륙 직전에서 멈춰 선 분들은 망망대해에서 새로운 열정의 소재를 발굴하지 못했거나, 변화하는 상황에서 내 열정을 유지할 동력을 잃은 사람들이었을 뿐입니다.

누구나 불을 피우는 시도는 할 수 있습니다. 그러나 아무나 불을 유지하고 통제하지는 못합니다. 불은 불확실합니다. 즉, 변화합니다. 그래서 아무나 열정을 통제하지는 못하는 겁니다. 우리의 열정 또한 계속해서 변화합니다. 어떤 때는 나를 열정에 불타게 만들었던 연료가 또 다른 경우에는 그 열정을 식히게 할 소화기가 되기도 합니다. 따라서 나의 열정을 제대로 관리하기 위해서는 나도 계속해서 변화해야 합니다.

인스타그램을 통해서 퍼스널 브랜딩을 하겠다는 목표를 세웠다고 가정해 보겠습니다. 사람들은 꾸준히 하나의 작은 주제에 대해서 나의 관점을 기록하면 퍼스널 브랜딩이 될 것이라고 말합니다. 맞는 이야기입니다. 나의 관점을 사랑하는 사람들이 모이기 시작할 테니까요.

하지만 이 이론은 한 가지 아주 중요한 것을 간과하고 있습니다. 이 모든 활동의 주체가 되는 '나'라는 사람에 대해서 충분히 고려하지 않은 것입니다. 나의 열정은 반복되는 일상에 지루함을 느낍니다. 반대로 '변화'에는 호기심이 생기죠. 반복되는 것 같은 지루한 글이 졸음을 유도하지만, 글에서 새로운 변화, 새로운 의미가 계속해서 발굴되면 졸음은 멀어집니다.

인스타그램 릴스를 만들어보면 화면의 변화량이 많은 영상이 일반적으로 노출 수나 조회 수, 좋아요 수가 많다는 것을 발견할 수 있습니다. 인간은 변화를 좋아합니다. 아니, 인간이 아니라 모든 살아 있는 것들이 그렇습니다. 새로운 뉴스에, 몰랐던 새로운 것에, 계속 밝은 빛보다는 클럽의 반짝임을 더 선호합니다. 우리는 변화하는 것을 눈으로 좇으면서, 어째서 우리의 열정에 변화를 줘야 한다는 사실은 간과할까요.

매일 같은 주제로 같은 포맷의 콘텐츠를 양산하면 인간은 점차 그 과정에서 도전 의식을 상실하게 됩니다. 열정의 본질은 '변화'입니다. 불이 그러하듯 말입니다. 우리는 졸음을 쫓는 책처럼 계속해서 나에게 새로운 변화를 부여해야 합니다. 목표 자체를 계속해서 바꾸라는 것이 아니라 목표를 따라가는 방법에서 다양성을 추구해야 한다는 이야기입니다.

만약 책에 대한 나만의 관점을 담은 리뷰나 서평을 내 메인 콘텐츠로 삼기로 했다면 이 메인 콘텐츠는 일주일에 2~3번이면 충분합니다. 나머지는 '다양한 시도'들을 위해 남겨둬야 합니다.

저의 경우에는 '다른 인스타그래머와의 콜라보 콘텐츠'라거나 나의 열정을 불태울 다른 어떤 것들로 채우려고 노력하고 있습니다. 다른 형식을 사용해 본다거나, 다른 미디어를 활용한다는 것과 같은 노력을 말합니다. 즉 다양한 전술을 사용해보는 변화를 통해 열정은 관리되고 강화될 수 있습니다. 불을 관리하는 기초는 다양한 변화를 이용해서 '타는 속도'를 조절하는 것입니다.

불을 피워보신 분들은 아실 겁니다. 처음에는 신문지 같이 타기 쉬운 것들로 시작해서 점점 타기 어렵고 오래 타는 땔감들로 불을 유지합니다. 땔감의 다양성이 불을 오래 유지하게 합니다. 처음에는 내가 쉽게 불타오를 소재로 열정을 태웠다면, 점차 꾸준히 내 열정을 유지해줄 땔감을 열정에게 주어야 합니다. 열정은 내가 아니므로 내 의지대로 불타지 못합니다. 적절한 땔감을 계속해서 부여해야 합니다.

하나의 등식을 설정하겠습니다. 열정=변화라는 공식입니다.

앞으로 나올 어떤 생존 도구나 마인드를 배우더라도 당신이 항상 기억해야 할 것은 당신을 '반복되는 상황에 놓인 기계' 상태로 두어서는 안 된다는 것입니다. 설령 반복되는 행동을 의미하는 '루틴'을 설정한다고 해도 당신의 루틴은 '변화'를 염두에 두고 설계되어야 합니다.

아침 7시부터 7시 10분까지 책을 10페이지 읽는다는 루틴은 '정해진 것'입니다. 하지만 당신은 한 페이지씩 열 권을 읽을 수도 있고, 10분간 읽을 책의 양을 늘려볼 수도 줄여볼 수도 있습니다. 변화가 염두되어 있어야 당신은 열정을 유지할 수 있으니까요. 열정을 유지하기 위해서 무언가를 배우는 방식을 바꿔보거나, 결과물을 표출하는 방식을 바꿔보는 것만으로도 당신의 열정이 유지될 확률이 비약적으로 오를 수 있습니다. 낯선 방식으로 배우고, 낯선 방식으로 표출해보는 노력을 멈추지 않을 때, 당신의 불은 안전히 관리될 수 있습니다.

앞서 이번 장의 서두에서 열정은 생존 도구 중 플래시라고 말했습니다. 열정을 지속하는 두 번째 비밀, 포커스입니다.

플래시의 본질에 대해서 생각해보겠습니다. 플래시는 '길을 밝힌다.'라는 본질에서 출발한 도구입니다. 길을 밝힌다는 본질을 뒤집어 생각해보면, 내가 나아가야 할 길들에 하이라이트를 비춰준다는 것을 의미합니다. 당신의 열정은 당신이 '한 가지 목표'에 시선을 모을 수 있도록 도와주는 도구이며, 그런 도구로 사용해야 한다는 의미입니다.

우리가 '북극성' 방향으로 모험을 떠난다고 가정하겠습니다. 우리는 큰 틀에서 우리의 북쪽의 대략적인 방향을 잡고, 그 방향을 향해 우리의 플래시를 켜 둘 것입니다.

길이 꼬불꼬불하고 울퉁불퉁하므로 당신의 플래시가 언제나 북쪽을 향하지는 않을 것입니다. 하지만 당신이 북쪽을 추구하는 한, 당신의 길 앞에 있는 것들의 선명도를 높여주어 우리가 북쪽을 향해 계속해서 걸을 수 있게 해줍니다.

열정이 플래시라고 가정했을 때 당신이 주의할 점은 두 가지입니다. 첫째. 북극성을 향하는 모험 중에 당신의 관심을 잡아끄는 다른 모든 목표를 추적하지는 말 것. 둘째. 절대로 플래시를 놓치지 말 것입니다.

간혹 당신의 플래시 끝에서 호기심을 가지게 하는 물체를 발견할 수 있습니다. 열정이 생길 수 있죠. 그리고 이 호기심 자체는 사실 매우 좋은 것입니다. 하지만, 호기심이 당신의 북극성이 되어서는 안 됩니다.

기억하세요. 당신은 지금 퇴사라는 수단을 써서 정체성 변화라는 북극성을 좇고 있습니다. 호기심이 닿는 모든 것이 북극성이 되면 당신의 모험은 표류가 될 뿐입니다. 목적이 없는 여정을 우리는 표류라고 부릅니다.

플래시는 당신이 표류하지 않게 해주는 도구 중 하나이지만, 당신이 '너무 많은 곳'에 열정을 품는다면 도리어 당신을 표류하게 만들 도구가 되기도 합니다. 당신은 당신의 목표를 향한 다양한 변주곡을 허용해야 하지만, 그 곡이 연주되는 목적을 상실해서는 안 됩니다. 당신의 플래시는 언제나 고정된 북극성을 향해 밝게 켜 두어야 합니다. 플래시가 비추는 곳은 언제나 '한 곳'뿐입니다.

기억하세요. 당신의 열정은 플래시와 같이 사용해야 합니다. 플래시가 물체의 선명도를 높여 당신의 목표인 것과 목표가 아닌 것을 구분하게 해 주듯 당신의 열정 역시 당신의 목표에 대한 선명도를 높여 생생하게 만들고, 그 목표가 아닌 것들에 덜 집중하게 해줍니다. 선명도가 높아지면 높아질수록 우리는 목표에 더 집중할 수 있습니다. 당신이 더 많은 열정을 품을수록 당신은 다른 곳에 열정을 쏟을 시간과 정신력이 떨어지게 됩니다. 세상을 풍부하게 살기 위해서는 다양한 열정이 중요하지만, 살아남기 위해서는 좁은 영역에 강도 높은 열정을 쏟아부어야 합니다.

이상의 내용을 통해 우리는 '열정은 변화이다. 그리고 변화는 다양한 변주곡의 허용에서 시작된다.'라는 이야기와 더불어서 우리가 '목표에 포커스를 맞추는 노력을 멈추지 않음으로써 우리의 열정을 유지하고 관리할 수 있다.'라는 이야기를 나누었습니다.

생존을 위한 여정에서 당신의 열정을 꺼뜨릴 수많은 변수와 만나게 될 것입니다.

우리는 포커스를 놓치지 않으려는 노력과 변화를 허용하는 태도를 통해 열정을 관리하겠지만 때로는 너무 강렬한 외부 요인, 혹은 내부 요인으로 인해 내 열정의 불이 시들해질 수도 있습니다. 어쩌면 그것은 주변 사람들의 무시일 수도 있고, 자기 자신의 어떤 상처 때문일 수도 있습니다.

그때, 당신이 이 말을 기억해주었으면 좋겠습니다.

"북풍이 바이킹을 키웠다."

당신의 열정을 사그라지게 하는 모든 것들과 만날 때마다 이 말을 되뇌세요.

북쪽의 어부들은 역풍을 맞으며 바이킹이 되었다는 것을요.

당신은 지금, 최강의 생존 전문가. 바이킹이 되는 중입니다.

역풍은 당신을 키웁니다.

먼저 퇴사해보겠습니다

당신을 위한 생존법 레슨 5.
열정을 관리하라

당신의 열정은 무한하지 않으며 고정된 것도 아니라는 것을 기억해야 합니다. 당신은 당신의 열정만 믿고 시작해서는 안 됩니다. 열정은 '시작하게 하는 힘'이 아닙니다. 도리어 '유지하게 하는 힘'이죠. 당신의 열정은 정의된 무엇을 의미하는 명사가 아니라 동사라는 점을 기억해야 합니다.

동사의 기본은 '변화'입니다. 당신의 열정이 늘 변화를 수반하고 있어야 합니다. 당신은 목표 범주에서 계속해서 변주곡을 허용해야 합니다. 그리고 변화하는 당신의 열정을 놓지 않아야 합니다.

6. 호기심이라는 망원경

자기 일에 대한 호기심은 충족시키고 발전시켜야 한다.
하지만 남의 일에 대한 호기심은 꿈에서라도 중요한 것이 아니다.

- 미겔 데 세르반테스

열정이라는 플래시는 당신의 목표에 초점을 맞추게 만들어 주는 도구라고
했습니다. 목표를 향해 언제든 플래시를 켜두라고 말씀드렸죠.

이번에는 '변주곡'에 대해서 조금 더 살펴보겠습니다. 저는 분야를 막론하
고 호기심은 좋은 것으로 생각하며, 인간을 성장시킬 수 있는 유일한 동력이
라고 믿습니다. 호기심은 우리가 다룰 수 있는 모든 능력 가운데 가장 강력한
무기이기도 합니다. 한 실험에서 호기심으로 인한 뇌의 변화를 분석한 적이
있습니다. 이 실험에서는 이상한 현상이 발견됩니다. 인간이 호기심이 발동
한 순간 도파민이 분출되기 시작합니다. 그런데 더 재미난 부분은 기억과 학
습에 중대한 역할을 하는 해마의 활동량도 동시에 폭발적으로 증가했다는 것
입니다. 우리는 호기심이 있을 때 압도적으로 빠르게 성장할 수 있습니다. 만
일 이 호기심이라는 힘을 우리의 목표에 활용할 수 있다면 우리는 그 어느 때
보다 든든한 동맹군을 이 전투에 끌어들일 수 있게 될 것입니다. 따라서 '정
체성 변화'라는 관점에서 우리의 호기심 범위를 적절히 조절할 필요성이 있
습니다.

가령 좀비들이 가득한 세상에서 안전지대까지 도망쳐야 한다는 목표를 세웠다면, 이 건물의 5층 통로를 통해 안전지대로 가는 경유지 위에 있는 옆 건물로 갈 수 있는지를 궁금해하는 호기심은 좋지만, '강아지들도 좀비가 될 수 있을까?' 하는 호기심은 위험성을 높이는 호기심일 뿐이라는 것이죠. 정확히는 '목표와 무관한 호기심'은 이륙을 앞둔 현재 상황에서는 다소 위험한 호기심일 수 있습니다.

궁금한 모든 것을 알고, 모든 것을 추구하려는 욕심을 잠시 내려놓는 것이 내 생존율을 극대화해줄 수 있습니다.

호기심은 망원경입니다. 당신이 생존으로 가는 길에 혹시 있을지 모를 보물상자나 위험요인을 발견하게 해주는 도구입니다. 망원경은 멀리 있는 것을 가까이 볼 수 있게 하는 본질을 가진 도구이죠. 우리는 망원경을 통해 새로운 것을 발견할 수 있습니다. 하지만 우리의 목표는 최단 경로로, 가장 이른 시간 안에 안전지대에 도착하는 것입니다. 우리가 발견해야 할 새로운 것이란 우리가 나아가는 경유지 위에 있는 새로운 것뿐입니다. 당분간은 이것만 생각해야 합니다. 따라서 망원경 역시 이 목적에 부합하게 사용해야 합니다.

당신이 해야 할 호기심들은 이런 것들입니다.

– 내 퍼스널 컬러를 사용하는 것이 퍼스널 브랜딩에 도움을 줄 수 있지 않을까?
– 내 글쓰기 방식을 스토리텔링 형식으로 바꾸면 나를 브랜딩하는 데 도움을 주지 않을까?
– 내 고객들이 진짜로 원하는 것은 솔루션이 아니라 공감이 아닐까?

– 목표를 매일 쓰면 목표 달성에 도움이 된다는데 나도 해볼까?

이처럼 당신의 목적에서 파생된 호기심들을 기록하고 충족해 나가야 합니다.

반면에 이제 막 생존을 위한 여정을 시작한 당신이 하지 말아야 할 호기심에는 이런 것들이 있습니다.

– ○○가 이런 방법으로 3개월 만에 월 1,000만 원을 달성했다는데 나도 해볼까?
– ○○ 코인이 조만간 떡상할 거라는데, 일단 여기에 투자해볼까?
– 부동산 공부도 해놓으면 좋다는데, 퍼스널 브랜딩을 하면서 부동산 공부도 해볼까?

저는 목적과 상관없는 모든 호기심을 버리라고 말하는 것이 아닙니다.

우연히 망원경을 통해 다른 맥락의 어떤 보물상자를 발견했다고 가정하겠습니다. 우리는 이 보물상자를 지나쳐버려야 할까요? 아닙니다.
우리는 이 보물상자를 '내 목표에 맞추어 활용할 수 있을까?'를 고민해야 한다는 것입니다. 내 호기심을 끌어당기는 어떤 것들은 모두 좋은 것들입니다. 당신은 모든 호기심에 충분한 관심을 기울여야 합니다.

당신이 해야 할 것은 이렇습니다.
이 호기심이 나의 목표를 끌어당길 새로운 길을 암시하는 것인지를 고민하는 것. 내 열정이라는 플래시를 비추어볼 충분한 가치가 있는 것인지를 생각해보는 것입니다. 앞서 말씀드렸듯 열정은 무한하지 않기 때문이지요.

기름이 싸다고 50km를 후진해서 기름을 넣고 목적지를 향해서 다시 출발해서는 안 됩니다. 당신은 당신의 목적지에 맞는 주유소를 찾거나, 좋은 주유소를 당신의 목적지 방향으로 끌어들이거나. 둘 중 하나를 선택해야 합니다.

위의 사례 중 부동산 공부를 해놓으면 좋다는 사례를 이야기했는데, 만일 이 부동산 공부라는 것을 내 목표와 부합하게 조정할 수 있다면 이것은 해도 되는 호기심입니다. 하지만, 소설책 서평을 통해 나를 브랜딩하고 싶은데 부동산 공부를 당장 시작하는 것은 '불필요한 경유지'를 늘리는 일에 지나지 않습니다.

호기심이라는 망원경을 사용할 때는 언제나 '최단 경로', '최소 비용'이라는 원칙에 따라서 사용해야 합니다. 언젠가 당신의 생존이 보장되었을 때, 당신은 호기심이 생기는 모든 것을 배울 기회를 얻을 것입니다. 하지만 지금은 아닙니다.

그러면 이제 호기심이라는 것의 본질을 다시 생각해보겠습니다. 호기심이란 '好奇心'입니다. 좋을 호, 기이할 기, 마음 심. 이상한 것을 좋아하는 마음입니다.

당신이 이상한 것을 좋아하는 사람이라면 축하드립니다. 당신이 망원경으로 본 이상한 것들을 사랑하는 사람들이 곧 당신의 곁에 모여들 것입니다. 당신이 그 호기심을 잊지 않고 잘 사용하기만 한다면 말이지요.

당신이 생존하기 위해 호기심을 사용하는 방식은 크게 두 단계를 거쳐야 합니다.

1) 호기심이 가는 모든 것들을 기록한다. 저는 카카오톡의 '나와의 채팅' 기

능을 사용해서 궁금한 것들을 빠르게 메모해둡니다.

2) 이 호기심 메모를 다시 보면서 내 목표와 상관도가 높거나 응용할 수 있는 것들을 따로 호기심 노트에 정리한다. 정리할 때는 메모의 다음의 맥락을 함께 기록한다.

– 궁금증
– 궁금증이 발생한 배경
– 내 목표에 활용하는 방안
– To do list

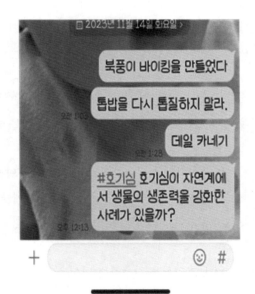

그림 4 카카오톡 나와의 채팅에 호기심을 기록한 내용

결론적으로, 호기심은 목적에 부합하게 가공되었을 때 강력한 힘을 냅니다. 당신의 호기심을 호기심으로 놔두거나, 불필요한 호기심을 향해 너무 오랫동안 망원경을 들이미는 일, 한정적 시간 안에 생존이라는 목표를 달성하고자 하는 사람이 피해야 하는 일입니다.

7. 독서라는 지도

책 읽는 습관을 기르는 것은
인생에서 모든 불행으로부터 스스로 지킬
피난처를 만드는 것이다.

- 윌리엄 서머싯 몸

생존의 관점에서 독서는 지도입니다. 나의 현재 상황과 앞으로 나아갈 방향에 있을 위험을 예측할 수 있게 해주고, 경로를 단축해 줄 수 있습니다.

혹시 지도를 읽는 법, 독도법을 아시나요? 사실 독도법은 아주 정교한 기술이어서, 모든 방법을 알게 되면 아주 정확한 위치를 쉽게 파악할 수 있는 수단이지만, 여기서는 그 대강만 살펴보아도 충분할 것 같습니다.

독서는 지도죠. 지도를 읽기 위해서는 무엇을 알아야 할까요? '북쪽'을 먼저 알아야 합니다. 독도법의 가장 기초 과정은 북쪽에 나의 지도를 정치(바르게 맞추는)하는 것입니다. 북쪽을 기준으로 맞추어 둔 지도를 통해서 우리는 지도 안에서 방위를 정확히 알 수 있습니다.

지도의 북쪽을
실제 북쪽에
맞추기

그림 5 지도상 북쪽(도북)과 진짜 북쪽(자북이나 진북)에 맞추는 것이 독도법의 기초

여하튼, 우리가 지도를 제대로 읽기 위해서는 진북(북극성이 가리키는 북쪽 : 나의 비전)과 도북(지도상의 북쪽 : 책이 안내하는 목표)을 일치시키는 과정을 반드시 거쳐야 합니다. 즉, 비전이 가리키는 북쪽과 지도상의 북쪽을 같은 방향으로 향하도록 지도를 바르게 두는 과정이 필요합니다. 이 과정을 거쳐야만 우리는 동쪽, 서쪽 등 방향을 찾아 나갈 수 있고, 실제 목표와의 거리를 가늠할 수 있습니다.

책을 지도라고 했을 때 우리가 해야 하는 과정은 우리의 목표에 해당하는 방향에 지도인 책을 일치시키는 것입니다.

우리는 어떤 책을 읽어도 좋지만, 최소한 6개월간이라도 정체성을 향한 이륙에 집중하겠다는 목표를 세웠다면, 이 목표를 향하는 책들을 빠르게 선별하여 나의 목표에 일치시키는 노력을 거쳐야 합니다.

내 목표에 맞는 책을 선별했다면 이제 어떻게 읽어나가야 하는지를 이야기해 볼 차례입니다. 이륙만 생각했을 경우의 독서는 기존에 우리가 해오던 독서와 전혀 다릅니다. 우리는 지도에 나온 모든 지형지물을 확인할 필요도 없으며, 위성지도, 2D 지도 등 모든 유형의 지도를 볼 필요도 없고, 내 목적지와 무관한 지도를 볼 필요도 없습니다. 기본적으로 이륙을 위한 독서는 내가 있는 위치를 기초로 북쪽을 향한 길을 알려주는 지도들을 선별하고, 지도에서 필요한 정보만을 추출해야 합니다.

여기까지 이야기를 하게 되면 호기심, 열정 등 앞선 모든 생존 준비물에서 하나의 공통점을 발견했을 것 같습니다. 목표와 부합하는 것들에만 집중하도록 사용해야 하는 도구들입니다.

우리의 런웨이는 길어야 6개월 남짓입니다. 당신은 이 짧은 시간 안에 '정체성 확보'에 대한 목표들을 클리어해야 합니다.

우리가 목표를 달성하기까지 몇 권의 책이 필요할까요?

이것은 많은 논의가 필요한 주제가 되겠지만, '너무 많지는 않은 책'이라는 것이 제 결론입니다. 어쩌면 제대로 만들어진 단 하나의 지도만으로도 당신은 목표를 달성할 수 있습니다. 정확히 당신의 목표에 이르는 모든 과정을 다루는 책이라면 더욱 그렇습니다.

하지만 우리는 어떤 책이 나를 목표까지 안내할 수 있는지 알지 못합니다.

따라서 꽤 많은 지도를 들춰보아야 합니다. 핵심은, 그 모든 지도를 완전히 다 해독할 필요가 없다는 것입니다. 책을 완독할 필요는 없다는 뜻이죠.

지금부터는 목표에 책을 맞추고 읽어나가는 요령을 알아보겠습니다.

1) 목표에 필요한 키워드 도출
2) 서점으로 달려가기
3) 목표와 관련 있는 키워드가 들어 있는 책들 찾기
4) 목차를 살펴보기
5) Why에만 집중한 책은 버리기(○○ 해야 하는 이유에 대한 설명들만 가득한 책)
6) 나머지 책 중 What과 How에 해당하는 목차만 빠르게 훑기(방법과 노하우, 인사이트에 집중한 책)
7) 5~10권의 책 선별하기
8) 정보 추출하여 정리하기

단계는 이와 같습니다. 이 과정이라면 최대 3일 이내에 당신의 목표를 위해 필요한 것들의 대강을 뽑아낼 수 있습니다. 당신이 어떤 지도를 들고 항공기 이륙을 시작해야 하는지는 대략 정해졌다는 이야기입니다. 갑작스럽게 비행기의 조종을 맡았는데 모든 설명서는 읽을 수 없습니다. 당신에게 필요한 설명서의 꼭 필요한 버튼에 대한 설명만 보면 되죠.

우리는 이 과정을 통해서 당신의 별이 있는 곳을 향해 지도인 책들을 올바르게 배열하는 방법을 알게 되었습니다. 물론 휴식을 위해, 혹은 다른 목적을 위해 다양한 책들을 보시는 것은 권장하지만, 이렇게 목표를 향해 배열된 책들은 최대한 빠르게, 확실하게 살펴보고 필요한 정보들을 도출해야 합니다.

여러분이 북쪽으로 나아가기 위해 고른 이 책들의 조합(Combination)은 당신의 걸음걸음을 암시합니다. 예를 들면 이렇습니다.

퍼스널 브랜딩을 통해 내 가치를 높인다는 목표에 대해서 우선 '퍼스널 브랜딩'이라는 키워드를 도출하고 이에 관해 언급된 책들을 도서관이나 서점에서 찾습니다. 이 책들의 목차를 살펴보면 '무엇을 하라(What).'라는 키워드가 도출됩니다. 이 키워드들을 메모하고 '어떻게 하라(How to).'라는 내용이나 키워드만 빠르게 기록합니다. 이 과정을 통해 전체의 얼개를 이해하게 됩니다. 세부적인 것들은 스스로 정보를 수집해서 채워나갑니다.

여기서 How to가 이 책에서 처음 나온 '전술'에 해당합니다. 하지만 우리 도른자들은 결국 '특이한 전술'을 사용하는 것을 목표로 하죠. 결국, 책에 나온 How to를 자기화하는 과정이 추가되어야 합니다. 즉, 나만의 How to를 다시 도출해야 합니다. 인스타그램 브랜딩을 위해 공동 게시물을 적극적으로 활용해야 하며, '이렇게 하는 것이다.'라는 문구를 발견했다면 그 방법이 아닌 나만의 방법을 고민하는 것입니다. 이는 책에서 얻어지는 것은 아닙니다. 많은 분이 책대로 해서 성과가 나오지 않는다고 포기하는데, 사실 진짜 책에서 얻을 것은 이대로가 아니라 '내 방법'입니다.

만약 첫 열 권에서 제대로 정보를 추출하고 나만의 방식으로 실천했다면 당신에게는 다른 지도가 필요할 것입니다. 당신의 좌표가 바뀌었기 때문입니다. 우리는 생존이라는 목표에 도달할 때까지 무한히 이 과정을 되풀이해야 합니다. 우리는 계속해서 지도를 보며 우리의 현 위치, 목적지와의 거리, 발생할 수 있는 위험을 예측하고 인지해야 합니다.

사실 독서로 은유해서 이야기했지만, 우리의 길잡이가 될 수 있는 수단은 너무나 많아졌습니다. 유튜브, 강의, 컨설팅, 전자책, 블로그 글, 뉴스레터에 이르기까지 수없이 많은 항해 도구를 가질 수 있습니다. 모든 걸 이용할 수 있죠.

　하지만, 육분의가 되었든, 다른 어떤 항해 도구가 되었든 '지도'에 필적하는 항해 도구는 없습니다. 독서가 기초입니다. 챗 GPT 같은 위성항법장치를 당신이 가졌다고 해도, 당신이 지도를 볼 줄 모르면 의미가 없습니다. 먼저 지도에 익숙해지세요. 그리고 위성항법장치들에도 이 방법을 적용하세요.

　어떤 위대한 항해사도 목적지에 도착하기 전에 지도를 던져버리지는 않습니다. 당신의 독서도 그렇습니다. 당신의 당면 목표들은 북극성과 달리 계속해서 움직입니다. 당신은 요 얌체 같은 목표들을 잡아야 합니다. 독서를 멈추면 안 됩니다.

당신을 위한 생존법 레슨 6.
위기에 빠진 사람처럼 책을 보라

지도 보는 일은 귀찮은 일임이 분명합니다. 그리고 많은 시간이 필요한 일이죠.

우리에게 주어진 런웨이는 6개월입니다. 따라서 그 모든 책을 정독할 수 없습니다.

우리는 1) 좋은 책을 고르고 2) 그 좋은 책에 설득되었다고 가정하고 3) 뭘 어떻게 하라는 건지만 알아내어 실행해야 합니다. 자세히 보는 것은 내 안에서 다른 궁금증이 생겼을 때 해도 충분합니다.

'왜 이렇게 해야 하는데? 근거가 뭔데?'라는 생각은 집어치우세요. 그건 당신의 성장을 위한 독서법이지 당장 어느 방향으로 튀어 나가야 하는지를 알려주는 독서법은 아닙니다.

위기에 빠진 당신에게 필요한 것은 집에 불이 났을 때 '엘리베이터를 타야 하는가? 계단으로 대피해야 하는가?'이지 왜 엘리베이터 탑승이 더 위험하며 그 생존율 차이가 얼마인지를 아는 것이 아닙니다.

8. 사람을 대하는 태도가 실력이다

나에게 혼자 파라다이스에 살게 하는 것보다
더 큰 형벌은 없을 것이다.

- 괴테

생존 때문에 바빠 죽겠는데 언제 주변 사람을 돌보느냐고 물으실 수 있을 것 같습니다. 천만에요. 당신은 바빠 죽을 것 같으므로 주변 사람들에게 친절해야 합니다.

불이 난 집에서 당신이 빠져나올 때 가장 먼저 챙겨야 할 것은 '주변 사람들'입니다. 그리고 그것이 당신이 위기에서 빠져나오는 '최고 속도'입니다. 이제 당신이 하려고 하는 것은 안전하다고 믿었던 발판 위에서의 삶과는 전혀 상반되는 위험천만한 모험입니다. 주변 사람들의 지지 없이는 결코 생존할 수 없습니다.

제 지인 한 분이 국회의원으로 출마한 적이 있습니다. 그분은 명문 대학을 졸업한 수재였고, 다양한 분야에서 역량도 뛰어난 인물입니다. 하지만 그는 번번이 낙선합니다. 왜냐구요? 그분의 주변, 가장 가까운 사람들이 그분을 지지하지 않았거든요. 가장 가까운, 혹은 가까워야 할 사람들은 당신이 가장 신경 써야 하는 사람들입니다. 아내, 남편, 아이, 부모님. 이들에 대한 태도가 모든 것의 시작이며, 그것이 당신이 낼 수 있는 최고 속도입니다.

혹시 '태도가 실력이다.'라는 말 들어보신 적 있나요? 주변에서 사업의 고수분들을 만나면 종종 하시는 말씀이 이 태도가 실력이라는 이야기였어요. 수십 채의 큰 빌딩을 소유하신 회장님도 이 말씀을 하시더군요. 그리고 태도란 결국 '사람을 대하는 태도'로 귀결되는 것 같더라고요.

알렉산드라 프라젠[3]이라는 여성이 있습니다. 그녀는 방송국 소속의 정규직 작가였습니다. 그리고 어느 날 독립을 하기로 합니다. 그녀가 어떤 선택을 했을까요?

SNS를 개설하고 고객들에게 정보를 제공한다? 아니요. 물론 SNS를 개설하긴 했었지만, 곧 '좋아요'에 집착하는 자신에게 염증을 느껴 영원히 SNS를 그만두기로 선언합니다.

대신 그녀는 그간 자신을 알아온 60명의 지인에게 이메일을 보내죠.

"안녕하세요. 저는 직장을 그만두었습니다. 혹시 제가 필요하시면 연락 주세요."

놀랍게도 그녀를 업무적으로 알던 지인들은 그녀에게 프리랜서 업무를 주기 시작하거나 다른 고객을 소개해주기 시작합니다. 결국, 그녀는 HP(휴렛패커드) 같은 대기업들도 고객으로 만들어내고 수많은 돈을 벌어들이기 시작합니다. 그녀의 고객들이 그녀에게 프로젝트를 맡기려면 1년 이상 기다려야 하죠.

---

3) 프리워커를 위한 커뮤니티 프리워커스 클럽 저작자의 동의를 얻어 작성된 내용입니다. 원문은
https://maily.so/freeworkersclub/posts/481e894f
https://www.marketingwithoutsocialmedia.com/post/the-story-behind-the-course

그림 4 알렉산드라 프라젠이 운영하는 〈소셜미디어 없이 마케팅하기〉 강의 코스를 판
매하는 웹사이트(https://www.marketingwithoutsocialmedia.com/)

어떻게 팔로워도 하나 없던 그녀가 '생존'의 단계를 넘어서 버렸을까요? 바
로 그녀가 직장생활을 하면서 보여온 태도 때문이었습니다. 일을 대하고 사
람을 대하는 태도로 신뢰를 만들고, 고객을 만든 겁니다. 우리가 수십만 팔로
워가 있어야 할 수 있다고 믿은 것들을 그녀는 단 60명에서 시작해서 일구어
낸 것입니다.

그녀가 어떻게 HP 같은 거대 공룡기업을 고객으로 만들 수 있었을까요?
그녀가 알아온 60명의 지인 중에는 HP와 관계된 사람이 아무도 없었는데 말
입니다. 여기에는 재미있는 일화가 있습니다. 그녀는 남자친구와 에어비앤비

에서 휴가를 즐기고 감사한 마음을 담은 편지를 그 숙소의 호스트에게 남깁니다. 그리고 집주인은 이 편지에 깊은 감명을 받아 그녀의 편지에 적힌 이름을 검색하고 그녀의 홈페이지를 발견하죠.

집주인은 HP의 직원이었습니다. 곧 집주인은 그녀에게 일을 하나 맡기죠. 사소한 것 하나에 그녀가 가진 태도와 진정성이 팔로워 0명인 그녀에게 '진짜 팔로워'를 만들어 준 것입니다.

제가 인스타그램을 운영하면서 1K 달성 이후로는 팔로워 수에 집착하지 않겠다고 선언하고, 더 밀도 깊은 팔로워와의 대화에 집중하기로 한 것 역시 이와 같은 맥락입니다.
너무 많은 팔로워에 대한 집착은 소통의 질을 낮춥니다. 팔로워가 많은 것이 문제라는 것이 아니라, 많은 팔로워에 집착하는 마음이 우리를 초조하게 하고 사람을 '숫자'로 생각하게 한다는 것입니다.

숫자는 가짜, 진짜는 마음입니다.

만일 당신이 진정으로 당신을 응원하고 지지할 10명의 팔로워를 가졌다면, 당신은 무엇이든 시작할 수 있습니다. 하지만 당신의 눈이 여전히 팔로워 수에 머물러 있을지도 모릅니다. 기억하세요. SNS 이전의 사업가들은 고작 친구 2~3명의 지지를 받아 거대한 제국을 일구어왔고, 그 방법은 여전히 통한다는 것을요. 그리고 10명의 팔로워를 당신의 진정한 팬으로 만드는 것이 3만 명의 숫자뿐인 팔로워를 얻는 것보다 중요하고 값진 일이라는 것을 말입니다.

'진짜' 팔로워, 당신에게 호감을 느끼고 있으며 마음 깊이 당신과 더 많은 것들을 해보고 싶은 사람들은 어떻게 만들어질까요? 앞선 알렉산드라 프라젠의 사례에서 볼 수 있듯이 평소 대화에서 나타나는 태도일 수도 있고, 당신의 콘텐츠나 글에 묻어나는 '당신만의 어떤 느낌'이나 통찰력 때문일 수도 있습니다. 아니면 당신이 그저 마음 편한 동료, 유쾌한 친구처럼 느껴져서일지도 모르죠.

그리고 다행스럽게도 당신은 당신의 생각이나 인격(Personality)을 공개함으로써 당신을 진정으로 좋아하는 사람 수십 명 정도는 1개월 안에도 확보할 수 있는 세상에 살고 있습니다.

당신이 해야 할 일은 한 가지. 그들과 최대한 많은 교류와 호감을 쌓고, 그들에게 당신의 '필요'를 말해보는 것이죠. 마치 알렉산드라 프라젠이 60명의 지인에게 '이메일'을 보낸 것처럼 당신의 현재 상황과 필요한 것을 담담하고 솔직하게 전해보세요.

지금 당장 당신 주변의 지인들에 대한 당신의 태도를 고민해보세요. 사소한 말투, 그들의 요청에 대한 당신의 답변을 곱씹어보면서 당신의 최고 속도를 조정하세요. 당신의 최고 속도는 '그들과 함께하는' 것입니다. 많은 팬이 아니라, 진심 어린 팬에 집중하는 태도를 보여야 합니다.

저는 도른자라는 인스타그램 계정을 운영하면서 어떤 프로젝트를 하든, 최소한 수십 명 정도는 내 뜻에 공감하고 협력해줄 수 있다는 확신이 생겼습니다. 그리고 저는 다른 누구보다 그들의 이야기를 진정성을 다해 들으려 노력하고 있습니다. 그들이 필요한 것, 그들이 궁금한 것을 듣기 위해 노력하고,

그들의 아픔과 상처에 진심으로 함께 아파하고 있습니다. 본심이기도 하지만, 저에게 그들은 '그만큼 중요한' 사람들이기 때문이기도 합니다. 감사하게도 이 진심이 전해졌는지 저의 모든 도전에 그들도 저만큼이나 환호하고 기뻐해 주고 계십니다. 이렇게 얻어진 그들과의 소통과 교류는 10K의 팔로워와도 맞바꿀 수 없습니다.

　이것이 '실력'입니다. 진정으로 듣고, 답하는 태도. 함께 고민하는 태도. 이들을 위해서라면 장기적인 목표나 경로라도 바꿀 수 있다는 태도가 실력입니다. 이 실력은 독서보다 더 빠르게 당신을 성장하게 해줍니다.

당신을 위한 생존법 레슨 7.
도저히 이해가 안 되는 분들을 위한 프레임워크

당신이 50명도 안 되는 '진정한 팬'만으로도 생존할 수 있다는 말을 도저히 믿을 수 없다면 다음 프레임워크를 그대로 실행해보세요.

1) 당신이 가장 잘하는 것, 예를 들면 '라면 먹기'라면, 지구상에 존재하는 모든 라면을 먹어보겠다는 각오로 매일 다른 라면에 대한 당신만의 전문적인 라면 논평을 SNS에 올립니다.

2) 당신의 프로필에는 '라면 소믈리에' 정도의 문구를 넣어보세요. 당신의 라면에 대한 철학도 짧게 넣어주면 좋습니다.

3) 그리고 라면과 관련된 글을 자주 올리는 사람 50명을 팔로우하세요. 라면 유통업자, 라면 회사를 팔로우 명단에 포함하시는 것도 잊지 마세요.

4) 이들에게 이들이 올린 글에 대한 솔직한 평과 추천하는 라면을 제안해보세요. 라면에 대한 이들의 불만을 이들만큼 깊게 고민하고, 이들에게 진심 어린 라면 추천을 해주세요. 라면의 대안과 나아갈 길에 대한 당신의 생각을 알려보세요. 당신은 이들이 아는 최고의 라면 전문가가 될 것입니다. 라면에 대한 당신의 실제 지적 깊이보다 더 당신을 신뢰하게 될 것입니다.

5) 당신은 라면 오프라인 모임을 주최하고, 라면으로 사람들을 돕는 라면 자선 모임을 주최할 수 있습니다. 사회현상을 라면에 빗대어 논평하고, 후원을 받아 재난 지역에 라면을 보낼 수 있습니다. 그리고 라면 회사의 지원을 받을 수도 있죠. 당신의 라면 유니버스가 시작된 겁니다.

9. 기록이라는 세이브 기능

꿈을 기록하는 것이 내 목표였던 적은 없다.
꿈을 실현하는 것이 나의 목표이다.

- 만 레이

　여러분은 기록하시나요? 일기 정도를 간략히 적으시는 분들도 있고, 업무적으로 간단한 메모들만 남기시는 분들도 많습니다. 하지만 기록은 당신의 삶을 '쉬움 모드'로 바꿔줄 아주 훌륭한 수단입니다. 왜냐고요? 기록은 '세이브'(Save) 기능이기 때문입니다.

　게임을 즐기시는지 궁금하네요. 저는 어린 시절에 참 게임을 많이 했었는데요. 오락실 게임들을 하다 보면 게임 도중에 세이브를 하는 기능이 없어서 늘 어려웠습니다. 왜 오락실에는 세이브 기능을 제공하는 게임이 없을까요? 바로 더 많은 동전을 넣게 하기 위해서입니다. 우리는 오락실에서 어떤 게임을 하든 동전을 넣고 처음부터 다시 시작해야 했습니다. 하지만 이후에 가정에서 즐기는 게임이 많아지면서 세이브라는 혁신적인 기능이 도입됩니다. 이 세이브는 게임의 소비자가 게임을 끝까지 즐길 수 있게 하는 도구가 됩니다. 세이브 없이 한 게임을 매번 처음부터 계속하게 해서는 게임 회사의 이익이 줄어들겠죠. 얼른 끝까지 끝내고 다른 게임을 구매하게 해야 하므로 게임 회사들은 게임의 난이도를 비약적으로 낮추는 전략. 세이브를 도입했습니다.

(업계 내부의 이야기가 아니라 도른자의 뇌피셜입니다.)

　우리 삶에도 세이브 기능이 있다면 우리의 게임은 끝까지 내내 즐거울 것이에요.
　우리는 우리의 생존을 위해 이 게임의 규칙을 조정할 필요가 있습니다. '세이브가 있는 게임'으로요. 그리고 규칙을 바꾸는 단 한 가지 방법은, 당신이 이 게임에 기록 기능을 추가하겠다고 결정하기만 하면 되죠.

　게임의 세이브에는 어떤 것들이 저장될까요? 게임의 현재 진행 상황, 아이템 현황, 임무(QUEST) 현황, 동료나 동맹의 현황, 배운 기술 등 이 게임의 중간에서 모든 유의미한 것들이 기록됩니다. 당신의 기록도 그래해야 합니다. 당신은 아주 촉박한 상황이므로 뭘 저장할지 고민할 틈은 없습니다. 핵심만 정리해볼까요?

1) 전체 상황판
2) 프로젝트별 노트

　입니다. 저는 이 각각을 다른 도구를 사용해서 기록하고 있습니다.
　저는 전체 상황판은 '노션'(Notion)을 사용하고 있습니다. 실제로는 종류별로 구매한 노트에 메모와 기록을 수행하고, 이걸 저녁에 노션으로 정리해 두어 '로드'(Load)를 편하게 할 수 있게 세이브 해두는 것입니다.

　순서대로 정리해볼게요. 실제 사용하는 도구들은 각각의 손에 익은 도구를 사용하실 것을 추천해 드립니다. 여기서는 도른자가 사용하는 도구들을 중심으로 정리해보겠습니다.

'노션'을 통해서 상황판(대시보드 : Dashboard)을 만들고 내 생존 투쟁에 대한 전체 상황을 파악하기 쉽게 만듭니다. 이 상황판은 각각의 생존을 위한 전투들에 대한 기록을 모아서 볼 수 있도록 정리되어 있습니다. 여기에는 각각의 노트들에 기록된 사항이 모두 정리되는데, 이 정리의 과정에서 내가 전체 상황이나 간과하고 있는 부분들에 대해 다시 점검할 수 있습니다.

여기서 한 가지 주의할 점은 세이브는 '기록'이지 '메모'가 아니라는 것입니다. 메모는 간단하게 그때그때 떠오른 아이디어나 할 일 등을 빠르게 휘갈겨 적은 것을 말합니다. 기록은 특정한 목적을 위하여 우리가 메모한 내용을 정리하고 정돈하여 다시 적은 것입니다. 즉, 메모는 기록을 위한 수단입니다. 우리의 게임 난이도를 낮춰 줄 세이브는 '메모'가 아니라 '기록'입니다. 게임에서 세이브 기능을 누르면 기록 중이라고 나오지 메모 중이라고 나오지는 않잖아요. 저는 각각의 프로젝트 노트에 남긴 메모를 노션에 기록하고 있는 것입니다.

체계적으로 자신만의 상황판으로서의 기록장을 한 권 만드는 것이 이 과정의 첫 번째 단계입니다. 저의 기록장은 노션이군요.

여기서는 제가 사용했던 노션의 사례를 보여드리겠습니다.

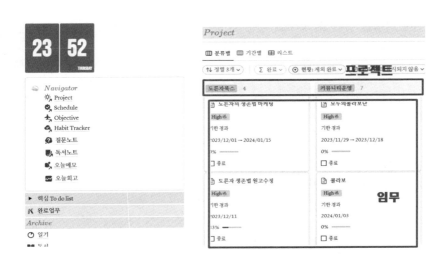

그림 7 실제 도른자의 노션 대시보드

6개월간 목표한 '날아오르기'를 위해 프로젝트를 분류하여 표를 만들고, 각종 저장소 및 독서 기록 등을 한눈에 볼 수 있도록 구성된 대시보드를 만들었습니다. 꼭 이 방식을 사용하시라고 말하기는 어렵지만, 기록을 계속해서 업데이트하고 수정하기에는 디지털이 편리해서 저는 노션을 이용하고 있습니다.

우선 가장 눈여겨보셔야 할 부분은 '프로젝트' 부분입니다. 여기서는 6개월간 내가 정체성 달성을 위해 거쳐야 할 경유지, '임무'(퀘스트 : QUEST)를 프로젝트 종류에 따라 분류하고 분류된 임무 보드 내에서는 그 임무를 달성했는지 확인해 볼 수 있게 해주는 지표들에 대한 정보가 기록되고 있습니다.

여기서 중요한 부분은 프로젝트별로 임무를 분류하고, 그 임무별로 목표,

임무 달성을 위한 To do list, 배운 점, 관련된 사람, 참고할 문헌, 그리고 실행 단계에 대한 회고가 날짜별로 들어간다는 것입니다.

예시로 체계를 살펴보겠습니다.

- 영향력 확대 (프로젝트)   🔍 👁
  - 인스타그램 계정 운영 (퀘스트 1.)
    - 목표 : 평균 댓글수 200개 달성
    - To do list
      - 하루 100건 댓글
      - 하루 10명 DM 보내기
      - 하루에 1개 콘텐츠 업로드
        - 자료수집
        - 콘텐츠 제작
      - 콜라보레이션
    - 배운점
      - 📅 Thu, November 16th 2023
        - 팔로워들이 더 많이 관심가지는 주제를 파악하고, 그와 관련된 더 많은 콘텐츠를 생산해야 한다.
    - 관련된 사람
      - 콜라보레이션 및 공동성장 @editor_mini_n
    - 참고문헌
      - Secret Instargram
    - 회고
      - 📅 Thu, November 16th 2023

그림 8 총괄 메모 체계

* 프로젝트 → 임무 → 목표 → To do list → 배운 점 → 관련된 사람 → 참고 문헌 → 회고

예시에서 '영향력을 확보해야 한다.'라는 프로젝트 1을 세우고, 이 프로젝트 1에 대해서 내 게시물의 평균 댓글 수 200명을 달성한다는 임무를 생성했습니다. 그리고 임무별로 목표, To do list, 배운 점, 관련된 사람, 참고 문헌과 문구, 회고 등의 내용이 차례로 들어갑니다.

여기까지 양식을 만드셨다면 다음은 '프로젝트별' 노트를 만드는 일입니다.

저는 프로젝트별 노트를 원래는 'Upnote'라는 앱으로 사용했었는데요. 최근에는 아날로그가 몰입도가 좋아서 각각의 프로젝트별로 아날로그 공책을 따로 만들었습니다. 예를 들면 이 책을 쓴다는 프로젝트를 위해서 아래와 같은 노트를 사용하고 있습니다.

그림 9 인친이신 @zoomkitlist, @hewitt_book 님에게 받은 공책 – 도른자의 출간기획 프로젝트 노트로 활용

공책을 자세히 보시면 공책의 위와 옆에 라벨이 붙어 있는 것을 확인할 수 있는데요.

공책의 윗면에는 프로젝트에 속한 임무들이 분류된 라벨이 붙어 있고, 옆면에 라벨에는 임무별로 목표, To do list, 배운 점(질문) 등이 각각 분류되어 있습니다.

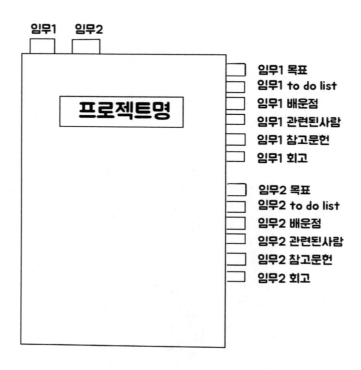

그림 10   프로젝트 노트 예시

이렇게 언제든 필요한 사항을 확인할 수 있도록 프로젝트 노트를 미리 분류 해둡니다. 이 공책만 있으면 이 프로젝트에 대한 모든 것을 확인할 수 있지요.

이 노트는 '메모'에 집중한 노트이기 때문에, 자세하게 적지 않습니다. 따라서 작고 얇은 노트들을 사용하는 것이 좋습니다. 저는 이 책을 저술한다는 프로젝트에 우연한 기회로 이웃 인스타그래머 분의 이벤트에서 당첨되어 받은 노트를 사용했는데, 크기가 작고 얇아 하나의 프로젝트에 대한 정보로 꽉 채울 수 있었습니다.

이렇게 낮 동안 공책들에 각종 내용을 메모하고 나면, 해당하는 내용으로 저녁에 몰아서 노션의 대시보드에 옮기면서 기록화하는 과정을 거칩니다. 물론 사람에 따라 더 다양한 노트나 방법을 사용해서 기록을 남길 수도 있겠지만, 쉽고 가볍게 꾸준히 기록해 나아가야 하므로 여기서는 최대한 단순하고 직관적인 도구들을 사용했습니다.

이렇게 만들어진 기록 중 다른 사람에게도 도움이 될 수 있는 내용이 있거나 통찰력이 있다면 당신의 SNS를 통해서 아웃풋을 만들어보는 것도 당신의 이륙 가능성을 높이는 데 아주 훌륭한 역할을 합니다. 기록하면서 아웃풋을 만드는 프로세스는 당신의 게임에 주목할 사람들을 만드는 중요한 도구가 됩니다.

만일 당신이 '6개월 만에 당신의 정체성을 완전히 바꿀 수 있는가?'라고 묻는다면 저는 '당신에게 세이브가 있다면 가능하다.'라고 답할 것입니다. 이 장에서 '기록' 부분에 가장 많은 지면을 활용한 것은 당신의 변화에 기록이 가장 중요한 도구이기 때문입니다. 기록하세요. 당신의 이륙 난이도가 낮아집니다.

당신을 위한 생존법 레슨 8.
메모와 기록을 잊지 않는 팁

당신이 추가로 사용할 수 있는 도구들이 있습니다. 바로 카카오톡입니다. 저는 카카오톡 나와의 대화를 통해 그때그때 빠르게 필요한 내용이나 아이디어를 메모합니다. 이동 중에 이렇게 메모한 것들은 자리를 정착하고 나서 될 수 있는 대로 빠르게 각각의 프로젝트 노트에 옮겨 적습니다. 또 해야 할 일들은 잊지 않고 캘린더로 옮겨두어 '시간순으로' 할 일들을 다시 바라보는 것도 생존을 위해 잊지 말아야 할 습관 중 하나입니다.

10. 가볍게 시작하는 결정력

맛이 중요한가요?
무조건 열량만 있으면 돼요.

- 영국의 생존왕 베어 그릴스

혹시 베어 그릴스라는 생존 전문가를 아시나요? 영국 육군 공수특전단 (SAS) 출신의 생존법 관련 작가 겸 모험가, 텔레비전 프로그램 진행자입니다.

그는 〈인간과 자연의 대결(Man vs Wild)〉이라는 티브이 프로그램으로 디스커버리 채널에서 많은 인기를 얻었던 사람이고, 현재는 생존법 학교를 운영하고 있기도 한 인물입니다.

그의 TV 프로그램을 보면, 사막, 정글, 화산지대 등 다양하고 위험천만한 환경에서 최소한의 생존 도구를 이용해 생존해내는 장면으로 많은 이들의 감탄을 자아냈습니다. 실제 이 책의 모티브가 된 사람이기도 합니다.

그의 생존 장면을 보면 매우 급하고 위험천만한 상황에서 놀라울 정도로 빠르게 중요한 의사결정을 하고 실행함으로써 위기일발의 상황을 모면하는 모습이 자주 나옵니다. 예를 들면 눈 덮인 설산에서 갑작스러운 눈 폭풍이 다가오자, 그야말로 눈 깜짝할 사이에 땅을 파서 굴을 만들고 그 안으로 들어가서 생존을 얻어내기도 합니다.

그의 의사결정을 보면 '결정'에 대한 순간적인 판단과 확신, 그리고 순발력 있는 실행이 빛납니다. 우리의 퇴사 후 생존확률에도 이 결정력이 차지하는 비중이 매우 높습니다. 우리는 생존을 위해 빠르게 정보를 수집하고, 수집된 정보를 기반으로 최대한 정확하고 효율적인 결정을 하며, 이를 순발력 있게 실행하는 능력을 갖춰야 합니다.

『결정, 흔들리지 않고 마음먹은 대로』의 저자 애니 듀크는 아이비리그에서 박사과정을 하던 중 불우하게도 병을 얻어 학업을 중단한 사람입니다. 학업을 그만둔 그녀는 어떻게 되었을까요? 그녀는 여기서 아주 특이한 결정을 합니다. 포커. 프로 도박사가 됩니다. 이 결정은 그녀의 삶 전체를 바꾸게 되죠. 하지만 심리학도였던 그녀는 포커판에 앉은 인간의 심리에 관한 연구를 멈추지 않았고, 오늘날은 수많은 기업가와 정치가를 위한 결정 능력 강연, 저술 활동을 하고 있습니다.

그녀는 자신의 저술에서 도박과 인생의 공통점을 다음과 같이 정의합니다.

1) 불확실한 정보들
2) 운이 미치는 영향
3) 결정의 중요도와 무관한 시간 제약

인생의 난이도가 높은 이유는 인생의 의사결정을 위한 기본적인 전제조건이 '도박'과 같기 때문입니다. 우리는 런웨이 위에서 온갖 불확실한 정보들에 흔들리고, 각종 악운을 겪으며, 아주 촉박한 시간 내에 매우 중요한 의사결정을 해야 합니다.

우리는 이제 결정력이라는 도구를 손에 넣어야 합니다. 당신은 매우 빠르게 의사결정을 내려야 하며, 매우 빠르게 실행에 옮겨야 눈보라를 피할 수 있습니다.

우리는 더욱 우수한 의사결정을 위해 정보란 불확실할 수밖에 없으며, 운은 통제 가능한 영역이 아니고, 시간제한도 당연하다는 관점을 가져야 합니다. 즉, 의사결정이란 본래 도박과 같다는 것을 받아들여야 합니다. 좋은 정보에 기반을 둔 좋은 의사결정도 결과적으로 나쁜 결과를 도출할 수 있다는 것을 받아들여야 합니다.

결국, 결정력이라는 도구에 대해서 당신이 가져야 하는 태도는 '결정이 가장 중요한 것은 아니다.'라는 태도입니다. 당신은 너무 많은 정보의 홍수 속에서 살고 있습니다. 당신의 의사결정은 계속해서 늦춰질 것입니다.

내가 인스타그램을 해야 할지, 블로그를 해야 할지, 제품을 팔아야 할지 고민이 될 것입니다. 어떤 결정이 정답인지 도무지 모르겠지요. 또 조언을 요청해보면 모두 자신의 방법이 맞고 자신을 따르는 의사결정을 하는 것이 현명하다고 권유합니다. 모두 맞고, 모두 틀렸습니다. '최고의 선택'이라는 것은 일종의 환각 증세입니다. 그런 것은 존재하지 않습니다.

따라서 도른자인 당신이 선택할 결정은 '힘을 뺀 결정'입니다. 어차피 확률이란 미신입니다.

당신은 백만분의 일의 확률로 당첨될 수도 있고, 1.5대 1의 경쟁 입찰에서 떨어질 수도 있습니다. 당신의 결정력에 대한 포커스는 '속도'여야 합니다. 미국의 유명 TV쇼 진행자인 오프라 윈프리는 이렇게 말합니다. "결정하기 전까진 아무 일도 일어나지 않는다. 결정을 해라. 그리고 인생이 달라지는 것을 지켜보아라." 당신에게 진정으로 중요한 것은 좋은 결정을 했는지 아닌지가 아니라 결정을 했는지 안 했는지 뿐입니다. 결과는 결정이 만들어내지 않습니다. 결과를 만드는 것은 과정입니다. 따라서 모든 결정은 도박의 베팅과 같을 뿐입니다. 정답을 알고 할 수 없으며, 확실한 정보도 없습니다.

당신의 운명을 결정할 만큼 중요한 결정인가요? 당신이 해야 할 것은 타이머의 시간을 30초로 맞추고, 30초 안에 의사결정을 하는 연습을 반복하는 것입니다. 너무 무책임한 말이라고요? 맞습니다. 당신은 당신의 결정 자체에 책임감을 내려놓아야 합니다.

빠른 결정은 몇 가지 장점이 있습니다.

1) 결정의 비용이 비약적으로 낮아진다.
2) 결정보다 결정 이후의 프로세스에 더 큰 비용을 지출할 수 있다.
3) 사실상 거의 바로 실행하는 것이므로 실행력이 비약적으로 올라간다.

당신의 결정을 지지부진한 채로 놔두지 말아야 합니다. 인간은 '현재의 동물'입니다. 나중에는, 언젠가는이라는 말은 당신이 결정하지 않은 채 미래라는 더 불확실한 것에 당신의 운명을 맡기겠다는 의미가 됩니다.

당신이 '천천히 결정하겠다.'는 말은 '신중하게 결정하겠다.'라는 의미가 아닙니다. 더 많은 혼란에 자신을 가두어 둔 채 시간을 허비하겠다는 의미이죠. 느리게 결정하는 것의 장점은 단 한 가지. 잠시 당신의 마음이 조금 더 편안한 것뿐입니다.

당신의 운명이 당신 없이 결정되게 놔두지 마세요. 당신의 결정은 빠르고 확실해야 합니다.

맛이 중요한가요? 살아남기만 하면 됩니다. 오른쪽으로 갈지, 왼쪽으로 갈지가 중요한가요? 살아남기만 하면 됩니다. 결정이 아니라, 과정입니다.

당신을 위한 생존법 레슨 9.
결정에 들어가는 비용

당신의 생존을 위해서는 무엇이든 가벼워야 합니다. 당신의 여행 짐도 가벼워야 하고, 당신 자신의 마음도 가벼워야 합니다. 우리가 결정에 얼마나 큰 비용을 지급하며 살아가는가? 해야 할 중요한 결정을 놔둔 채 다른 삶부터 살아간다고 해서 당신의 CPU가 가벼워지지는 않습니다. 그 모든 시간과 자원, 어쩌면 더 좋은 정보를 위해 당신이 지급해야 하는 돈까지 당신의 비용은 계속해서 올라갑니다.

우리는 '결정'에 대한 관점을 바꿔야 합니다. 결정에 들어가는 비용을 최소로 만들어야 합니다. 비용이 적어지면 '리스크'도 낮아집니다. 당신이 카페를 차린다고 생각해보죠. 당신의 리스크를 최소화하는 방법은 이 카페를 창업하는 데 들어가는 비용을 최소한으로 맞추는 것입니다.

당신이 500원에 카페를 창업할 수 있다면 당신의 리스크도 거의 없습니다. 기억하세요. 당신의 의사결정에 들어가는 비용은 언제나 '최소한'이어야 합니다.

2부

퇴사를 위한 마인드 셋

CRAZY
SURVIVE

1. 무엇으로부터의 퇴사인가?

삶은 짧고 유한한 것이기 때문에,
우리는 정말 중요한 일에만 시간을 할애해야 합니다.

- 스티브 잡스

우리의 목표인 퇴사가 무엇인지를 명확하게 정의하지 않고 2부까지 도착한 것 같습니다.

이 책의 제목이기도 한 퇴사란, 저에게는 문자 그대로의 퇴사를 의미했습니다. 실제로 사표를 내고 회사를 그만둔 행동을 말하죠. 하지만, 여러분 모두에게 퇴사를 권할 생각은 없습니다. 이 책에서 제가 은유적으로 표현하고 있는 퇴사란, 지금까지 '정상적'이라고 믿었던 모든 정체성으로부터의 탈출을 의미합니다. 물론 때에 따라서는 회사를 실제로 그만두어야 할 수도 있습니다. 가령 나는 지금 전업주부입니다. 나는 육아를 하고 있고, 아내나 남편 등 배우자의 소득활동에 상당 부분 의존하고 있습니다. 이것은 현재 '나의 정체성'이 됩니다. 그리고 이런 정체성이 '내가 꿈꿔온 나의 모습'이 아니라면 우리는 지금의 정체성으로부터 '퇴사'를 해야 합니다. 그리고 현재의 정체성을 벗어 던지고 꿈꿔온 나를 추구함으로써 날아오르는 것이 '생존'이며 '이륙'입니다. 새로운 나의 자리, 새로운 나의 정체성을 찾아가는 과정이 이 책이 언급하는 '퇴사'입니다.

각자의 상황에 맞추어 퇴사를 은유적으로 이해해주시면 좋겠습니다. 직장을 그만두기 위한 6개월간의 정체성 만들기로 이해하셔도 좋고, 지금의 내가 아닌 무언가가 되기 위해 몰입하는 기간으로 이 퇴사와 런웨이를 이해해주셔도 좋습니다.

사실 '마인드 셋' 부분도 역시 퇴사를 위한 '생존 도구'에 해당하지만, 다뤄야 할 부분들의 분량이 조금 많아 별도로 이야기하기로 했습니다. 이번에는 앞으로의 6개월이라는 당신의 런웨이에서 당신의 북극성이 되어야 할 정체성이 무엇인가를 정의하고 이 정체성을 당신의 지상목표로 삼는 과정을 이야기하려고 합니다.

정체성(Identity)는 라틴어에서 유래한 단어입니다. 같음을 의미하는 이뎀(Idem)에서 유래한 말입니다. 한자로는 정체성(正體性)입니다. "너 정체가 뭐야?"라는 말을 하죠? 여기서 정체가 정체성을 의미합니다. 너의 정체성은 무엇인가? 너의 내면세계와 동일한 그 진정한 모습이 무엇이냐는 것입니다. 정체성은 나의 현재 내면과 같습니다. 우리가 직장생활이든, 육아하는 전업주부든 그것을 통해 일정한 스트레스를 받는다면 대개의 경우 그것이 '내가 원했던 나의 내면'을 대변하고 있지 않기 때문입니다.

즉, 외부적으로 비추어지거나 기대되는 나의 모습이 나의 내면과 불일치하여 나의 정체성이 흔들리기 때문이죠. 밖에서는 '좋은 엄마'로 보이고 그렇게 행동하기를 기대하는데 나에게는 또 나만의 내면세계가 있는 상태. 이런 상태에서 우리는 정체감의 혼란을 느낍니다.

우리는 6개월간 이 내면적 정체를 겉으로 드러내는 것. 한 번도 사용한 적 없는 진짜 나를 사용하는 일을 하려는 것입니다. 그것을 위해 나의 내면과 마찰하는 외부의 모든 것들에 우리는 사표를 던지려는 것입니다.

사표를 던진다는 것으로 정체성 변화를 암시한 결정적인 이유는 '수익'입니다. 우리는 우리의 내면을 세상에 드러냄으로써 가까이는 우리의 정체감을 지키고, 크게는 이 정체감을 유지해야 합니다. 변화된 나를 지속하기 위해서는 이것이 수익과 결부되어야 합니다. 도른자가 작가가 되기로 했지만, 이를 통해 소득을 얻을 수 없다면 도른자는 결국 다시 회사원으로 돌아가야 합니다. 따라서 우리는 우리의 정체성 변화를 퇴사로 비유하여 이해해야 합니다. 즉, 생존의 문제와 연결해서 생각하지 않으면 안 됩니다.

저는 구체적으로 Survive와 Live의 단계로 삶을 구분합니다. Survive의 단계에서는 다이어트에 비유하면 '감량'의 단계입니다. 약간은 가혹할 필요도 있고, 도른자가 될 필요가 있습니다. 하지만 당신이 목표 체중에 도달했다면 그 전과 같은 노력으로 삶을 유지할 수는 없습니다. 당신은 다양한 음식도 먹어야 하고, 삶도 즐겨야 합니다. Live는 '유지어터'의 단계입니다.

그리고 저는 이 책에서 6개월 안에 당신의 감량 프로젝트를 끝내라고 말하고 있는 것입니다.
어른들은 이런 걸 '자리 잡았다.'라고 말씀하시기도 하죠.

우리의 6개월간의 목표는 '자리를 잡는 것', '나만의 포지션을 확보하는 것'입니다. 앞선 화에서 조금 불편할 수도 있는 이야기들을 했습니다. 유전자의 오류를 믿지 마라, 불필요한 것은 일단 다 버려라 같은 것들입니다.

물론 이것이 삶의 모든 것은 아닙니다. 이를테면 도른자의 생존법은 닭가 슴살만 먹으면서 6개월을 버티라는 이야기입니다. 그리고 열량만 있으면 되지 맛은 신경 쓰지 말라거나, 책을 필요한 부분만 발췌해서 읽으라는 것 같이 이 책에서 제시하는 방법들은 '닭가슴살'이나 '샐러드'일 뿐입니다. 여전히 당신은 이 세계의 다양한 음식을 먹을 권리가 있습니다. 당신은 남은 생을 닭가 슴살만 먹으며 살 필요가 없습니다. 저의 마음속에도 여전히 헤르만 헤세나 구스타프 융이 있으며, 저는 그들을 믿습니다. 하지만, 제가 이륙하는 단계까지 그런 책이나 생각들을 '멈추었을 뿐'입니다. 끊으라는 것이 아닙니다.

생존의 단계를 넘어 생활(Live)의 단계가 되면 당신은 다시 예전처럼 삶 전체를 즐겨야 합니다. 물론, 그 전과 완전히 똑같이 돌아가서는 안 되겠죠. 아무리 유지어터라고 해도 '조금은 체중을 주의하면서' 사는 것과 같습니다.

더 구체적으로 생존이란 무엇일까요? 저는 '포지션'이 생존이라고 생각합니다. 내 자리죠. 회사에서 내 의자(포지션)가 없어지면 쫓겨나듯, 인생에서 내 포지션이 없어지면 나도 사라집니다. 따라서 생존은 포지션입니다. 포지션은 '뭘 하는 사람이냐'를 의미합니다. 제품의 포지션이 '뭘 하는 물건이냐?' 를 의미하는 것처럼요. 일종의 정체성을 말하지요. "나는 도서 인플루언서 입니다."라거나 "글을 쓰는 작가입니다.", "사업가입니다."와 같은 정체성이 포지션입니다. 우리의 런웨이는 정체성을 형성하고 그런 사람으로 인식되게 하는 일련의 과정을 말합니다.

생존의 단계에서 당신은 그 무엇보다 생존 그 자체, 다시 말하자면 당신이 자리를 잡는 것 자체에만 정신, 행동, 습관, 독서 등 당신이 세계를 경험하고 교류하는 모든 방식을 집중할 필요가 있습니다. 왜 그래야 할까요?

과학적 지식과 삶의 문제를 연결하는 논증 방식을 그다지 유쾌하게 생각하는 편은 아니지만, 이해의 편리성을 위해서 생화학에 관한 이야기를 잠시 하겠습니다.

생물체의 세포막이나 세포 내에는 수용체라고 하는 일종의 단백질 분자가 있습니다. 이 수용체는 세포 밖에서 들어오는 화학 신호를 받는 '안테나' 역할을 합니다. 이 수용체는 리간드(배위자)라고 하는 펩타이드나 저분자 물질들, 이를테면 호르몬이라거나 신경전달 물질들을 선택적으로 인식해서 결합하고 생체 반응을 끌어내는 특수 단백질입니다.

예를 들어서 A라고 하는 저분자 물질이 당신에게 수면을 유도한다고 가정하겠습니다. 당신의 세포에는 A라고 하는 물질을 선택적으로 식별할 수 있는 수용체가 있습니다. 그리고 이 수용체가 A 저분자 물질과 결합해 당신을 편안한 수면으로 유도하는 메커니즘이죠.

그림 11   수용체는 '필요한 것'만 식별해 결합합니다.

가바(GABA)라고 하는 물질이 이 A의 역할을 합니다. 그런데 이 가바는 쌀눈에 풍부하게 들어있습니다. 한국인들이 가바 섭취량이 부족한 경우는 많지 않다는 거죠. 설령 부족하다고 해도 보충할 방법은 얼마든지 있는 물질입니다. 그런데 어르신들은 왜 편히 잠들지 못할까요? 이 가바를 인식하고 가바와 결합할 안테나. 가바 수용체의 민감도가 나이가 들수록 떨어지기 때문입니다. 즉, 무엇이 부족해서 잠을 못 자는 것이 아니라 그 물질을 받아줄 안테나(수용체)가 문제가 있어서 잠을 못 자는 것입니다. 가바 수용체의 민감도에 따라 우리는 흥분할 수도, 깊은 수면에 빠질 수도 있습니다.

당신에게 필요한 정보나 지식(리간드)이 넘쳐나는 시대입니다. 왜 당신이 성공하지 못하냐고요? 간단합니다. 당신의 안테나(수용체)가 적절한 작용을 하지 못하고 있기 때문입니다.

당신이 6개월간 '자리 잡는 것'까지를 목표로 한 이상 당신은 수용체의 민감도를 높이는 데에만 집중해야 합니다. 당신의 수용체가 민감해지면 당신은 정확히 당신이 자리를 잡는 데 필요한 정보만을 빠르게 선별해 학습하고, 당신의 목표에 부합하는 행동에만 반응할 수 있는 상태가 됩니다.

그래서 당신에게는 6개월이라는 시간제한이 필요한 것입니다. 인간은 '제한'을 인식하는 순간 제한시간 내에 목표를 달성하고 싶은 욕구가 발생하며, 가장 효율적으로 수용체의 민감도 개선이라고 하는 일생일대의 과업을 달성할 수 있습니다. 말하자면 '집중 치료 기간'인 것입니다.

당신의 선언은 이러해야 합니다.
"나는 6개월 안에 ○○을 하는 사람이 되겠다."

그러면 당신은 스스로 '포지션'이 무엇이며, 내가 그 포지션을 갖기 위해서는 어떤 아웃풋을 해야 하는지를 알아낼 것입니다. 당신이라는 '수용체'는 목표에 민감한 존재가 되었으니까요. 따라서 생존이란, 당신이 목표에 민감한 사람이 됨으로써 스스로나 타인에게 '그런 것을 하는 사람'이라고 인식되는 것이라고 이 책에서는 정의하고 있습니다. 남이 기대하는 '이런 사람'으로부터 퇴사해 내가 원하는 '저런 사람'이 되는 것. 그것이 우리의 퇴사이며, 그것이 우리의 생존입니다. 지금부터 퇴사를 위한 마인드 셋은 생존을 위한 마인드 셋으로 이해해주셔도 좋을 것 같습니다.

당신을 위한 생존법 레슨 10.
6개월은 긴 기간인가?

6개월은 긴 기간입니다. 이 기간에 당신은 180권의 책을 읽을 수도 있고, 경제적 자유를 손에 넣을 수도 있습니다. 무엇이든 할 수 있는 기간이라는 뜻입니다.

6개월은 긴 기간입니다. 100일간 쑥과 마늘만 먹으며 버티면 사람으로 만들어 준다고 해도 달아나는데, 6개월은 그보다도 훨씬 더 긴 기간이니까요. 저는 개인적으로 일반적인 사람이 한 가지 목표에 집중할 수 있는 최대 기간이 3개월이라고 생각합니다. 따라서 당신도 '보통의 의지력'을 가진 인간이라고 전제하면 6개월은 2번 목표에 집중할 수 있는 기간입니다. 따라서 최종적인 6개월 후의 정체성 목표를 세우고 그 과정에 경유지로서 하나의 정체성 목표를 추가함으로써 보다 안정적으로 정체성 목표를 달성해야 합니다.

당신은 3개월 단위로 목표를 설계하고 3개월 단위의 실행 계획을 반복해야 합니다. 당신이 자리를 잡기까지 2개의 단계를 만드세요. 1단계인 3개월은 '준비물 확보'의 기간이며 2단계 3개월은 본격적인 퍼포먼스를 내는 기간입니다. 실제로 저는 3개월간 팔로워를 확보하고 책을 읽고 교류를 쌓는 등 인프라를 구축하기 위한 정체성 목표를 세웠고, 이 책을 쓰고 있는 지금은 4개월 차입니다. 이 과정은 소위 인풋과 아웃풋으로 구분하면 안 됩니다. 당신은 첫 3개월간에도 인풋과 아웃풋을 동시에 진행해야 하고 나머지 3개월간에도 인풋과 아웃풋을 같이 해야 합니다. 다만 3개월간의 큰 지향점이 다른 것일 뿐입니다.

– 도른자의 첫 3개월간 있었던 일
6개월 정체성 목표 및 3개월 정체성 목표설계. 인스타그램 개설, 독서 및 독서 아웃풋 시작, '동료' 확보, 다양한 실험 진행(릴스, 블로그 등)

– 도른자의 2번째 3개월간 있었던 일
책 쓰기, 다른 인플루언서와 콜라보레이션 콘텐츠 제작, 콜라보 챌린지, 독서 모임 개설 등 영향력 채널 확대, 실험 결과의 실행

2. 거의 유일한 퇴사법

내 마지막 바다 노량으로 오라.
오라, 내 거기서 한 줄기 일자진(一字陣)으로 적을 맞으리.

- 김훈, 『칼의 노래』

베트남의 전쟁 영웅 보응우옌잡 장군을 혹시 아시나요? 20세기의 가장 뛰어난 장군 중 한 명이라는 평가를 받는 장군입니다. 별명은 '붉은 나폴레옹'이죠. 2차 세계대전 당시 일본의 베트남 점령에 맞서서 비엣민 저항군을 이끈 군 지도자였으며 베트남 전쟁 당시 베트남 인민군 사령관으로서 미국과의 전쟁을 승리로 이끕니다. 소위 베트콩의 사령관으로서 우리에게는 반감이 있을 수 있지만, 장군으로서 그의 역량은 세계 최강의 군대를 보유한 미국이나 프랑스 같은 적을 재래식 무기만으로 물리칠 정도로 압도적이었습니다. 미국은 공식적으로 베트남 전쟁에서 패전하는 치욕을 겪게 되죠.

보응우옌잡 장군은 어떻게 이런 불리한 게임을 승리로 이끌었을까요?
그가 사용한 전략은 3불 전략이라고 불립니다. 3불 전략이란 3가지를 하지 않겠다고 선언한 것입니다.

첫째, 적이 원하는 시간에 싸우지 않는다.
둘째, 적이 원하는 장소에서 싸우지 않는다.

셋째, 적이 원하는 방법으로 싸우지 않는다.

전쟁의 주도권을 우리가 잡기 위한 전략입니다.
적이 아니라 우리가 원하는 시간과 장소, 방법으로 싸움으로서 '언제나 이기는 군대'를 완성한 것입니다.

6개월간 우리는 우리보다 먼저 우리의 분야에서 승기를 잡아둔 적들과 싸워야 합니다. 사람이 아니라 그런 상황에서 싸워야 한다는 것이죠. 우리는 레드오션에서 우리의 '포지션'을 만들기 위해 싸우고 있습니다.

따라서 남들이 원하는 시간, 남들이 원하는 장소, 남들이 원하는 방법이 아니라 나의 시간, 나의 방법을 만들어내는 것. 그것이 우리가 실행할 수 있는 거의 유일한 생존법입니다.

당신의 전장을 만드는 일이죠. 사실 보응우옌잡 장군 이외에도 이러한 '메이킹'이 빛났던 유명한 장군이 하나 더 있습니다. 바로, 구국의 성웅 이순신 장군이죠. 장군은 모두 아시다시피 13척의 배로 133척에 이르는 왜군을 격파한 명량해전을 포함해서 23전 23승이라는 세계사에 유래가 흔치 않은 전공을 세우기도 합니다.

이순신 승리의 비밀은 여러 가지로 분석되고 있지만, 결정적인 비결은 이길 수밖에 없는 싸움의 규칙을 만들고, 상대가 그 규칙을 따르게 한 것입니다. 23전 전승은 결코 우연이 아닙니다. 반복되는 승리는 우연히 일어나지 않습니다.

먼저 이순신은 전쟁터를 신중하게 고릅니다. 절대로 적들이 원하는 바다에서 싸우지 않죠.

바다가 울듯이 돌아가는 곳. 울돌목. 적들이 생각도 못 했던 전장입니다. 그는 울돌목에 파도가 높은 순간 전쟁을 시작하죠. 적들이 원하는 시간에 싸우지 않습니다. 적들은 파도가 잔잔해지기를 기다렸을 테니까요.

이 울돌목에서 이순신은 마치 당연하다는 듯이 '일자진'을 사용합니다.

적은 군대가 많은 군대에 일자진을 사용할 수 있을까요? 일자진은 '비상식적' 전술입니다.

일자진은 군대를 가로로 길게 배열한 진법입니다. '일자'일 경우 단 한 척의 배만 격파돼도 군대가 모두 패퇴할 가능성이 있는 진법이죠.

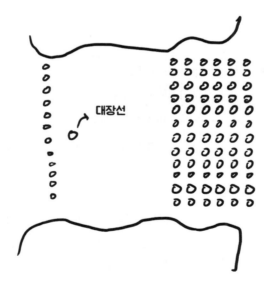

그림 12 한 척만 무너져도 다른 배들이 측면공격을 당할 수 있는 일자진

기본적으로 적과 화력이나 규모가 비슷한 경우에 싸우는 전술입니다. 적들이 예상하거나 기대한 진법이 아닙니다. 이순신 장군은 적들이 원하거나 기대했던 방법으로 싸우지 않죠.

이제 파도 높은 날, 당신의 바다에서 적과 싸우기 위한 당신의 병법을 알아보겠습니다.

1) 미분
2) 융합
3) 관점 변화

이 세 가지가 당신의 병법입니다.

첫째, 미분입니다.
표적을 끝도 없이 잘게 쪼개는 전략이죠. 세계의 모든 땅은 이미 발견되었습니다. 이제 발견되지 않은 섬은 없다고 보아도 무방할 것 같습니다. 모든 신대륙이 발견된 상황에서 당신은 어떻게 '콜럼버스'가 될 수 있을까요?

미분, 쪼개는 전략입니다. 모든 땅이 발견되었지만, 모든 모래가 발견된 것은 아닙니다.
모든 땅이 발견되면서 사람들은 모든 해안선을 발견하려 뛰어들었고 거의 모든 해안선이 구체적으로 지도에 표시되었지만, 아직 모든 모래알이 발견된 것은 아닙니다.

당신이 '포지션'을 잡기 위해서는 애초부터 '새로운 모래알'을 찾으려고 노력해야 합니다.

예를 들어 자기계발이라는 신대륙은 이미 고대에 발견되었고, 자기계발 중에서 시간 관리, 목표관리, 독서법 등 그 모든 해안선은 이미 발견되었습니다.

그렇다면 당신의 전쟁터는 어디여야 할까요? 당연히 모래알입니다. 시간 관리 중에서도 외벌이 육아 맘을 위한 시간 관리. 그중에서도 온라인을 활용해 콘텐츠를 만들어보고 싶은 육아 맘, 자녀의 통학과 가정의 경제를 모두 책임져야 하는 육아 맘의 시간 관리라면 어떨까요?

싸워볼 만하시겠습니까? 당신이 반드시 이길 수 있는 전쟁터라고 부를 만한가요? 아니라면 더 세부적으로 쪼개야 합니다.

도른자의 전쟁터는 어디냐고요? 이 책을 쓰는 순간 도른자의 전쟁터는 자기계발이라는 신대륙 중에서 목표 달성을 위한 자기계발, 그중에서도 아직 자신의 포지션을 만들지 못한 분을 위한 자기계발. 그중에서도 빠른 기간 안에 자리를 잡아야 하는 분을 위한 자기계발법입니다.

바로 제 상황입니다. 영적 치유, 재정 관리, 창의성, 직장에서의 성공 등을 목표로 자기계발을 하려는 분들은 제 전쟁터에 어울리지 않습니다. 물론 그런 목적으로 이 책을 보시는 분들에게도 일정 부분 적용할 수 있는 여지가 있을 수는 있지만, 그건 제 바다가 아닙니다. 따라서 저의 6개월간의 최종 정체성 목표는 '빠른 시간 안에 자리를 잡아야 하는 분들을 위한 책을 쓰는 인플루언서 겸 작가'입니다.

미분은 내가 싸울 내 바다를 결정하는 일입니다. 적이 원하는 전장이 아니라 내가 원하는 전장을 고르는 일입니다.

둘째는 융합입니다. 이순신 장군은 해전에서 학익진이라는 전술을 사용합니다. 그가 실전에서 사용했던 학익진은 놀라운 전술 진형입니다. 육군의 전술이거든요. 이순신 장군은 왜군이 쳐들어오기 전, 북방에서 이민족들과 싸우며 국경을 지키던 육군 장교였습니다. 학익진에 대해서는 많은 것을 알고 풍부한 실전 경험도 가지고 있었죠. 그런데, 이 학익진은 병사 하나하나를 정교하게 움직여야 하는 매우 어려운 병법입니다. 스타크래프트라는 게임으로 말씀드리자면 저글링이나 마린을 한 마리 단위로 컨트롤해야 하는 매우 어려운 병법이죠.

해군에서는 이 병법이 사용되지 않습니다. 배는 사람이 뛰는 것처럼 정교하게 움직일 수 없기 때문입니다. 물살, 바람, 배의 크기 같은 변수가 너무 많아서 정교한 움직임을 구현할 수 없고, 정교하게 움직이지 못하면 학익진은 무용지물이거든요.

이순신은 바다를 가지고 논 것입니다. 물살을 가지고 논 것이죠. 포세이돈이라는 서양인들이 붙여준 별명처럼 말입니다. 이 물살에서 이런 정교한 진법을 실제로 구현하리라고는 왜군은 상상도 못 했을 겁니다.

자, 이순신 장군이 뭘 하신 건가요? 육상전의 전술을 해상전에서 써버린 겁니다.

융합입니다. 우리가 해야 할 것은 제품 판매자들의 전법을 지식 창업에 융합하거나, 철학적 방법론을 사업에 응용하는 것입니다. 그리고 당신의 사업에서 소비자들이 '학익진'을 발견하는 순간, 그들은 전율을 멈출 수 없을 것입니다. 이 학의 날개가 펼쳐지는 순간, 당신의 전쟁은 이미 당신의 것이 될 것입니다. 철학적 변증법이 당신의 지식 콘텐츠에 적용된다면? 예술의 최근 사조가 당신의 제품에 반영된다면? 당신은 끝없이 믹스(mix) 할 수 있습니다.

다음은 『Mix』라는 책에 언급된 소프트뱅크 손정의 회장의 방법론입니다.
손 회장은 우선 300개의 단어로 카드를 만듭니다. 그리고 매일 카드 3개씩 무작위로 뽑아서 이들을 융합하는 일을 반복합니다. 어떤 결과가 나왔을까요? 놀랍게도 1년 만에 무려 250개의 사업 아이템을 도출해 냅니다.

당신도 해볼 만한 일인 것 같습니다. 당신이 접하는 다른 사업들의 좋은 전략이나 아이템으로 카드를 만들고, 이를 무작위로 뽑아서 섞어보는 것이죠.

이 융합은 결국 첫 번째 방법인 '미분'을 더욱 가속하기 위한 전략입니다. 당신은 더 새로운 전쟁터로 적을 끌어들일 수 있게 됩니다.

세 번째, 관점의 변화입니다. 전장에서 왜군들은 이순신의 배, 이순신이라는 인물에 집중하고 있었습니다. 훗날 그들이 '폭풍이었다.'라고 기록한 그 남자만 쳐다보고 있었죠. 그리고 이순신의 눈은, 그들이 서 있는 바다를 보고 있었습니다.

울돌목, 그 미친 파도의 흐름을 보고 있었습니다. 당신은 다른 곳을 보고 있어야 합니다. 만일 다른 사람들이 모두 '팔로워 수'를 보고 있다면, 당신의 눈은 '팔로워란 도대체 무엇인가'를 보고 있어야 합니다. 그러면 숫자는 이 게임의 키가 아니라는 점을 발견하게 되죠.

비로소 당신에게는 '팔로우하는 마음'이 보이기 시작합니다.
왜 당신을 팔로우하는가? 왜 그래야 하는가? 당신의 관점이 숫자와 숫자를 늘리는 방법론에서 멀어지고 '마음'에 집중하게 되면 당신의 모든 전략은 바뀌게 됩니다. 이것이 보응우옌잡과 이순신 장군의 필승 전략. 적들이 바라는 방법으로 싸우지 않는 것입니다.

거의 유일한 생존법은 압도적인 적을 상대하는 '거의 유일한 승리법'입니다. 영화 〈닥터 스트레인지〉에서 주인공인 바론 모르도는 원하는 상황이 나올 때까지 시간을 되돌릴 수 있는 능력을 갖추고 있습니다. 절대적인 힘으로는 압도적인 적인 도르마무를 이기는 방법이 없는 것 같지만, 그는 수십만 가지 경우의 수를 조합해 '거의 유일한 승리법'을 찾아내죠.

당신은 이 세 가지 전략을 경우의 수로 조합해 압도적인 레드오션의 시장에서 거의 유일한 생존법을 찾아내어야 합니다.

생존법을 계속해서 전쟁에 비유했습니다. 그렇습니다. 이것은 전쟁입니다.

현 시간부로 전쟁을 선포합니다. 이 전쟁은 당신이 가진 기존의 사상과 기존의 관습, 그리고 주어졌다고 믿어왔던 모든 운명에 대해 선포하는 전쟁입니다. 이 전쟁은 명백히 침략전쟁이며, 우리는 침략군입니다. 우리는 소심할 필요가 없습니다. 단기간에 전쟁을 끝낼 계획과 전략 및 전술만 실행에 옮기면 됩니다. 한 번도 진군한 적 없는 곳까지 당신의 군대는 침투할 것이며, 만져본 적 없는 황금과 얻어본 적 없는 명예를 얻을 겁니다. 물론 운명도 당신에게 저항할 것입니다. 두려워하지 마세요. 우리는 운명이 우리에게서 한 번도 발견한 적 없는 전략으로 싸울 겁니다. 여태껏 운명이 당신을 향해 진군했다면, 이번에는 당신이 진군할 차례입니다.

이 전쟁으로 우리는 운명이 우리에게 단 한 번도 준 적 없는 것들을 거머쥘 겁니다. 거의 유일한 생존법이라는 전술을 장착합시다.

당신을 위한 생존법 레슨 11.
거의 유일한 생존법

예시를 통해 거의 유일한 생존법에 대한 레슨을 하겠습니다. 당신은 카페를 창업하려고 합니다. 카페는 거의 포화에 가까울 정도로 시장이 팽창했습니다. 그래서 당신은 적들이 싸우는 사거리의 모퉁이라거나 배후지가 있는 골목 안, 전망이 멋진 곳을 당신 가게의 입지 후보에서 제외합니다. 그리고 그들이 싸우지 않는 장소, 야간까지 어린이 진료를 하는 병원 옆에서 병원 운영시간만큼만 운영하는 전략을 사용합니다. 주말이나 야간까지 진료하는 아동 전문 병원은 많지 않으므로 이 시간대에는 늘 부모와 아이들이 북적입니다. 그들은 100번이 넘어가는 대기 번호에 대기할 곳이 없을 정도로 초조하게 차례를 기다립니다.

그리고 그 옆에 당신의 카페가 있죠. 아이들과 편안히 있을 수 있는 환경을 갖춘 채 말입니다. 이것이 당신의 전쟁터입니다. 당신은 다른 카페들이 싸우는 곳이 아닌 곳에서, 다른 카페들이 싸우는 점심시간이 아닌 시간에, 다른 카페들이 경쟁하는 방법이 아닌 방법으로 '학익진'을 편 채 당신의 바다에서 기다리고 있습니다.

3. 결정보다 과정

결과는 결정이 아니라 과정이 정한다.

- 도른자

혹시 피에르 가르뎅이라는 디자이너를 아시나요? 이탈리아 출신의 프랑스 패션 디자이너입니다. 그는 자기의 이름을 따서 패션 브랜드를 만든 인물이며 패션계에서는 전설로 불리는 거물이죠. 2차 대전 이후 피에르 가르뎅은 창조적이고 미래지향적인 패션으로 파리 패션의 황금기를 일구어낸 사람입니다.

피에르 가르뎅은 무척 특이한 인물이었습니다. 인생에서 중요한 결정을 모두 동전 던지기로 했거든요. 자신의 진로 문제는 물론이고 이번 시즌 주력 패션에서 치마의 길이를 짧게 갈지 길게 갈지조차도요. 남들이 그 의사결정에 수천만 달러를 쓰는 문제까지도 그는 동전 던지기로 했습니다.

피에르 가르뎅은 젊은 시절, 적십자사에서 경력을 시작할지, 디자이너 샵에서 패션 디자이너 경력을 쌓아갈지라는 중차대한 문제를 동전 던지기로 정합니다. 동전 던지기 결과 그는 디자이너가 되기로 했고, 곧 왈드너라는 디자이너의 개인 샵 디자이너를 넘어서 당시 세계적인 디자이너의 직원이 됩니다. 그 디자이너가 누구냐고요? 아마 들어보셨을 겁니다. '디올'이죠.

피에르 가르뎅은 디올 밑에서 압도적인 역량을 뽐내며 차기 후계자로 지목을 받습니다. 그리고 또다시 동전 던지기를 하죠. 디올의 후계자로 디올 제국을 물려받을 것인가? 나의 샵을 차릴 것인가? 결과는 우리 모두 알 듯 자신의 샵이었습니다. 그리고 그는 전설이 되죠.

피에르 가르뎅에게 결정 자체는 중요하지 않았습니다. 그에게 중요한 것은 결정 이후의 과정이죠. 어떤 결정을 하든, 반드시 성공할 수 있는 압도적인 노력. 그것이 이 거물이 승리하고 생존한 방식이었습니다. 앞서서 결정에 너무 많은 자원이나 에너지를 사용하지 말라고 말씀드렸습니다. 맞습니다. 당신은 지금 무엇을 할지를 결정하는 데 자원을 사용할 틈이 없습니다. 뭣하면 피에르 가르뎅처럼 동전 던지기로 정해도 좋습니다.

당신이 진정으로 주목해야 할 것은 '결정 이후'입니다.
디자이너가 되기로 했다면, 어떤 노력을 어떻게 할 것인가? 당장 나는 무엇을 할 것인가?

생존을 위해 당신이 갖춰야 하는 무기는 정답을 바로 찾아내는 힘이 아닙니다. 그런 힘을 가진 사람은 없습니다. 우리가 가져야 할 무기는 정답이 될 때까지 답을 수정해 나가는 힘이죠. 우리 학교 교육이 이런 면에서는 참 아쉽습니다. 아이들이 '정답'을 찾도록 설계하는 방식은 그들이 좋은 삶을 사는 데 어떤 도움도 되지 않습니다. 인생은 오지선다형이 아니니까요.

따라서 자신의 답을 결정하고, 그 답이 정답에 가까워지도록 꾸준히 노력하는 인간을 만들기 위해 우리 교육이 무엇을 해야 할지 고민해봐야겠지요. 여하튼, 생존이라는 관점에서도 최대한 빠르게 '어떤 답'이든 고르고, 그 답을 수정해 나가는 노력이 중요합니다.

이러한 차원에서 당신에게 결정은 중요하지 않습니다. 결정하지 못해 우물 쭈물하고 있나요? 당신은 결정에 어려움을 겪는 분인가요?

앞을 볼 수 없는 사람은 뱀을 무서워하지 않습니다. 당신이 결정하지 못하는 이유는 당신이 너무 '잘 보는' 사람이라서입니다. 이렇게 하면 저렇게 될 것이고, 저렇게 하면 그렇게 될 것인데 도대체 어떻게 결정을 해야 할지 모르겠다며 시작조차 못 하고 있습니다.

만일 당신이 그런 사람이라면, 최소한 이 6개월간은 눈을 감는 연습을 해보십시오. 어마어마한 정보의 홍수에 표류하지 마시고, 가장 먼저 눈에 들어오는 한 가지를 바로 결정하고 실행에 옮겨보세요.

많은 정보가 더 좋은 결정을 보장한다고요? 이런 것은 대표적인 '안도른자'들의 세계관입니다. 더 많은 정보가 좋은 선택을 보장한다는 것은 대표적인 미신입니다.

더 많은 정보를 가진다고 더 좋은 결정을 내릴 수 있는 것은 아닙니다.

유명한 원숭이와 펀드 매니저의 주식투자 수익률 비교 실험을 혹시 들어보셨나요? 이 실험 결과는 꽤 놀라웠습니다. 단기 상황에서는 거의 대체로 원숭이가 더 높은 수익률을 기록했거든요. 주식시장에 관해 원숭이가 펀드 매니저보다 많은 정보를 가지고 있을 확률은 거의 없는데도 말입니다.

물론 장기적으로는 펀드 매니저의 수익률이 우세했습니다. 이 실험은 1988

년부터 2002년까지 무려 142회에 걸쳐서 반복적으로 진행된 꽤 믿을 만한 실험이죠. 여기서 우리는 뭘 배울 수 있을까요?

우리는 단기적으로 무작위의 선택을 하고, 장기적으로 그 선택이 '옳은 것'이 되도록 노력해야 함을 알 수 있습니다. 인간이 가진 진짜 힘은 정답을 고르는 능력이 아니라, 정답을 향해 계속해서 나아가는 능력입니다. 물론, 당신이 정보를 분석하고 숫자에서 훌륭한 통찰을 뽑아낼 수 있을 정도로 훈련이 되어 있는 상황이라면 당신의 결정은 정보의 양과 질에서 영향을 받는다고 볼 수도 있지만, 우리는 그런 능력을 키울 시간도, 그렇게 많은 요소를 분석할 시간도 없습니다. 런웨이가 6개월뿐이니까요.

그래도 최소한 선택지는 다양한 것이 좋지 않을까?

심리학자인 시너 세티와 마크 래퍼가 식료품점에서 24종류의 잼과 6종류의 잼을 진열하고 고객의 구매 패턴을 확인한 실험이 있습니다. 이 실험에서 놀랍게도 소비자들은 24종류의 잼이 진열되었을 때 '잼 구매를 포기'한 경우가 대부분이었습니다. 선택지를 늘리는 것은 '선택하지 않는 선택지'의 매력도를 높일 뿐입니다.

당신의 생존을 위해서 당신은 당신의 결정에 힘을 빼야 합니다. 나중에 유지어터의 단계에 가면 당신은 결정 능력 자체를 높이기 위한 다양한 능력들을 배울 수 있을 것입니다. 그러나 지금은 아닙니다. 그저 빠르게 선택하고, 그 선택이 최선이 되도록 노력하세요.

당신을 위한 생존법 레슨 12.
몬테카를로 시뮬레이션

몬테카를로는 대표적인 도박 도시입니다. 몬테카를로 시뮬레이션은 도박처럼 불확실한 사건에서 발생 가능한 결과들을 추정하는 수학적인 기법입니다. 이 방법은 임의로 표본을 뽑는 과정을 반복함으로써 발생할 수 있는 모든 경우의 수를 판단합니다. 원래 이 몬테카를로 시뮬레이션은 2차 세계대전 중에 '최고의 의사결정'을 위해 개발된 기법입니다. 전쟁이라는 상황에서는 일반적인 상황보다 '결정'의 중요도가 훨씬 높아지기 때문입니다. 병사들의 목숨이 걸렸으니 당연하겠죠.

만일 당신이 여기까지 읽었음에도 결정을 못 하겠다면 시간을 더 소비하지 말고 몬테카를로 방법을 통해서 조금이나마 더 분명한 결정을 내려볼까요? 당장 구글이나 유튜브에서 '엑셀 몬테카를로'라고 검색하고 난수를 만들어내는 방법부터 찾아보세요. 너무 어렵죠?

당신이 아무리 많은 정보를 가지고 있어도 몬테카를로 시뮬레이션처럼 다양한 사례를 모두 염두에 둘 수는 없습니다. 당신은 도르마무나 마왕을 이기는 실제 확률을 계산할 필요가 없습니다. 그리고 몬테카를로 시뮬레이션만큼 모든 사례를 계산에 넣을 자신이 없다면 당신이 지금 선택할지 말지 고민하는 선택지들을 고민하는 것도 큰 의미가 없습니다. 몬테카를로 시뮬레이션보다 '덜 정확'할 테니까요.

그러니까 그냥 선택하세요.

4. 솔루션 중독에서 벗어나라

배움은 행동으로 이어져야 한다.

- 벤저민 프랭클린

솔루션 중독의 시대입니다. 내 상황에서 어떤 해결책이 있는지를 계속해서 찾기만 하는 상태를 솔루션 중독이라고 합니다. 이 사람 강의도 들어보고, 저 사람 강의도 들어보고 하나의 문제에 대해서 여러 가지 솔루션을 계속해서 찾아보기만 합니다. 이 과정에서 시간과 비용은 계속해서 나가고 있죠. 솔루션 중독은 결론적으로 앞선 '결정이 중요하지 않다'와 같은 맥락입니다.

당신의 선택지를 무한히 늘리는 것이 합리적이지 않으며 특히 우리와 같이 6개월 안에 자리를 잡고 싶은 도른자들에게는 '치명적'입니다. 강의를 듣는 데 한 달 혹은 그 이상을 사용하게 되니까요. 마치 할머님들이 병원 쇼핑하듯 이 같은 증상에 대해서 이 병원에도 가보고, 저 병원에도 가보는 것과 같은 상황입니다. 할머님들의 '취미활동'으로 이 의료쇼핑을 본다면 뭐라고 할 수 는 없겠지만, 우리는 약간 부정확하더라도 하나의 솔루션을 찾고 밀고 나갈 필요가 있습니다.

할머님들처럼 수많은 솔루션이 당신에게 일종의 카타르시스나 도파민 분 출을 도와준다면, 그래서 개인적인 위로의 차원이라면 당신이 새로운 솔루션을 찾아다니는 데 시간을 쓰는 것을 더 탓하지는 않겠지만 당신이 정말로 '답'이 필요해서 솔루션을 찾고 있다면 최소 시간에 효율적으로 키워드만 얻고 멈추시기를 권합니다.

솔루션 중독은 우리에게 중대한 문제를 일으킵니다.

1) 이 방법 저 방법 따라 해보다 시간을 다 쓴다.
2) 결국 여러 솔루션이 뒤섞여서 아무것도 안 된다.
3) 자괴감에 빠진다.

결국, 우리가 하나의 정답이 없다는 것을 믿는 도른자가 된다면, 솔루션에서 정답을 구하는 것이 아니라 빠르게 바깥 선만 확인하고 나머지 답안지는 스스로 실행하면서 찾아내는 단계에 도착할 수 있습니다.

"아. 인스타그램 브랜딩은 이런 요소가 중요하구나."

나머지는 실행을 통해 스스로 정답을 찾고, 수정해 나가는 노력을 해야 합니다.

공자를 비판하는 사람들은 '사람들이 공자에 지나치게 갇혀버렸다.'라고 합니다. 공자가 정답이라고 믿고 그것만 계속 보게 된다는 것이죠. 공자는 『논어』를 읽어본 적이 없습니다. 사서삼경도 마찬가지죠. 대신 공자는 마음에 끌리는 다양한 책을 찾고 대략적인 답안지를 구성한 후 끝없는 공부와 실행, 경험을 통해 답을 수정해 나갔습니다. 우리가 공자의 답안지만 보고 있으므로 공자를 비판하는 것이죠. 우리가 만일 공자에게서 공자가 답을 찾아가는 과정을 배우고 있다면 공자를 비판할 명분은 없습니다.

수많은 솔루션을 내세운 강사들이 존재하는 세상입니다. 인스타그램에도 강의가 넘치고, 강의 전문 플랫폼까지 나오고 있는 세상이죠. 우리가 강사들에게 배워야 할 것은 개별적인 기술이 아닙니다. 기술을 배울 작정이라면 강사를 활용하지 마세요. 우리가 그런 강사들에게 배워야 할 것은 그 강사들이 그 문제를 바라보는 태도입니다.

자, 인스타그램에서 팔로워를 늘리는 방법을 가르치는 강사가 있습니다. 이 강사는 선팔하고, 댓글을 달라고 가르칩니다. 알고리즘상 몇 개의 댓글까지 하루에 할 수 있는지 이런 지엽적인 솔루션까지 당신에게 안내하죠. 물론 그런 강의는 유용합니다. 당신이 정보를 찾는 시간을 줄여주죠. 하지만 당신이 주목해야 하는 것은 하루에 몇 개의 댓글을 달라, 몇 개의 콘텐츠를 올려라가 아닙니다. 그런 것들은 '변화하는 것'일 뿐입니다. 또한, 알고리즘과 같이 정확한 답을 알 수 없는 경우, 강사 역시 '답'을 알고 말을 하는 것이 아닙니다. 여러 실험을 통해 얻은 '추론'을 말할 뿐이죠. 알고리즘이 바뀔 때마다 새로 배울 예정이신가요? 그것이 아니라면 우리가 해야 할 것은 이 강사처럼 '추론'하는 방법이지 이 사람의 '추론의 결과'가 아닙니다.

다시 말하자면 당신이 진짜로 봐야 하는 것은 이 사람이 알고리즘을 찾아내는 방식입니다.

"아, 이 사람은 이런 방법으로 '솔루션'을 발굴하는구나."
"사람들이 더 좋아하는 좋은 글을 발굴하기 위해서 인스타그램은 알고리즘을 계속 바꾸는구나."

이렇게 변화하지 않는 것들을 배워야 합니다. 그리고 그런 것들은 '언어'로 설명되지 않습니다. 강사의 말과 말 사이, 맥락에서 그 사람이 솔루션을 발굴하는 방식이 노출되죠.

"제가 이 방법을 직접 테스트를 해봤거든요? 이렇게 이렇게 해서 비교를 해봤고…."

강사가 이런 말을 시작할 때 집중하시라는 뜻입니다.

당신이 만약 누군가의 솔루션을 들어야 시작할 수 있는 사람이라면, 강의를 들으세요. 될 수 있는 대로 이 문제에 대해서 폭넓게 강의하는 강사를 고르세요. 깊이는 중요하지 않습니다. 강의의 깊이를 중요하게 여기는 것은 '안도른자'의 방식입니다. 배워야 할 모든 걸 그 강사에게 배워야 한다고 믿는 방식이죠. 이런 안도른자들의 특징은 배운 상황이 아닌 상황에서 '이건 안 배운 건데요?' 하고 멈춰서 버린다는 것입니다. 도른자들은 '디테일'이 아니라 맥락만 봅니다. 시간이 없어서이기도 하고, 디테일은 어차피 실행하는 단계에서 찾거나 깨달을 수 있는 것들이기 때문입니다. 강사에게는 우리가 이 일을 하기 위해서 '무엇을 물어야 하는지'를 배우기만 하면 됩니다.

정리할까요? 우리가 전혀 모르는 일을 시작할 때 시중에 나와 있는 솔루션으로부터 배워야 할 것은 두 가지입니다.

1) 해당하는 지식의 얼개(키워드나 윤곽)
2) 디테일한 테크닉을 '얻는 방법'

우리는 이 일과 관련된 전체 바깥 선을 확인하고, 내가 스스로 연구해야 할 '변화하지 않는 것'을 도출하는 방법만 배우면 됩니다. 같은 솔루션을 두 번

듣지 않는 것이 목표입니다. 강사에 따라 다른 표현 방식으로 하나의 본질을 설명한다면 이 본질을 여러 번 들을 여유는 우리에게 없습니다.

여기에서 말하고 있는 것은 '강의는 필요 없다.'가 아닙니다. 강의만 쫓아다니면 안 된다는 것이죠. 강의를 듣더라도 우리가 얻어야 하는 포인트는 지엽적인 노하우가 아니라는 것입니다. 우리의 목표는 배우는 데 가장 적은 시간과 비용을 투자하는 것이죠. 그러면서도 독창적인 우리의 전술을 발명해야 합니다. 따라서 강사의 How to에 너무 집중할 필요는 없습니다. 얼개와 추론 방법이면 충분합니다.

앞서 이야기한 바와 같이 '전혀 모르는 일'에 대해서 시작하기 위해 얼개를 먼저 파악하고, 솔루션을 얻는 방법을 알아내었다면, 다음으로 해야 할 작업은 바로 실행해보기입니다. 우리에게 필요한 것은 '답'입니다. 답을 원하는 자는 반드시 질문이 있어야 합니다. 일반적인 솔루션 중독이 문제인 이유는 그들 대다수가 '질문'조차 없이 강의만 찾아다닌다는 점입니다. 이 사람이 유명하니까, 이 사람은 단기간에 성공했으니까 그의 강의를 듣는다는 방식으로 강의쇼핑을 하는 분들의 특징은 아직 뭐가 궁금한지조차 알지 못한다는 것입니다. 질문을 발명하는 가장 쉬운 방법은 해보는 것이죠. 직접 실행을 해보면서 '질문'을 만들어야 답을 얻을 수 있습니다. 어떤 위대한 강사도 질문하지 않는 자에게 무엇을 가르치는 일은 가능하지 않습니다. 사실 강의는 직접 해보고 나서 '질문이 생긴 이후에' 듣는 것이 효율적입니다.

윤곽 확인 → 실행 → 질문 → 강의 → 공부 → 실행

기억하세요. 우리가 해야 할 것은 최소 시간, 최대 효율로 불필요한 모든 것을 배제하고 바로 성과를 도출해야 하는 일입니다.

당신을 위한 생존법 레슨 13.
좋은 강의를 고르고 배우는 법

단 하나의 강의를 들어야 한다면, 넓은 강의를 골라야 합니다. 넓은 강의를 골랐다면 사실 강의를 들을 필요는 없습니다. 강의 목차만 확인하면 되거든요. 강의 목차가 막연한 강의라 내용 추론이 안 된다고요? 목차가 막연한 강의는 강의도 막연합니다. 들을 필요가 없습니다.

명확한 목차를 제공하는 강의를 찾고, 목차를 확인하세요.

목차가 이 문제에 대하여 '대체로' 다루고 있으며, 명확하게 파악이 되는 강의라면 사실 강의 자체는 안 들어도 됩니다. 우리에게 필요한 것은 이 일의 바깥 선뿐이기 때문입니다. 상세 내용은 우리가 얼마든지 찾아낼 수 있습니다.

그런데도 강의를 들어야 하는 상황은 이 강사가 '통찰력'이 충분해서 그가 통찰력을 도출하는 추론의 과정을 배우고 싶을 때거나, 나에게 매우 구체적이고 분명한 질문이 있을 때입니다. 이 경우라면 해당 강의를 결제하고 들어보세요. 물론 당신이 그 분야의 강의를 하고 싶은 사람이라면 다른 문제겠지만요.

지식 도출의 방법을 배울 수 있는 강의이거나, 분명한 질문에 대한 답변이 가능한 강의라면 돈을 쓰는 것이 시간을 쓰는 것보다 훨씬 효율적입니다. 따라서 이러한 차원에서는 '강의'가 유용합니다.

만일 어떤 강의를 듣기로 했다면, 다시는 듣지 않겠다는 각오로 들으세요. 한 강의를 1년 내내 듣게 해준다는 조건에 현혹되지 마세요. 당신은 절대로 다시 듣지 않습니다.

단 한 번, 모든 집중력을 다해서 들으세요. 그리고 다시는 그 분야의 강의들은 쳐다보지 마세요.

5. 당신이 알아야 할 것들은 이미 모두 알고 있다

믿기지 않겠지만,
인간이 지닌 최고의 탁월함은
자기 자신과 타인에게 질문하는 능력이다.

- 소크라테스

놀랍게도 당신은 당신이 알아야 할 모든 것을 이미 알고 있습니다. 당신이 생존하는 데 필요한 것들에 대해서 알기 위해 이 책을 볼 필요는 없다는 뜻입니다. 만일 당신이 '질문하는 법'을 알고 있다면 말이죠.

당신이 진정으로 배워야 할 것은 질문하는 방법입니다.

좋은 질문이 좋은 답을 끌어냅니다. 당신이 질문하는 방법을 알고 있다면 당신은 모든 것을 배울 수 있습니다. 그 질문의 상대가 구글일 수도 있고, 챗 GPT일 수도 있고, 당신의 롤 모델일 수도, 친구나 가족일 수도 있습니다.

스티브 잡스는 애플을 창업하면서 "컴퓨터는 왜 사용하기 어려운가?"라는 질문을 던졌습니다. 갈릴레오는 "지구는 왜 태양을 중심으로 회전하는가?"라는 질문을 던졌고, 아인슈타인은 "시간과 공간은 어떻게 연결되어 있는가?"라는 질문을 던졌습니다. 모든 위대한 성취는 위대한 질문에서 시작했습니다.

당신 스스로가 누구인지가 궁금하다면 당신이 누구인지를 알아낼 수 있는 좋은 질문을 만들기만 하면 됩니다. 당신이 돈을 벌고 싶나요? 당신이 돈을 벌 방법을 알아낼 수 있는 좋은 질문을 만들어내기만 하면 됩니다. 당신이 생존하기 위해서는 위대한 질문을 던질 줄 알아야 합니다. 믿기지 않겠지만 그렇습니다. 당신이 내린 답이 잘못되었다면 당신이 해야 할 것은 다른 답을 찾아 나서는 것이 아니라 다른 질문을 해보는 것입니다.

제가 생각했을 때 질문은 크게 3가지로 나누어집니다.
What, How, Why죠.

What is the democracy?
민주주의란 무엇인가요?

How to make a Pizza?
어떻게 피자를 만들 수 있나요?

Why am I building a personal brand?
나는 왜 퍼스널 브랜드를 만들어야 하는가?

차이가 느껴지시나요?
What은 정보에 대한 질문입니다. 우리가 검색창이나 책에 주로 물어야 하는 질문입니다.
How는 방법에 관한 질문입니다. 역시 검색창이나 책, 유튜브, 전문가 등에게 물어야 하는 질문이죠.

이 What과 How는 내 안에서 답을 찾아내기 어렵습니다. ○○ 하는 법을 모르는 내가 아무리 추론을 해도 알아내기 어려운 것들도 있기 때문이죠. 따라서 이 질문은 주로 '타자'에게 하는 질문이 되어야 합니다.

제가 중요하게 생각하는 부분은 Why입니다. 이 부분은 이유에 대한 질문입니다. 물론 이 질문도 타자에게 할 수 있는 질문이지만, 당신이 생존을 염두에 두고 있다면 이 Why와 그 답변을 스스로 만들어가는 연습을 해야 합니다. 타인은 내 삶의 이유를 설명해주기 어렵기 때문이죠. 책에 답을 위한 참고자료를 요청할 수는 있지만, 결국 Why는 주관식입니다. 서술형, 논술형이죠.

왜 나는 퍼스널 브랜딩을 하는가? 혹은 왜 나는 창업을 하는가?
우리는 이 질문에 대해서 스스로 답변해야 합니다. 누구도 답해줄 수 없는 영역이며, 남의 답안지를 따라 하는 순간 당신의 정체성은 '평범한 것'이 되어버립니다.

제가 독서에 관해 이야기하면서 급하다면 Why는 읽지 말고 What과 How만 읽으라고 말씀드리는 이유도 여기에 있습니다. Why는 남의 것을 참고하면 참고할수록 매력도가 떨어집니다. 하지만 What과 How는 내 안에서 답을 찾기가 어려운 것들이죠. 타자에게 묻고, 그 정보들을 조합해 나만의 독특한 전략이나 전술을 설계해야 합니다.

어찌 되었든 우리는 이 3가지 종류의 질문을 통해 우리가 생존하기 위해 알아야 할 대부분을 알게 됩니다. 그리고 이 질문의 순서로 저는 Why-What-How를 권합니다. 질문의 효율성 때문입니다.

1) 왜 나는 퍼스널 브랜딩을 하는가?(Why)
2) 어떤 채널을 통해서 퍼스널 브랜딩을 하는가?(What)
3) 어떻게 퍼스널 브랜딩을 하는가?(How)

만일 What이나 How를 먼저 묻게 되면 우리는 헛발질할 확률이 높습니다. 그리고 생존 런웨이에서 헛발질은 생존율에 치명적인 영향을 미칠 수 있죠.

어떤 채널로 퍼스널 브랜딩을 하지? 그 채널에서 어떻게 하지? 근데 이걸 내가 왜 하는 거지? 이런 비효율의 실수 말이죠. Why에 부합하는 What과 How를 묻는 것이 생존 질문법의 핵심입니다.

이렇게 질문을 구조화하게 되면, 답변 역시 효율적이게 됩니다.

1) 이 책을 왜 읽지?(Why) – 6개월 안에 자리를 잡은 사람이 되고 싶으니까.
2) 어떤 장을 집중해서 볼까?(What) – 나는 정체성 변화라는 문제를 생각해 본 적이 없으니 기본적인 준비물부터 집중적으로 살펴보는 게 좋겠어!
3) 준비물에 대해서 어떻게 읽을까?(How) – 내 삶에 적용하는 연습을 해야겠어. 준비물을 제대로 갖추기 위한 To do list를 도출하고 실행해보자.

기억하세요. 질문에는 단계가 있다. 좋은 질문이 좋은 답변과 결과를 유도해준다.

지금부터는 좋은 질문에 대해서 살펴보겠습니다.

요즘은 챗 GPT 때문에 사람들이 질문의 중요성을 점점 이해하기 시작한 것 같습니다.

실제로 챗 GPT를 사용해보면 놀랍게도 내가 뭘 묻든 뚝딱뚝딱 답안지를 척척 내놓는 것을 보게 됩니다. 그런데 챗 GPT는 잘못된 답, 내가 원하지 않는 답을 내놓는 경우가 너무 많다는 단점이 있습니다. 이 지점에서 많은 사람이 GPT에 묻기를 멈추곤 합니다. 아직은 전통적인 지식 획득 방법이 더 편하다고 말하면서요.

저는 생성형 AI에게 질문할 때 3가지 전략을 사용합니다.

1) 명확하게 질문하기
2) 반복해서 질문하기
3) 다양한 상대에게 질문하기

우리가 좋은 질문을 할 때도 적용되는 바가 있는 것 같아서 다루어보겠습니다.

첫째, 명확하게 질문하기입니다.

명확한 질문이란 질문의 의도와 목적이 분명한 질문을 말합니다. 명확한 질문에 대해서 더 자세히 살펴보죠.

- 질문의 범위를 한정한 구체적인 문장의 질문 :
  "이 보고서에서 말하는 핵심적인 주장은 무엇인가?"(O)
  "이 보고서에 관해서 설명해주게."(X)
- 질문의 배경과 맥락이 분명한 질문 :

"이번 달 A 제품의 매출 실적이 저조한 이유는 무엇인가?"(O)

"왜 매출이 저조한 건가?"(X)

- 질문의 목적과 의도가 명확한 질문 :

"고객 만족도를 확인해서 제품 품질을 개선하기 위한 질문입니다."

- 모호한 단어를 피하기 :

"A 제품의 오프라인 매장 판매량을 지금보다 10% 올리기 위해 어떤 마케팅 전략이 적절한가?"(O)

"신제품의 매출을 올리는 최고의 마케팅 전략은 무엇인가?"(X)

실제 사람과의 대화에서 발생하는 질문이라면 이 정도만으로도 상당히 명확하게 질문의 의도가 전달되었을 겁니다. 하지만, 챗 GPT에게라면 조금 다릅니다. '누구에게 질문하는 상황인지'를 결정할 수 있죠.

"너는 사업의 구조를 분석하고 문제점을 파악하는 데 전문성이 있는 컨설턴트처럼 행동해줘."

"이런 비즈니스 모델을 구상하고 있는데 예측할 수 있는 문제들이 어떤 것들이 있는지 브레인스토밍해서 보고서 형식으로 작성해줘."이렇게 말이죠. GPT에 묻든, 사람에게 묻든 어떤 상황, 어떤 맥락에서 질문하는 것인지에 따라 질문에 대한 답변이 달라질 수 있습니다.

두 번째는 반복해서 질문하기입니다.

반복해서 질문에 속한 세부 질문들을 묻는 것입니다. 하나의 질문은 필연적으로 세부적인 질문들을 만들어냅니다. A라는 질문의 문맥상 여기에 속하는 A' A" 같은 세부 질문이 발생할 수도 있고 B의 질문이 추가로 도출될 수도 있습니다. 우리는 질문을 조금씩 바꾸어가면서 반복해서 질문함으로써 더 좋은 답변을 얻어낼 수 있습니다.

왜 그렇죠? 왜 그런 거죠? 이렇게 계속 짜증 나게 굴라는 뜻이 아닙니다.

반복적으로 질문함으로써 질문의 맥락이 명확화되고, 내가 하나의 질문으로부터 얻어낼 수 있는 정보도 포괄적으로 늘어나게 됩니다.

"상대가 환대받고 있다고 느끼게 해줘야 한다고 말씀하셨는데, 여기에서 환대란 구체적으로 어떤 행동들을 의미하는 것인가요?"
"여기에서 상대라고 하는 것은 어떤 범주의 사람들을 말하는 것인가요? 모든 내 대화의 상대를 말하는 것인가요? 아니면 특정한 고객을 말하는 것인가요?"
와 같이 위에서 나온 '명확성'을 더 높이기 위해 반복해서 질문하라는 의미죠.

세 번째는 다양한 상대에게 질문하기입니다. GPT에 질문하는 상황을 가정해보겠습니다. 현재 다양한 회사에서 각각의 생성형 AI를 출시하고 있습니다. 약간씩 메커니즘이 다르거나 학습 방식 등이 다르므로 같은 질문에 대한 답변도 다릅니다. 저는 하나의 질문에 대해서

1) 챗 GPT
2) bing Chat
3) 구글 Bard
4) 엔트로픽의 Claude
5) Perplexity
6) 네이버 클로바X

등 기본적으로 6개 서비스를 통해 질문합니다. 각각 질문에 대해 답변하는 방식이 다르고, 상황이나 맥락에 따라 더 우수한 답변을 하는 AI 채널의 답변을 기초로 다른 AI의 답변을 참고해 하나의 지식 체계로 정리합니다.

사람에게 질문했을 때는 그 사람의 경험, 지식 체계 등이 모두 다르므로 다양한 수준과 위치에 있는 사람에게 질문했을 때 질문에 대한 입체적인 답변을 얻어낼 수 있겠습니다.

우리는 주변 사람이든, SNS를 통해 알게 된 온라인상 인맥이든 계속해서 질문해야 합니다. 심지어 궁금하지 않을 때조차 질문해야 합니다. 사람들은 '답변'을 좋아하기 때문이죠. 내가 누군가를 도와준다는 생각 말입니다.

당신이 생존을 위해 알아야 할 유일한 기술은, 적절한 질문 대상을 찾고, 그에게 정확한 질문을 하는 것뿐입니다. 여기서 '질문 대상'에는 자기 자신도 포함됩니다. 자신에게 명확한 질문을 던지는 연습을 해야 합니다. 하지만, 스스로 하는 질문은 생성 AI나 전문가, 주변 사람들에게 하는 질문과는 다릅니다. 사실 내가 가진 문제에 대해 가장 전문적이고 정확하며 적합한 답을 해 줄 수 있는 사람은 나 자신이지만, 우리는 의외로 자신에게 묻고 답하는 것에 익숙지 않습니다. 의도적으로 질문하려 하지도 않거니와, 질문이 스쳐 지나가 버려서 곧 잊히기 때문입니다.

자기 자신에게 질문하는 방법은 위에서 설명한 챗 GPT에게 묻는 것과 정확하게 같습니다. 그 과정은 다음과 같습니다.

1) 질문 노트에 명확하고 구체적인 질문을 적는다.(= 프롬프트를 적어서 질

문한다.)

2) 다양한 각도로 질문을 조금씩 바꾸면서 질문을 반복한다.

3) 여러 명에게 묻듯, 여러 관점의 질문을 던진다입니다.

예를 들어볼까요?

1) 이 책의 핵심은 무엇인가?

라는 최초 질문이 있었다고 가정하겠습니다.

이제 이 질문을 노트에 적고, 더 구체화하겠습니다.

1-1) 이 책이 퇴사를 고민하는 나에게 줄 수 있는 핵심적인 메시지는 무엇
    일까?

1-2) 이 책이 6개월 후 퇴사를 계획하고 있는 나에게 제안하는 '핵심 실행
    To do list'는 무엇일까?

자, 어느 정도 질문이 구체화되었습니다. 두 번째 단계는 1-2)의 질문에서 시작합니다. 두 번째 단계는 다양한 각도로 질문을 조금씩 바꾸어 반복 질문하는 것이죠.

2) 이 책이 6개월 후 퇴사를 계획하고 있는 나에게 제안하는 '핵심 실행 To
   do list'는 무엇일까?

2-1) 6개월 후 퇴사라는 계획과 이 책의 '런웨이' 개념이 부합할까?

2-2) 이 책은 To do list를 주로 제안하는 책인가? 마인드 셋에 관한 책인
    가?

2-3) 이 책의 생존 도구들은 입증된 확실한 방법인가?

2-4) 6개월이라는 기간이 '나의 포지션'을 만드는 데 최소한의 시간이 맞는가?

마지막 단계는 '여러 명에게 질문하기'입니다.

우리는 지금 스스로 묻고 답하는 연습을 하고 있습니다. 여러 명에게 질문한다는 것은 이 맥락에서는 '여러 사람의 관점에서 가능한 질문'들을 도출해 보라는 것입니다.

3) 이 책의 생존 도구들은 입증된 확실한 방법인가?

라는 질문에 대해서 연습을 해보죠.

3-1) 이 책의 생존 도구들은 일반적인 회사원들에게도 입증된 방법인가?

3-2) 이 책의 생존 도구들은 자신의 의류 브랜드를 창업하고자 하는 사람에게도 입증된 도구들인가?

3-3) 이 책의 생존 도구들은 IT 계열에서 스타트업 창업을 준비 중인 사람에게도 입증된 도구들인가?

예시를 자꾸 제 책으로만 잡아서 비판적으로 책 읽기에 대한 글이 된 것 같은데, 실제로는 거의 모든 생존을 위한 공부에 적용될 수 있는 질문법입니다. 핵심은 하나의 명확한 질문에서 반복된 질문을 통해 세부 질문을 도출하고, 여러 상황이나 대상의 관점으로 추가로 질문해보는 연습입니다.

총정리를 해볼까요?

우리는 우리의 생존에 어떤 문제 상황이 나왔을 때 이 문제를 Why, What, How로 쪼개서 생각할 수 있습니다. 생각해보는 순서는 Why – What – How 입니다.

이 각각의 질문에 대해서 우리는 명확하게, 반복해서, 다양한 관점으로 질문해야 합니다.

실전으로 가보죠.

상황) 6개월 안에 책을 출판해야 한다.

1) Why

1-1) 왜 6개월 안에 출판해야 하는가?

1-2) 왜 출판을 해야 하는가?

1-3) 왜 책인가?

2) What

2-1) 어떤 장르의 책을 출판해야 하는가?

2-2) 어떤 독자를 대상으로 하는 책인가?

2-3) 어떤 주제의 책을 출판해야 하는가?

3) How

3-1) 어떻게 책을 쓸 것인가?

3-2) 어떻게 독자들의 요구를 파악할 것인가?

3-3) 어떻게 목차를 구성할 것인가?

실제로는 아주 단순화한 질문 모델입니다. 이런 질문들에 대해서 추가로

세분된 질문을 도출하고 답변하는 과정에서 당신의 문제 상황은 명확해지고 해결책이 도출됩니다.

심지어는 당신이 무엇을 배워야 하는지까지 도출이 되죠.

이렇게 하나의 상황에 대해 질문들을 적어두고 그에 대해 답변을 고민하는 것은 실제로 시간이 꽤 소모되는 과정입니다. 하지만, 실행 중에 발생할 수 있는 문제나 방향성에 대해 충분히 고려했기 때문에 최종적으로는 시간을 절약하는 방법입니다.

명심하세요. 질문 없는 답은 무의미합니다. 모든 답은 '질문'이 있었기 때문에 존재합니다. 책상머리에서 묻지도 않은 지식을 줄줄 읊는 선생님의 말씀이 우리에게 잘 들어오지 않듯, '궁금해야' 배웁니다. 질문해야 답이 나옵니다. 제대로 된 답을 찾으려 하지 말고, 먼저 제대로 된 질문을 하려 해야 합니다.

시간은 비용입니다. 그리고 우리가 지급할 수 있는 최대 비용은 6개월이죠. 질문합시다.

당신을 위한 생존법 레슨 14.
누구에게나 물어라

당신은 여러 수준의 질문을 만들어나갈 것입니다. 따라서 누구에게나 물어야 하죠.
Why는 스스로, What과 How는 책이나 타자에게 묻습니다.
어떻게 물어야 할까요?

당신은 인터뷰를 요청할 수 있습니다. 당신은 설문조사를 할 수 있습니다. 당신은 생성 AI를 이용할 수 있죠.

학창 시절이었습니다. 도저히 반 친구들이 머리를 모아서도 풀지 못하는 수학 문제가 있었죠. 선생님께 찾아가도 아리송한 답변만 받았습니다. 우리 친구들은 어떻게 했을까요?
우리는 카이스트 대학 수학과 학과 사무실로 전화 연락을 했습니다.
그리고 최대한 공손하게 질문했죠. 우리는 고등학생이며 이와 같은 문제로 인해 잠을 이루지 못하고 있다.

답이 왔을까요?
카이스트 수학과 조교 선생님이 직접 연락을 주셔서 각종 논증을 통해 해당하는 문제가 오류가 있음을 입증해주었습니다.

당신은 '말 그대로' 누구에게나 물을 수 있습니다. 당신은 청와대 홍보수석실에 문의할 수 있고, 대학교수님이나 책의 저자에게 질문을 던질 수 있습니다. 그가 당신에게 답하지 않는 것은 '그의 문제'이지 당신의 문제는 아닙니다. 최대한 공손하게, 당신의 질문에 최선의 답을 줄 수 있는 사람에게 물으세요. SNS의 설문조사 기능을 통해 최대한 많은 사람에게 물으세요.

답이 달라지면, 생존율이 달라집니다.

6. 가져 본 적 없는 것이 갖고 싶다면

지금까지 가져 본 적 없는 것을 갖고 싶다면
지금까지 해본 적 없는 것을 해야 한다.

- 존 맥스웰, 『사람은 무엇으로 성장하는가』

지금 이 책을 읽고 있다는 것은 당신이 '한 번도 가져본 적 없는 것'을 갖고 싶어 한다는 강력한 증거입니다. 이 책을 통해 당신이 가지고 싶은 것은 '당신의 새로운 자리', 즉 포지션입니다.

사람들은 대체로 새로운 도전을 두려워합니다. 우리는 왜 새로운 도전을 두려워할까? 이것을 논증하는 것은 어려운 일입니다. 하지만, 현상적으로 봤을 때 우리는 새로운 도전에 막연한 공포를 느끼고 있는 것은 사실입니다. 저는 결론적으로 변화에 대한 이해를 바꾸지 않으면 결코 새로운 도전을 할 수 없다고 생각합니다.

당신이 변화하기 위해서 돌파해야 하는 것은 두 가지 법칙입니다. 당신은 엔트로피 법칙을 돌파해야 하고, 붉은 여왕 효과를 돌파해야 하죠. 크게는 방향과 속도감입니다.

물질계의 모든 변화는 '에너지'를 필요로 합니다. 그리고 변화의 결과를 예측하기는 어렵죠. 열역학 제2 법칙은 '엔트로피의 법칙'이라고 부릅니다. 엔트로피란 물질의 무질서함을 나타내는 척도입니다. 엔트로피의 법칙은 아주 단순하게 설명하면 '자연계의 모든 물질은 자연적으로 더 무질서한 상태로 변화하려는 경향'이 있다는 것입니다. 질서정연한 모든 것들은 점점 무질서한 방향으로 흐릅니다.

아무것도 안 했는데 당신의 방이 점점 무질서해지는 것처럼요. 우리는 '아무것도 하지 않으면 현 상태가 유지될 것'이라고 막연히 믿지만, 당신의 삶은 당신이 계속해서 정돈하지 않으면 계속해서 무질서한 방향으로 변화합니다.

자연법칙을 계속해서 비유해서 죄송합니다만, 우리가 아무것도 하지 않으면 아무 일도 일어나지 않는 것이라는 명제는 사실이 아닙니다. 아무것도 하지 않으면 우리는 점점 무질서해집니다. 우리는 발전, 변화를 망각하는 사이에 다시 원점으로 돌아갑니다. 그래서 우리가 쉽게 변화하지 못하는 겁니다.

이 이야기의 핵심 요지는 뭘까요? '변화'는 숙명이라는 것입니다. 변화는 두려움의 대상이 아닙니다. 당신이 아무 일도 하지 않아도 변화는 필연적으로 발생합니다. 무질서한 방향으로 변화하죠. 실제 우리가 느끼는 변화가 발생하려면 엔트로피의 무질서화 방향과 다르게 분명하고 명확한 지향점을 가지고 변화해야 합니다. 즉, 우리가 변화하기 위해서는 방향성을 가지고 변화해야 합니다. 우리는 점차 무계획적이고 나태한 방향으로 변화하는 세상 속을 살고 있습니다. 여기서 변화할 방법은 끊임없이 질서를 부여하는 방법밖에 없습니다.

이것이 당신의 변화를 붙잡는 첫 번째 힘. 엔트로피의 법칙입니다.

모든 것은 변화하며 변화의 주도권을 자연 상태에 맡겨두면 당신의 삶은 점차 무질서해지고 퇴보한다는 사실을 믿는 것. 변화를 우리가 멈출 방법은 없다는 것. 당신이 변화가 필연적이라는 점을 믿어야 합니다.

우리는 변화의 주도권을 잡아야 합니다. 무엇으로, 어떻게 변화해야 하는 가를 분명하게 결정해야 합니다. 어떻게 되고 싶으신가요? 어떤 사람이 되고 싶은가요? 무엇이 당신의 '퇴사'인가요?

이것이 이 책에서 계속해서 언급하고 있는 '정체성'입니다. 우리가 어떤 사람이 되어야 하는가를 먼저 명확하게 잡는 일은 무질서에서 벗어나는 유일한 길입니다. 내가 되고 싶은 정체성을 상상하라고 하면, 흔히 가족과 행복한 삶이라거나, 건강하고 돈 많은 백수 같은 정체성을 상상하기 쉽습니다. 하지만 우리는 런웨이에 있다는 사실을 계속해서 상기해야 합니다.

가족과 행복한 삶이나 건강하고 돈 많은 백수는 평생을 추구하고 단련하며 '지켜내야 하는 가치'일 뿐이지 그것은 런웨이에서 우리가 가져야 할 정체성은 아닙니다. 우리는 짧은 시간 안에, 지속적이고 확장 가능한 무언가를 얻어내야 합니다.

출간 작가, 300개 이상의 댓글이 꾸준히 달리는 주목받는 인플루언서, 안정적으로 월 500만 원 이상의 순이익을 올리는 판매자, 관심이 집중되는 강사, 콘텐츠 생산자, 독서 모임의 운영자.

어떤 형태도, 어떤 목적도 좋습니다. 우리가 돼야 할 그 사람이 정해지면 그 순간 우리는 엔트로피의 법칙에서 벗어날 수 있습니다. 방향성이 생기고,

빠르게 삶이 정돈되어갈 것입니다.

우리는 우리의 정체성을 결정함으로써 육아든, 일이든 퇴근 후 무질서하게 소파에 널브러진 무질서 상태에서 빠져나올 수 있습니다. 그 시간을 목적에 부합하는 행동들로 채워나가게 될 것이기 때문입니다.

이세돌과 알파고의 바둑 대결을 혹시 보셨나요? 세기의 대결로 전 세계의 주목을 받았던 대국입니다. 이 바둑경기에서 이세돌은 고전을 면치 못하지만 결국 한 번의 승리를 얻어냅니다. '신의 한 수'라는 극찬을 받은 이세돌의 제 78수 때문이었습니다.

알파고는 이세돌의 바둑 패턴은 물론이고 전 세계에서 그간 이루어진 수많은 대국의 데이터를 기반으로 학습해 인간이 둘 수 있는 모든 경우의 수를 계산해 대응했습니다. 이세돌은 어떤 선택을 했을까요.

'절대로 두지 않을 수'를 두었습니다. 아니, 애초부터 두지 않을 수를 찾는 것이 그의 방향성이었습니다. 알파고가 가진 수십만까지 알고리즘의 밖에 존재하는 단 하나의 수. 바둑을 아는 인간이 절대로 두지 않을 수. 알파고가 오류로 판단할 수를 둔 것입니다. 이세돌이 실제로 한 일은 '절대로 두지 않을 수를 두는 사람이 되는 것'이었습니다. 78수의 앞에 둔 모든 수는 이 단 한 수를 위한 행동들이었다는 것입니다. 우연히 78수를 둘 수 있는 환경이 된 것이 아니라, 78수를 둘 수 있는 과정을 만들어가야 합니다. 이 78수가 우리의 정체성입니다.

엔트로피 법칙을 끝내는 단 하나의 수. 그 수를 만들어내기 위해서 우리는 먼저 그 수를 상상하고 모든 바둑돌을 그 수를 향해 달려가게 해야 합니다.

방향을 찾기 어렵다고요? 어떻게 해야 하는지 너무 추상적이라고요? 이는 많은 독서와 다양한 실험이 필요한 과정입니다. 그래서 변화에 방향성이 있어야 한다는 것을 모두 알고 있지만, 누구나 변화하지는 못하는 것입니다.

우리는 지금 무조건 변화해야 합니다. 못 참겠으니까요. 술을 권하는 상사? 은근한 따돌림? 낮아진 자존감? 어떤 이유든 우리는 지금 참을 수 없으므로 변하고 싶은 것입니다.

따라서 우리는 두 가지를 해야 합니다.

1) 변화하는 사람이라는 정체성을 갖기
2) 내가 안 되는 이유를 써보기

어떻게 변화해야 할지 모르겠다면, 변화하는 사람이 된다는 정체성을 세워야 합니다.
유튜브는 지금 끄세요. 유튜브가 당신을 성장시킬 수 있다고요? 아니요. 당신이 성장하는 사람이 된 후에야 유튜브가 당신을 성장시킬 수 있습니다. 유튜브, 인스타그램은 기본적으로 내 관심사를 기반으로 하는 알고리즘에 따라서 콘텐츠를 추천하는 시스템을 제공합니다. 그래야 가장 많은 뷰가 나오기 때문이고, 뷰는 곧 그들의 수익이기 때문입니다.

이 말은, 당신이 지금 가진 관심사 안에서만 계속 콘텐츠를 보여준다는 것입니다. 새로운 무엇이 되고 싶은 단계에서는 이런 알고리즘 추천에 의존해서도 안 되며, 남들이 우르르 몰려가는 목표를 쫓아가서도 안 됩니다. 하지만 책은 다릅니다. 책 역시 내가 관심 가는 책만을 보게 되지만, 관심 가지 않는 정보도 제공해줍니다. 쉽게 설명할게요. 우리는 어느 순간부터 종이 신문기사 대신 원하는 기사만 골라서 검색하게 되었습니다. 그 결과는 어떻죠? 본기사 또 보고 또 보고. 그 외에는 세상에 어떤 일이 일어났는지 모릅니다. 하지만 종이 신문을 보는 사람은 내가 검색하지 않은 정보도 얻을 수 있죠. 정확히 책이 그렇습니다. 내가 검색하지 않은 정보를 얻을 수 있죠. 변화를 위해서 당신이 가져야 할 아주 기본적인 자세는 우연한 정보들을 얻을 경로를 많이 만드는 것입니다. 라디오, 팟캐스트, 신문, 잡지, 책, 새로운 사람까지요. 삶에 기본적으로 탑재된 '무질서'를 이용해보는 것입니다. 질서를 갖기 위해서요.

두 번째는 내가 안 되는 이유를 써보는 것입니다. 어떤 사람이 되고 싶은지를 막연히 상상하는 것은 매우 어려운 일입니다. 우리는 꿈 꾸는 훈련을 해본 적이 없기 때문이죠. 따라서 처음에는 내가 싫은 것부터 찾아야 합니다. 이런 일은 하기 싫고, 이런 것 때문에 내가 퇴사하고 싶다는 것을 하나씩 써보세요. 이게 비전보다 중요한 일입니다. 되고 싶은 사람을 상상하는 것보다 되기 싫은 사람을 상상하는 것이 항상 더 쉽습니다. 그렇게 하기 싫은 것들을 제외하고 나면 내 삶은 자연스럽게 조금씩 내가 좋아하는 것들로 채워지기 시작합니다.

물론 하기 싫은 일을 무작정 안 할 순 없습니다. 설거지 같은 일 말이죠. 그래도 다 써보세요.

아침에 일찍 일어나기 싫어. 사람 마주하며 일하기 싫어. 좋습니다. 다 써보세요. 그러면 이제 비로소 보일 겁니다. '내가 되고 싶은 사람'이 어떤 사람인지요. 어떤 일들을 레버리지 해야 하는지도 슬슬 보이겠죠. 그래서 하기 싫은 모든 것을 적어봐야 하는 겁니다.

이 과정이 오래 걸릴 것 같지만, 실제로는 2주가 채 걸리지 않습니다. 엔트로피의 법칙에서 벗어나 내 삶에 질서를 부여하는 일이 말이죠.

당신을 위한 생존법 레슨 15.
해본 적 없는 것을 하는 힘

우리는 원하든 원하지 않든 프레임에 갇혀서 살고 있습니다. 서점에서 한 시간 동안 친구를 기다린다고 가정하겠습니다. 우리는 어떤 책을 읽을까요?

놀랍게도 '보던 책'과 같은 유의 책을 고릅니다. 건축에 관심이 전혀 없던 제가 갑자기 건축학에 관한 책을 고를 확률은 이세돌의 78수만큼이나 희박합니다.
우리는 새로운 도전이라고 믿으며 무엇인가를 합니다. 전혀 아닙니다. 우리가 하는 대부분의 새로운 도전은 기존과 같은 방식으로 새로운 일을 한번 해보는 것에 그치는 것입니다. 본질은 변화하지 않고, 그냥 하는 일이 잠깐 새롭게 느껴지는 것뿐이죠.

우리가 바꾸어야 할 것은 운영체제 그 자체입니다. 윈도우 7을 윈도우 8로 업데이트하라는 이야기가 아닙니다. 윈도우를 맥 OS로 바꾸는 프로세스입니다. 우리가 해야 할 일은 '새로운 생각'의 구조를 만들어보는 일입니다. 저는 이것을 '세계관의 붕괴'라고 표현합니다.

우리는 우리의 세계관을 무너뜨려야만 진정 새로운 수를 둘 수 있습니다. 한국인이라는 관점, 인간이라는 관점, 나라는 관점의 한계를 부수려는 이유는 우리의 프레임 안에서 우리가 그간 얻은 결과가 실망스럽게도 현재 상태기 때문입니다. 내가 정한 내가 되기 위해서 현재의 내 모습 중에 어떤 모습을 떼어내어야 하는지 알아내는 것은 매우 고차원적 지능이 필요합니다.

지능이 높다는 것은 더 높은 연산까지 처리할 수 있다는 의미가 아닙니다. 처리까지 더 짧은 시간이 소요된다는 이야기이죠. 바꿔 말하면 내가 아무리 똥 컴퓨터라도 '충분한 시간'이 있다면 지능이 높은 사람과 똑같은 연산을 처리할 수 있다는 의미입니다. 세계관 붕괴를 위해서 어떤 것을 버려야 하는지 꾸준히 생각해보세요.

실망스럽지 않은 삶을 원한다면 실망스럽지 않은 변화를 해야 합니다.

7. 변화의 속도

한 번만 이기고 싶으면 목표를 만들어라.
계속해서 이기고 싶으면 이긴 사람이 먼저 되어라.

- 도른자

루이스 캐럴이라는 필명의 작가를 혹시 아시나요? 아마 잘 모르시는 분들도 많을 것 같습니다. 만일 그를 잘 모르신다고 해도 이 책은 들어보셨을 겁니다. 『이상한 나라의 앨리스』

루이스 캐럴은 철저히 반(反) 수학적이고 반(反) 논리적 세계인 이상한 나라를 만들어내고 수많은 어린이의 환호를 받았습니다. 왜 그가 자신의 본명을 숨겼느냐고요?

루이스 캐럴의 본명은 찰스 럿위지 도지슨. 본래 직업은 옥스퍼드대학교 수학과 교수입니다.

그는 유클리드 기하학을 가르치는 옥스퍼드의 수학과 교수이지만, 유클리드의 논리정연한 세계관을 믿지 않은 사람입니다. 그는 도리어 동화 같은 말도 안 되는 세상을 사랑했죠. 옥스퍼드 수학과 교수가 수학을 믿지 않는다고 말할 수는 없었던 것입니다.

그가 저술한 이상한 나라의 앨리스에서 붉은 여왕은 앨리스에게 이렇게 말합니다.

"죽어라 뛰어. 그럼 제자리에 있을 수 있어. 다른 곳에 가고 싶다면 아까보다 최소한 두 배는 더 빨리 달려야 해."

수학자인 찰스 도지슨은 왜 이런 말을 했을까요? 논리 정연함의 끝판왕인 체스라는 세계에서 그 여왕을 맡은 붉은 여왕은 '논리의 세계'를 풍자한 캐릭터입니다.

논리적으로, 어떤 물체가 이동할 때는 주변 세계도 그에 따라 반대 방향으로 움직이기 때문에 '죽으라고 달려봤자' 결국 제자리입니다. 어쨌건 우리는 이런 효과를 '붉은 여왕 효과'라고 부릅니다. 붉은 여왕 효과는 '상대속도 법칙'이라고도 부릅니다. 그렇습니다. 속도는 상대적인 것입니다.

미친 듯이 달려봐야 제자리인 곳. 그것이 우리가 논리적이라고 믿는 이 세계의 진짜 얼굴입니다. 우리는 붉은 여왕 효과 속에서 살고 있습니다. 심장이 터지라고 앞으로 뛰어야 하는 세계에서 우리가 붉은 여왕 효과를 뿌리칠 방법은 '더 빠른 속도'를 추구하는 것입니다. 엔트로피의 법칙에서 벗어나고, 붉은 여왕 효과에서 벗어나야 우리는 '성장'할 수 있습니다. 즉, 변화를 위해서는 분명한 방향으로 더 빨리 달려야 합니다.

우리는 빠르게 변화해야 변화할 수 있습니다. 이번 장은 변화 속도에 관한 이야기가 될 것 같습니다.

변화는 무엇으로 구성되어 있을까요? 시간과 변화량으로 구성되어 있습니다. 물론 실제로는 앞선 장에 나온 '변화의 방향'도 변수입니다만, 여기서는 시간과 변화량만 가지고 이야기를 이어가겠습니다. 우리가 진정으로 변화를 하려면 변화에 걸리는 시간(T)를 압도적으로 늘리고 대신 작은 변화량을 유지하거나, 짧은 시간 동안 압도적으로 변화량을 늘리거나 둘 중의 하나입니다.

변화(X) = 변화에 걸리는 시간(T) X 변화량(Δx)

우리는 T 값을 상수로 설정했습니다. 우리의 최대 런웨이가 6개월이죠. 물론 이 6개월 내내 변화를 멈추지 않아야 하지만, 결괏값을 비약적으로 높이기 위해서 런웨이 초반에 Δx(델타—엑스 : 변화량)을 극단적으로 높여두고, 점차 변화량의 기울기를 줄여 '지속할 수 있는 크기'로 만들어나가야 합니다.

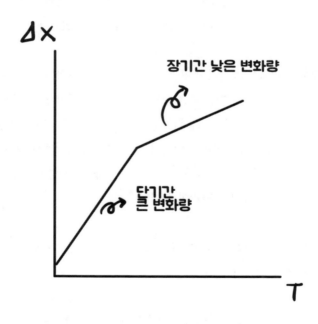

그림 13   오래도록 변화를 유지하기 위해서는 변화속도를 조절해야 한다.

우리는 높은 경사도로 계속해서 변화를 유지할 수 없습니다. 그것이 가능하다고 해도 그런 행동은 지나치게 많은 자원을 필요로 합니다.

효율성을 위해서는 임계치를 넘어선 지점부터는 변화량의 기울기를 낮춰야 합니다.

쉽게 설명하자면, 짧은 기간에 급격하게 변화하고 이후에는 조금씩 새로운 것을 접해보는 수준으로 변화량을 조정하는 방식으로 '계속해서' 변화해야 합니다.

A라는 사람이 담배를 끊으려고 한다고 가정하겠습니다. 이 사람의 임계점은 '담배를 실제로 끊는 상태'입니다. 어떻게 비약적으로 변화량을 높일 수 있을까요?

'정체성 변경'입니다. 이 책의 주제죠. 제임스 클리어가 저술한 『아주 작은 습관의 힘』이라는 책에서는 이 정체성 변화에 대해서 재미난 이야기를 합니다. 일반적으로 우리가 비흡연자로 변화를 하려고 한다면 담배를 끊는다는 결과에서부터 생각을 시작합니다. 그리고 담배를 끊은 꽤 어려운 '과정'을 거쳐서 비흡연자가 됩니다. 하지만, 제임스 클리어는 이 순서를 바꿔야 한다고 주장합니다.

그러니까 '나는 비흡연자야.'라는 결과를 먼저 공표하는 것이죠. 이를 정체성 변화라고 말합니다. 내가 비흡연자라는 정체성을 먼저 가지게 되면 변화는 폭발적으로 일어납니다.

정체성의 변화를 먼저 생각하는 사람에게 누군가가 담배를 권유한다면 그는 이렇게 말할 겁니다.

"괜찮습니다. 저는 비흡연자거든요."

비흡연자에게 담배를 권하는 가혹한 사람은 흔치 않을 거예요.
하지만 결과를 먼저 생각하는 사람이라면 어떻게 답할까요?

"아, 저 담배 끊는 중인데요."

이 차이는 사소해 보이지만, 당신을 바꿀 가장 빠른 무기가 됩니다. 실제로 '서서히 담배를 끊는 것'은 거의 불가능한 일입니다. 만일 당신이 붉은 여왕 효과보다 빠르게 당신을 변화시키고 싶다면 먼저 당신의 정체성부터 바꾸어야 합니다.

■ 안도른자의 방법
결과 → 과정 → 정체성

■ 도른자의 방법
정체성 → 과정 → 결과

먼저 당신의 정체성을 정의하세요. 나는 인플루언서야. 나는 사업가야. 나는 나라는 브랜드의 소유주야. 이렇게 먼저 당신을 정의하세요. 그다음 단계는 과정입니다. 사업가가 당신의 정체성이라면 당신의 과정은 '사업가의 과정'이어야 합니다. 사업가는 시스템을 만드는 사람입니다.

당신은 작게라도 당신의 시스템을 만들고 그 시스템이 작동하게 해야 합니다. 가장 먼저 해야 할 일은 당신의 정체성을 결정하는 과정이죠. 도널드 밀러가 저술한 『무기가 되는 시스템』에서 당신이 사업적으로 만들어야 하는 시스템은 6가지 영역으로 구분합니다. 리더십, 마케팅, 영업, 제품, 비용 및 운영, 현금 흐름이죠. 이 6가지 시스템이 작동하게 과정을 설계하고 구현합니다. 그리고 나면 '당신은 사업을 한다.'라는 결과에 도달할 수 있죠. '장사를 해야지'의 속도로는 변화할 수 없습니다. '나는 장사꾼이야.'부터 시작하는 정도의 속도가 되어야 합니다.

정체성 – 과정 – 결과의 프로세스입니다. 당신이 변화량의 기울기를 줄여도 되는 시점은 6개월간 목표한 이 정체성의 변화가 결과로 입증된 이후입니다. 런웨이에 올라서 가장 먼저 해야 할 단계는 당신의 정체성을 빠르게 바꾸고 그 전 과정을 규모와 상관없이 작게라도 실행하여 결과를 도출하는 것입니다.

제 경우로 이야기를 해보겠습니다.

저는 6개월의 런웨이에서 2번의 정체성 변화를 시도했습니다. 첫 정체성 변화는 '인플루언서'입니다. 저는 자신을 '북스타그램 인플루언서'로 정의했습니다.

그리고 책으로 인스타그램을 운영하시는 이미 알려진 인플루언서들이 무엇을 하는지를 관찰했습니다.

1) 나는 도서 인플루언서다.(정체성)
2) 도서 인플루언서는 서평 쓰기, 서평단 모집 대행, 독서 모임 운영, 도서 광고, 도서 공동구매, 강연을 한다.(과정)
3) 도서 인플루언서와 같은 영향력을 얻는다.(결과)

일반적으로 안도른자였다면

1) 도서 인플루언서의 영향력을 얻겠어.(결과)

2) 서평 쓰기, 서평단 모집 대행을 하겠어, 독서 모임도 운영해야지!(과정)

3) 도서 인플루언서가 됨.(정체성)

이 둘의 차이는 극명합니다. 언뜻 같아 보이지만, 안도른자들은 '영향력'을 얻기 위해 먼저 노력하고 일정 팔로워 수나 인플루언서의 자격조건이 갖추어진 이후에 서평단 모집 대행이나 독서 모임 운영을 시작합니다.

하지만 도른자는 아니죠. 이미 나는 도서 인플루언서입니다. 따라서 작은 규모라도 빠르게 서평 쓰기를 진행했습니다. 저의 경우에는 팔로워 200명 무렵이었습니다. 팔로워 수에 기준을 두었다기보다는 내 프로필에 들어왔을 때 방문자가 팔로우를 클릭하기 위해서는 일정 수준의 콘텐츠가 있었어야 했기 때문에 목표한 콘텐츠 개수가 쌓이기를 기다렸던 것입니다.

제 경우에는 콘텐츠 10개 정도였습니다.

그리고 800 팔로워 정도 되었을 때 내 서평을 보고 인상 깊게 생각하셨다는 저자님께 제안해서 서평단 모집을 처음 시작했습니다. 차이가 느껴지시나요? 정체성이 이미 인플루언서이므로 두려움 없이 제안을 보냈고, 작은 범주에서라도 이 과정을 경험하고 입증함으로써 결과에 도착한 것입니다.

런웨이의 두 번째 단계는 '책을 쓰는 사람'입니다.

3개월째가 되던 달에 저는 정체성을 '책 쓰는 인플루언서'로 변경시켰습니다.

원래 책을 쓰는 사람이니, 능숙하게 책을 쓰는 다른 저자들처럼 콘셉트를 잡고, 시장조사를 하고, 목차를 설계하고 바로 작성했습니다. 그 결과 아주 짧은 기간 안에 원고를 완료했습니다. 2주일 반 정도가 소요되었던 것 같습니다.

원고 작성 시간만 두고 보면 아주 느린 편은 아니지요. 충분히 만족스러운 속도는 아니었습니다만, 그사이에 저는 '인플루언서'로서의 역량을 강화할 수 있었습니다. 저의 정체성은 '책을 쓰는 인플루언서'이므로, 다른 책의 서평을 꾸준히 하고 서평단 모집 대행과 독서 모임을 점점 고도화해 나가면서 충성도 높은 고객을 확보했습니다.

그리고 그 성과를 기준으로 출판사에 출간 제안을 하게 된 것입니다. 제가 만일 기획출간을 하고 싶다는 결과부터 생각을 시작했다면 그 단계를 언제 시작해야 할지부터 고민했을 겁니다. 하지만 저는 책을 쓰는 사람이므로 단계를 바로 지금 시작할 수 있었던 것입니다.

제 자리에도 머무르지 못하는 삶을 끊어내려면 지금 시작해야 합니다. 그리고 지금 시작하려면 당신은 이미 그런 사람이라고 확신하는 것이 중요합니다.

기억하세요. 6개월 안에 날아오르고 싶다면 최대한 빠르게 당신의 정체성부터 바꾸어야 합니다.

당신을 위한 생존법 레슨 16.
런웨이가 6개월이라면

당신의 정체성은 3개월에 한 번 변경되어야 합니다. 이것이 처음부터 기획되어 있는가, 그렇지 않은가에 따라 당신 삶은 달라집니다.

저의 경우에는 1) 나는 인플루언서다. 2) 나는 책을 쓰는 인플루언서다. 이렇게 2단계를 구성했습니다.

3개월이 넘어가는 목표는 대체로 '꿈'입니다. 우리 중 대부분은 한 가지 목표에 대해 3개월 이상 집중하지 못합니다. 따라서 당신은 런웨이를 두 개의 큰 프로젝트로 쪼개야 합니다.

마케팅 대행사로 창업하고 싶은가요?
1) 나는 훌륭한 마케터다.
2) 나는 마케팅 회사의 대표다.

인플루언서가 되고 싶은가요?
1) 인플루언서다.
2) 나는 ○○하는 인플루언서다.

두 개의 정체성 문장을 구성하고 각각에 대해 과정을 기획해 결과를 얻어내는 힘이 당신을 '입증된 사람'으로 만들어 줍니다.

8. 남들이 한 번에 할 수 있다면

남들이 한 번에 할 수 있다면 나는 백 번을 할 것이요,
남들이 열 번에 할 수 있다면 나는 천 번을 할 것이다.

- 『중용』

중국어의 전통에서 인(人)이라는 글자는 통상적으로 '남들', '사람들'을 의미합니다.

인일능지기백지. 사람들이 한 번에 할 수 있는 일을 나는 백 번을 할 것이다.

『중용』에 나온 무시무시한 표현입니다. 애초에 남들이 한 번에 하는 걸 한 번에 할 생각으로 도른자가 될 수는 없습니다. 처음부터 '한 번에 하는 일을 백 번에 하는 사람'이라고 정체성 정의를 해야 합니다.

재능의 문제가 아닙니다. 최초부터 남들이 한 번에 할 걸 100번 하고, 열 번에 할 걸 1,000번에 할 것이라고 자신을 정의해야 합니다. 당신의 재능이 남들과 같거나 뛰어날 것이라고 확신하지 마세요. 예를 들어서 인스타그램에서 어제 어떤 사람이 새로 계정을 개설했습니다. 근데, 1개월 된 나보다 더 잘하는 것 같습니다. 나는 어떻게 느낄까요? 자괴감을 느낄 겁니다.

그 사람이 압도적인 천재일까요? 그럴 수도 있습니다. 당신의 재능이 그에

게 미치지 못할지도 모르죠. 아니면 그 사람은 이미 수십 개의 인스타 계정을 운영하는 사람일 수도 있습니다. 수많은 강연을 거치고 이 자리에 섰을 수도 있습니다. 전문 콘텐츠 제작자이거나 마케팅 대행사 출신일 수도 있죠.

따라서 '남들'은 당신의 비교 대상이 아닙니다. 그와 같은 경험을 한다는 것은 불가능합니다. 제가 이 책을 쓰는 시점에서 제 팔로워는 1,000명이 되지 않았습니다. 그런데 저는 책을 씁니다. 7000명의 팔로워를 가진 분 중에도 책을 쓰는 분들은 많지 않은데요. 제가 압도적으로 뛰어난 역량을 가져서일까요? 아뇨. 제 세계관과 경험이 이 일에 조금 더 적합해서 저는 책을 쓰고 있을 뿐입니다. 책 쓰는 사람이 더 탁월한 사람이라는 의미가 아닙니다.

그냥 제 적성에 좀 더 맞는 일일 뿐이었다는 겁니다. 만일 저와 같은 정체성 목표를 가지고 런웨이에 오른 분이라고 해도, 저처럼 3개월이 되었을 때부터 책을 쓰지는 않아도 됩니다. 저는 감히 당신의 경쟁자가 될 수도 없는 사람입니다. 당신이 하는 어떤 일에 대해서 저는 어린아이 수준에도 미치지 못하는 능력을 갖추고 있습니다. 육아에 관해서 당신의 발끝에도 미치지 못하는 초보일 수도 있습니다. 항공역학, 의학, 물리학에 대해 저는 애송이일 뿐입니다.

만일 제가 여러분과 유사한 수준의 능숙한 육아 능력을 갖추는 것을 정체성 목표로 삼았다면 당연히 저는 여러분의 100배에 해당하는 만큼 시도할 것을 애초부터 고려해야 합니다. 당신은 런웨이에 있는 동안 빠르고 급격한 변화를 추진해야 합니다. 하지만 빠른 결과에 집착해서는 안 됩니다. 우리가 집착해야 하는 것은 '빠른 과정'과 '빠른 정체성 변화'이지 '빠른 결과'가 아니기 때문입니다.

아무와도 비교하지 마세요. 당신의 경쟁자는 단 한 사람. 거울 속에 있는 당신이라는 거인뿐입니다. 다만, 100번 1,000번을 시도할 때 각기 조금씩 다른 방법을 사용해야 한다는 점만 기억하시면 됩니다.

　빠르게 횟수만 반복하라는 뜻도 아닙니다. 마음을 다한 한 번의 시도는 99번의 시도에 필요한 자원을 아껴줄 수 있습니다. 결국, 당신의 마인드 셋은 이러해야 합니다.

　나는 처음 하는 이 시도를 100번을 반복해야 할 거다. 하지만, 가장 적은 반복횟수로도 목표를 달성할 수 있도록 한 번 한 번에 정성을 들일 거야.

　이렇게 정체성을 확정합니다. 나는 100번을 도전하는 사람이다. 그 과정에서 최선의 답을 찾아낼 사람이다.

당신을 위한 생존법 레슨 17.
과학자의 실험법

과학은 무수히 반복되는 실험을 통해 일반적으로 통용되는 법칙을 찾아내는 학문입니다. 따라서 과학자들은 반복되는 실험을 기록하는 데 특화된 사람들이죠.

그들은 자신의 모든 실험을 빽빽이 기록합니다. 그리고 기존에 진행된 다양한 실험을 꼼꼼히 조사하죠. 바퀴를 다시 발명할 필요는 없기 때문입니다.

당신의 100번도 그래해야 합니다. 당신은 각각의 실험에 대해 기록하지 않으면 영원히 반복되는 실험의 덫에 갇히게 됩니다.

실험 1 - 사진이 아니라 영상을 중심으로 콘텐츠를 구성해보았다. 같은 텍스트를 가정하고 진행한 실험이었는데 반응률이 7% 더 높았다.

당신은 당신의 생을 건 실험을 하고 있습니다. 실험의 기본은 기록이죠.

9. 위험은 미신이다

우물쭈물하다가 내 이럴 줄 알았다.

- 조지 버나드 쇼의 묘비명

위험은 미신입니다. 미신이란 무엇일까요? 위키백과에 따르면 미신(迷信)이란 어떤 것에 마음이 끌려서 잘못 믿는 것이라는 뜻입니다. 잘못된 믿음이라는 것이죠. 우리는 위험이 실제로 존재한다고 믿고 살아갑니다. 아이가 어떤 일을 할 때 "앗! 그거 하지 마! 위험해!"라고 주저 없이 말합니다.

그래서 우리는 아주 어린 시절부터 '위험'이라는 말을 '하면 안 되는 것'이라고 등식화하는 경향이 있습니다. 왜냐하면, 엄마 아빠가 어린 시절부터 '위험하니까 하지 마.'라고 가르쳐왔기 때문이죠. 하지만 부모님의 맥락에서 생각을 해봐야 합니다. 그분들에게 우리는 '보호의 대상'이라고 하는 강력한 전제가 깔렸습니다. 그리고 부모란 '아이를 위험으로부터 구해주는 자'라는 정체성이 강력하게 자리 잡고 있죠.

그래서입니다. 그래서 그분들이 우리에게 끊임없이 위험한 일을 하지 말라고 간곡히 부탁한 것입니다. 우리는 이제 스스로 위험에 직면해야 합니다. 우리를 위험으로부터 영원히 막아줄 부모는 이제 연로하시거나, 곁에 계시지 않기 때문입니다. 돌아가 의지할 부모가 있는 한 인간은 영원히 어른이 되지 못한다는 말이 있습니다. '어른'이 되기 위해서라도 우리는 그분들의 조언에 더는 자신을 가두지 말아야 합니다. 물론 여전히 당신은 그분들을 사랑하겠지만, 위험에 관한 한 부모님의 조언을 벗어나서 생각해보시기를 권해드립니다.

이제 우리에게 위험은 회피의 대상이 아니라 직면하고 돌파해야 할 대상이 된 겁니다. 위험이라는 것이 존재하지 않는다고 말을 하는 것이 아닙니다. 위험은 실제로 존재합니다. 단지 위험한 일을 하지 말아야 한다는 것이 미신이라는 뜻입니다.

우리는 위험을 피한 채 살 수는 없습니다. 위험이란 '통제할 수 없는 것'입니다. 아무도 통제할 수 없는 상황이 닥치는 것을 모두 피할 수는 없습니다. 이러한 상황에서 통제할 수 없는 위험에 집중하는 것은 진짜 위험한 행동입니다.

누군가 물에 빠졌다고 가정하겠습니다. "어떡해! 저기 사람이 빠졌어!" 이렇게 물에 사람이 빠졌다는 위험에만 집중하면 안 된다는 것입니다. 119를 부르고, 밧줄이나 튜브를 준비하는 등 '위험의 대처'에 집중해야 한다는 것이죠. 물에 빠지는 것은 통제할 수 없는 위험일 뿐입니다. 우리가 집중할 진짜 방향은 '위험에 대한 대응'뿐입니다. 위험에 해당하는 세부 요소 중 통제할 수 없는 것들은 놔두고, 통제할 수 있는 것에 집중하는 것입니다.

조금 더 사업적인 위험 상황을 예로 들어볼까요? 나에게 지급해줄 비용 일부를 거래처가 주지 않은 채 폐업을 하는 위험한 상황이 발생했다고 가정해보겠습니다.

해당 업체가 폐업하는 상황은 예측되기도 어렵고 통제하기도 어려운 상황입니다. 그러한 상황에서 우리는 통제할 수 없는 폐업에만 집중하는 것이 아니라 이 폐업을 통해 빠르게 무엇이라도 얻을 방법을 찾아야 합니다. 예컨대 내 돈을 돌려받는 것은 어렵더라도 폐업을 하셨으니 그간의 거래처를 대금 대신 달라고 할 수도 있겠죠.

새로운 일을 시작한다고 가정해볼까요? 우리는 새로운 일은 위험하다고 믿습니다. 왜냐하면, 통제하기 어려운 여러 가지 요인들이 새로운 일 안에 포함되어 있기 때문입니다. 실패 가능성 같은 것들은 통제할 수 없는 것입니다. 하지만 새로운 일을 하는데 우리가 통제할 수 있는 것들도 있습니다. 이 통제할 수 있는 것들이 실패 가능성을 줄여줍니다.

풍경화를 그릴 때는 우선 그림이 그려지지 않는 부분, 여백부터 그려나가야 합니다. 성공은 불확실한 것이라고 한다면 우리가 실제로 할 수 있는 것은 '실패'를 먼저 제거하는 것뿐입니다. 확실히 이렇게 하면 실패한다고 믿어지는 것들을 제거하는 것. 누구도 성공을 예측할 수는 없지만, 모두가 위험은 인지할 수는 있습니다.

위험은 그러한 차원에서 우리의 도구입니다. 수많은 기업이 '위험'이라는 도구를 이용해 '위대한 기업'으로 성장할 수 있었습니다. 쿠팡은 소셜커머스의 낮은 진입장벽이라는 위험 요인 때문에 전자상거래 기업으로 도약했고, 배송 속도가 모든 기업이 무차별하다는 것에 위험을 느껴 로켓 배송을 만들었습니다. 인간은 어둠을 두려워해 불을 만들었고, 고독을 두려워해 사회를 만들었습니다. 피터 드러커의 말처럼 어쩌면 위험이란, 변화의 시점을 알려주는 신호탄일지도 모르겠습니다. 위험과 두려움만큼 강력한 동기는 없습니다. 위험하다는 생각만큼 우리를 날카롭게 다듬어줄 수 있는 무기는 없습니다.

위험은 동시에 기회이기도 합니다. 위험이 '예측 불가능하고' '통제 불가능한' 이벤트에 대한 두려움을 뜻한다고 한다면, 여기서 '두려움'이라는 단어만 빼면 정확히 '기회'라는 것과 동의어가 되니까요. 기회 역시 언제, 어떤 방향으로 올지 예측할 수 없으며, 기회의 오고 감을 통제하는 것도 가능하지 않습니다. 기회를 잡을 수 있는 사람만 잡을 수 있듯, 위험도 피할 수 있는 사람만 피할 수 있죠. 위험과 기회는 문입니다. 어떤 사람은 그 문을 입구라고 부르고, 어떤 사람은 그 문을 출구라고 부르죠.

그래서 위험과 기회를 묶어서 우리는 '위기'라고 부릅니다.

당신이 위험한 삶을 살고 있다는 것, 당신 삶에 생각지도 못했던 기회들이 생겨난다는 뜻입니다. 좋은 면으로든, 나쁜 면으로든 말입니다.

그러므로 위험은 환상이며, 미신입니다. 니체를 인용하겠습니다.

"그대 고귀하고 강력한 자들이여, 위험하게 살아라."

당신을 위한 생존법 레슨 18.
위험하게 살아라

니체는 위험하게 살라고 가르칩니다. 당신들의 마을을 베수비오 화산가에 세우라, 당신들의 배를 가장 위험한 바다로 출항시키라고 말하죠.

니체의 가르침은 '고정된 틀과 가치관이라고 하는 안전한 집에서 도망치라.' 라는 가르침입니다. 우리가 안전하다고 믿는 것들은 얼마나 안전할까요?

통계적으로 가장 많은 사람이 침대에 누워서 죽습니다. 사망자 수나 사망자의 비율로 보아도 열차 여행이나 비행기 여행, 배를 탄 모험이나 그밖에 상상할 수 있는 모든 위험천만한 장소에서 죽는 사람보다 침대에서 죽는 사람의 비율이 압도적으로 높습니다.

진짜로 위험한 것은 침대 속이 아닐까요?
당신이 돼야 하는 존재는 '위험한 세상보다도 위험한 자'입니다.
눈을 뜬 채로 꿈을 꾸고, 그것을 손에 쥐어버리려고 하는 위험한 자가 되세요.

10. 지금 하면 왜 안 돼?

당신이 세상을 바꿀 수 없다고 말하는 사람은 두 종류다.
시도하기를 두려워하는 사람과 당신이 성공할까 봐 두려운 사람.

- 레이 고포스

아마 앞서 '정체성' 변화를 이야기하면서 대략 눈치는 채셨겠지만 제가 마인드 셋 영역에서 가장 중요하게 생각하는 것은 '바로 시작하기'입니다. 그중에서도 '지금 하면 왜 안 돼?'라는 질문을 멈추지 말 것을 특히 주문 드립니다.

우리가 무언가를 지금 당장 하면 안 되는 이유가 어디에 있을까요?
당신이 지금 당장 마라톤을 시작하지 말아야 할 이유? 당신이 지금 당장 당신의 사업을 시작하지 말아야 할 이유? 그런 건 없습니다. 당신의 6개월, 혹은 1년, 더 길게는 5년 10년 뒤의 목표를 '지금' 시작하지 않아야 할 이유 따위도 없습니다. 여행하면서 돈을 버는 삶을 살고 싶은가요? 당장 시작해야 합니다.

당장 다 때려치우고 여행을 떠나시라는 말씀이 아닙니다. 여행작가가 꿈이라면, 최소한 '지금 당장' 여행을 기록할 블로그라도 만들어야 한다는 것입니다. 당장은 여행을 다닐 형편이 안 돼서 여행 블로그는 어렵다고요? 그렇게 안 되는 수만 가지의 이유를 저도 댈 수 있습니다.

체 게바라가 말했듯, 여행은 여행을 가슴에 품는 순간 시작됩니다.

당신이 가고 싶은 곳에 대한 '모의 여행 계획' 포스팅을 해볼 생각은 왜 안 하시죠?

당신의 모의 여행 계획서가 다른 사람들에게 도움이 될 수 있고 어쩌면 당신은 이로 인해 진짜 여행가가 될 수도 있는데요?

당신이 꿈꾸는 게 있다면 당신은 지금 당장 그와 관련된 뭐라도 시작해야 합니다. 하루에 5분이라도 좋아요. 카페를 차리고 싶은데 지금 돈이 없다고요? 돈이 생길 때까지 기다릴 건가요? 아니면 멋진 카페들을 투어하며 스케치도 해보고 수익구조도 계산해보며 아웃풋을 만들어볼 건가요?

당신이 6개월 안에 날아오르게 하겠다는 제 말은, 당신이 꿈꾸는 것들을 지금 당장에 시작하도록 하겠다는 것과 같은 말입니다. 당신의 정체성을 '그 일을 하는 사람'으로 변화시키겠다는 것입니다.

다시 제 예시를 들어보겠습니다. 저는 북 카페를 만들고 싶어요. 책을 좋아하니까요. 제가 만들고 싶은 북 카페는 꽤 규모도 있고, 여러 가지 기획하고 있는 것들을 구현할 만큼 충분히 꾸며져 있어야 합니다. 상당히 큰 비용이 소요될 것으로 예상합니다.

제가 뭘 할 수 있을까요? 그 돈이 하늘에서 뚝 떨어져 주기를 기다려야 할까요? 사실 제가 인스타그램을 개설하고, 책 서평을 남기는 모든 것은 이 목표를 위한 것입니다. 나는 내 카페의 고객을 '지금' 모으고 있습니다. 제가 이 6개월의 런웨이 동안 하는 모든 일은 사실 이 최종 목표 또는 비전이라고 부르는 것에 부합하는 행동들입니다.

수억 원에서 수십억 원에 달하는 투자금이 있어야 하는 꿈을 위해 인스타그램부터 만드는 것. 그것이 우리 도른자들이 할 일입니다. 눈을 감고 꿈을 꾸는 자는 위험한 자가 아닙니다. 우리는 눈을 뜬 채로 꿈을 꾸고, 소름 돋게도 그걸 실제로 가지려고 하는 도른자들입니다. 당신의 회사를 차리고 싶은 가요? 당신의 작은 가게를 체인화하고 싶은가요? 왜 지금 당장 당신의 고객을 만들지 않는 겁니까? 왜 당신의 팀원을 지금 모으지 않는 건가요? '언젠가는'이라는 이름의 그 가짜 신에게 여전히 경배를 올리고 있는 건 아닌가요?

당신의 비전에 대해 수많은 의문이 생기는 것은 당연합니다. 믿어지지 않을 만큼 완벽하고 거대한 것을 우리는 꿈이라고 부르기 때문입니다. 그리고 그 모든 의문에 대한 당신의 대답은 "Why not?"입니다.

제가 뭐라고 묻든 여러분은 "Why not!"이라고 답해야 합니다.

"당신의 꿈은 이루기 어려운 꿈이다."

Why not!

"당신의 가게는 수익성이 없을 것 같다."

Why not!

"그런 큰일을 지금 실행에 옮기는 건 위험하다."

Why not!!

당신이 시작하기 위해 위대해질 필요는 없습니다. 하지만 기억하세요. 위대해지려면, 시작해야 합니다. 당신이 가진 리소스, 당신이 가진 것들 안에서 당신 꿈 방향을 겨냥하는 작은 돌이라도 던져야 합니다. 이 꿈의 영역은 사실 6개월 이후의 목표를 말하기 때문에 이 책에서는 더 자세히 다루지는 않겠습니다. 하지만 당신이 인플루언서를 꿈꾸든, 사업가나 다른 어떤 것, 판사나 의사를 꿈꾸어도 당신은 시작해야 합니다.

세렝게티 초원에서 당신이 가젤이든 사자든 해가 뜨면 달려야 하듯, 눈을 뜨면 당신은 달려야 합니다. 당신의 목표가 있는 곳으로요.

당신을 위한 생존법 레슨 19.
지금 시작하는 방법

목표를 시각화하라는 말을 많이 합니다. 그리고 실제로 많은 사람이 목표 시각화의 결과로 목표를 달성했다고 증언하기도 하죠. 왜 목표 시각화는 효과가 있을까요? 목표를 생생하게 그려낼 수 있다는 것은 '그 상태'에서 뭐가 필요한지를 진단할 수 있다는 뜻이기 때문입니다.

예를 들어 이러이러한 가게를 차린다는 목표가 있다면, 그 가게에 필요한 것들을 지금 당장 점검해보면서 현재의 나와 미래의 나 사이의 격차를 확인할 수 있지요. 목표 시각화 훈련은 목표의 좋은 점들만 생각하는 훈련이 아닙니다. 목표 상황에서 있을 수 있는 위험, 문제점, 필요한 사항들을 지금 머릿속에서 섀도복싱 하듯이 그려보는 것이지요.

지금 당장 시작하는 방법 역시 빠르게 변화하는 법과 같이 '정체성'을 키워드로 두고 생각할 수 있습니다. 나는 북 카페 사장입니다. 우리 북 카페에서는 최근 인스타그래머들 사이에서 많이 언급되는 다양한 책들을 만날 수 있죠. 또 여기서는 저자들의 북 콘서트도 자주 열릴 거예요. 사람들은 아이를 데리고 이 카페에 방문해 편안하게 독서의 시간을 즐길 수 있습니다.

저의 북 카페를 소개해봤습니다. 이 과정에서 나는 '인스타 북 트랜드'에 민감해야 할 필요성이 있고, 될 수 있으면 다양한 저자들과의 연결고리가 있어야 할 것 같다는 점을 알 수 있었네요. 그럼 내가 직접 북스타그래머가 되어

보는 게 최선이겠군요.

이렇게 생생하게 목표를 그리면서 무엇이 필요한지를 점검하세요. 마치 내일도 그 일을 해야 하는 사람처럼 준비하세요. 시간만 흐른다고 미래가 오지는 않습니다.

11. 창의력의 정체

창의력이란 다른 사람들과 똑같은 것을 보면서
누구도 생각하지 못했던 생각을 하는 것이다.

- 알베르트 아인슈타인

당신은 창의적인 사람인가요? 창의력은 당신의 생존 가능성을 비약적으로 늘려줍니다. 인생은 문제해결입니다. 나를 브랜딩해야 하는 문제를 어떻게 해결할 수 있을까요? 매출이 늘어나지 않는데 어떻게 해결할 수 있을까요? 당신의 생존과 직결된 모든 것들은 '질문'과 그에 대한 '창의적인 대답'에 의해 결정됩니다.

하지만 많은 사람이 창의적인 답변을 만들어내는 데 어려움을 겪고 있습니다. 저는 개인적으로 창의력의 재료가 '관찰', '상상', '융합'이라고 생각합니다. 창의력을 '창조'라고 생각하는 것이 역설적으로 창의적인 생각을 하지 못하게 만듭니다.

스티브 잡스는 아무것도 없는 하늘에서 뚝 아이폰을 만들어낸 것이 아닙니다. 제로(zero)를 원(one)으로 만드는 일은 이미 창의력의 영역이 아닙니다. 신의 영역이죠. 창의력은 그저 당신이 어떤 현상이나 사물을 관찰하고, 다른 것과 융합해보고, 상상해보면서 만들어지는 사고의 과정일 뿐입니다.

제 인스타그램은 '독서 서평'이라는 지극히 진지하고 딱딱한 활동에 '도른 맛'을 추가해보자는 아이디어에서 출발했습니다. 유머러스한 콘텐츠 생산 방식이나 어조를 사용해 브랜딩을 진행하기로 했습니다. 그리고 화자를 '숟가락'으로 설정했습니다. 도른 맛을 독자가 느낄 수 있게 만들 목적이었습니다.

저는 '정상적인 서평'들을 관찰하고 '도른 맛의 인스타그래머들'을 관찰한 후 이 둘을 합쳤을 때 어떤 것이 나올지 상상하고 상상을 구현한 것뿐입니다. 잡스는 뭘 한 거죠? 전화기와 인터넷을 합친 겁니다. 전화기로 인터넷을 하는 장면을 상상하면서요.

레오나르도 다 빈치는 인류 역사상 최고의 천재 중 한 명으로 손꼽힙니다. 그는 비행기라는 개념조차 없는 시절에 낙하산을 발명했고, 자동화 기계라는 개념이 대중화되기 이전에 '인간형 로봇'을 개발합니다. 다 빈치는 화가이자 조각가, 발명가였고, 건축가였으며 해부학자, 지리학자였고 음악가였으며 궁중의 수석 요리장이기도 했습니다. 스파게티라는 음식을 발명한 위대한 분이죠.

다 빈치는 어떻게 스파게티를 발명했을까요? 중국의 면을 보고 기존의 파스타가 가진 문제점과 융합합니다. 그리고 가늘고 긴 면을 뽑는 기계를 개발해 스파게티를 만들어내죠.

냅킨, 페퍼 밀, 코르크 마개와 코르크 마개 따개도 그가 발명한 것입니다. 창의력에 관한 한 인류 역사상 그를 따라갈 이가 거의 없을 정도입니다.

다 빈치 창의력의 비밀은 무엇일까요? 다 빈치는 가정사로 인해 라틴어를 배우지 못했습니다. 우리 식으로 표현하자면 한자를 몰랐던 겁니다. 조선 사회에서 한자를 모른다는 것이 무슨 의미일까요? 고도화된 지식 체계에 접근할 가능성이 아예 차단되었다는 이야기입니다. 다 빈치는 라틴어를 몰랐기 때문에 그의 지식욕을 충족시킬 방법이 없었습니다.

그래서 그는 자연에서 배우는 것을 선택했습니다. 미친 듯이 새가 날아오르는 것을 스케치했고, 물의 흐름을 연구했습니다. 그리고 그 관찰에서 수많은 원리를 스스로 깨닫죠.

구체적으로는 관찰, 상상, 융합입니다.

그럼 이 천재는 도대체 어떻게 관찰했을까요? 사물을 '여러 각도'에서 관찰하라고 그는 제자들에게 조언합니다. 꽃이 있습니다. 한번 꽃을 그려보실래요?

그림 14　일반적인(?) 꽃 그림

아마도 당신은 [그림 14]와 같은 꽃을 그리셨을 겁니다. 다 빈치에 따르면 당신은 '단 한 번도 꽃을 본 적이 없는 사람'입니다. 꽃의 아래에서 꽃을 그려 보신 적이 있나요?

다 빈치의 관찰은 사물을 옆에서, 뒤에서, 돌려서, 아래에서 바라보는 '관점의 변화'를 핵심으로 합니다. 다 빈치가 말하는 창의력의 열쇠는 '다르게 보기'이며 다르게 본다는 것은 '다른 눈높이에서 본다.'라는 것을 의미합니다.

당신에게 새로운 사업 아이템이 떠오르지 않는다면 '다른 사업 아이템'을 '다른 눈높이'로 충분히 본 적 없기 때문입니다. 다르게 본 것들을 섞어보고, 상상해보는 과정에서 당신 뇌 속의 신경망들은 빠르게 연결되며 아무도 생각하지 않는 것들을 생각할 수 있게 합니다.

기억하세요. 당신과 정확히 같은 경험을 가진 사람은 지구에 없습니다. 당신이 해야 할 일은 한 가지. 그 경험들을 다양한 각도에서 해석해보고 독특한 조합을 만드는 것입니다.

당신을 위한 생존법 레슨 20.
당신의 창의력을 높이는 방법

인생도 게임처럼 수치화되어서 창의력 9 이렇게 수치로 나올 수 있다면 좋겠지만 애석하게도 창의력은 숫자가 아닙니다.

당신의 창의력을 높이는 방법은 다양합니다. 눈앞에 있는 무작위의 사물 두 개의 특징을 간단히 적고 그 두 가지를 합치면 뭘 만들 수 있을지 상상을 적어보세요.

저에게는 볼펜 + 계산기가 보이네요. 그럼 수식을 적으면 계산해주는 앱(이미 있대요.)을 연상해볼 수 있겠습니다.

지나가다가 꽃집과 식당을 발견하면 그 둘의 특징을 관찰하고 섞어보세요. 이게 익숙해지면 3가지를 조합해보시고요. 다양한 조합을 만드는 연습은 당신을 '더 창의적인 인간'으로 만들어 줍니다.

3부

도른 탈출 계획

CRAZY
SURVIVE

1. 도른 비전부터 세워라

모든 일은 누군가 해내기 전까지는 항상 불가능하다.

- 넬슨 만델라

이제 3장부터는 본격적으로 준비물과 마인드 셋을 챙겨서 살아남을 계획을 세워보겠습니다.

계획을 세울 때 우리가 가장 먼저 해야 할 것은 무엇일까요? 당신의 비전을 먼저 세우는 일입니다. 비전이란 미래상을 의미합니다. 조직이나 개인이 상상하는 미래에 대한 청사진이 바로 비전입니다. 눈으로 본 것처럼 생생하게 미래를 그려낼 수 있다면, 그 미래를 가질 수도 있습니다. 선명하고 생생하게 그 비전이 나의 현재 정체성인 것처럼 느낄 수 있고, 그렇게 행동할 수 있다면 말이죠.

비전은 장기적인 것입니다. 우리의 6개월 이후의 그림들이죠. 이 책에서 우리는 이륙까지가 목표이지만, 이륙 이후에도 우리의 비행이 계속되어야 합니다. 우리가 날아오른다는 전제에서 비전이 있고 없고는 그 방향성과 속도감에서 큰 차이가 있습니다. 우리의 6개월을 설계하는 데 있어서 비전은 북극성의 역할을 해줄 겁니다. 그리고 이 북극성이 이후 모든 계획의 적절성을 판단하는 기준이 되죠.

우리는 도미노 게임을 하고 있습니다. 일렬로 목표들을 세우고 작은 힘으로 가장 앞의 도미노를 넘어뜨리면 연쇄적으로 모든 목표가 넘어지는 게임이죠. 그리고 이 게임에서 비전은 당신이 꼭 넘어뜨리고 싶은 가장 크고 아름다운 마지막 도미노입니다. 이 앞의 도미노들은 결국 이 도미노를 넘어뜨리기 위한 단계죠. 우리가 가장 효율적으로, 가장 적은 에너지로 거대한 비전을 달성하는 방법은 넘어뜨리고 싶은 가장 거대한 마지막 도미노를 세워두고 점점 더 작은 도미노들을 일렬로 세워 차례로 넘어뜨리는 것입니다.

그렇다면 우리는 어떤 목표를 세워야 할까요? 앞서 이순신 장군의 예시를 인용했습니다. 패색이 짙어진 정유재란을 승리로 바꾼다는 국가적 목표에 기반을 둬서 13척의 배로 133척의 왜군 함선을 격파한다는 도른 전략적 목표를 세우고, 일자진이라고 하는 도른 전술을 사용합니다.

비전은 여기에서 국가적 목표에 해당합니다.
패배를 승리로 바꾼다. 정유재란을 승리로 바꾼다.

당신의 야심, 당신의 꿈은 이 정도 규모여야 합니다.
나는 달에 간다. 나는 21개 계열사를 가진 그룹의 회장이 된다. 나는 세계 12개국에서 합계 600만 부를 팔아치울 책을 써내는 위대한 구루가 된다.

글을 쓰는 자는 셰익스피어나 세르반테스를 목표로 세워야 합니다. 기업을 하는 이가 최고의 기업가를 목표로 해야 합니다. 당신은 세계지도를 펼쳐두고, 당신의 지사가 있는 곳에 깃발을 꽂으며 환하게 웃는 당신을 상상해야 합니다. 생각하세요. 생각해 내세요. 당신이 상상할 수 있는 최고의 자신을. 미친 듯이 노력해도 결코 손에 잡을 수 없는 북극성. 당신에게 북쪽의 방향을 알려줄 그 빛을 찾으세요.

그 북극성이 당신에게 길을 알려줄 것입니다. 명심하세요. 하늘을 향해 쏜 화살은 땅을 향해 쏜 화살보다 멀리 날아갑니다.

그러면 비전은 어떻게 세울 수 있을까요? 비전을 세우는 데 있어서 당신이 기억해야 할 한 가지가 있습니다. '결정론적으로 생각하지 말라.'는 것입니다.
간혹 나는 꿈이 없다. 나는 심장을 두근대게 하는 일이 없다고 말하는 분이 있습니다.
당연합니다. 꿈꾸는 연습을 한 적이 없으니까요. 비전이 아직 없는 분이 당장 해야 할 일은 내가 현재 하는 일에서 세계 최고가 되었을 경우 얻을 수 있는 결과물을 상상해보는 것입니다. 지금 원대한 비전을 바로 세우는 것이 아니라 이런 상상을 통해 비전을 '완성해 나가야' 하는 것입니다. 결정론은 완벽주의의 다른 이름일 뿐입니다.

당신이 직장인인가요? 만일 당신의 업무에 관한 한 누구도 당신의 발끝조차 필적할 수 없다면 어떨 것 같으신가요? 더는 승진이 없으므로 그래도 그냥 회사에서 나와야 할까요?

『미치지 않고서야』의 저자 미노와 고스케라는 인물이 있습니다. 그는 참 재미있는 인물이죠. 손을 대는 모든 책을 베스트셀러로 만들어버리는 괴물, 천재 편집자입니다. 그는 출판사에서 일하고 있습니다. 미노와 고스케는 편집이라는 업무에 관해 세계에서 비교할 만한 이가 없는 최강자입니다. 왜냐고요? 그에게는 자발적으로 그를 업무와 마케팅을 돕는 1,300명의 팀이 있기 때문입니다. 그가 속한 회사 직원의 수십 배에 달하는 사람들이 기획, 마케팅, 시장조사, 거래처 확인 등의 업무를 합니다.

심지어 이 1,300명은 미노와 고스케에게 매달 돈을 내고 일하고 있습니다. 이른바 미노와 편집실이라는 온라인 살롱입니다. 미노와가 이 '직원들'에게 월간 받는 돈은 약 7,000만 원에 달합니다. 왜 돈을 내고 일하나요? 중학생, 고등학생, 성인 할 것 없이 이 미노와의 살롱을 통해 직접 자기가 어떤 일을 해보고, 프로젝트를 주도해보고, 배우고, 교류하며 성장하기 위해서입니다. 미노와는 얼마든지 회사를 그만둘 수 있지만, 회사의 리소스를 이용하기 위해 그만두지 않는다고 말합니다. 미노와가 속한 회사에서도 그를 모셔야 하는 상황이죠. 손만 대면 베스트셀러니까요. 일본 내 거의 모든 서점에는 미노와 고스케의 사진이 걸린 매대가 있습니다.

미노와 고스케를 도른자 식으로 정의해볼까요?

비전 : 비교 불가의 출판 편집자가 된다.
전략적 목표 : 나의 직업을 통해 월급의 수십 배에 달하는 부 수익을 올린다. (도른 전략)
전술적 목표 : 편집과 마케팅 업무를 자발적으로, 심지어 유료로 도울 사람을 모은다. (도른 전술)

아무도 1,300명이 해내는 만큼의 업무를 동시에 혼자 해낼 수는 없습니다. 그러면 무급으로 나를 도울 사람들을 만들거나, 심지어는 유료로 나를 도울 사람들을 만든다는 도른 전술이 달성되었을 때 '월급의 수십, 수백 배'의 부업 소득이라는 전략적 목표를 달성하는 것은 지극히 정상적인 결과입니다. 이 전략이라는 것도 대단히 도른자스럽습니다. 우리는 직장에서 수입을 얻고 부업으로 부수입을 얻는 모델을 고민하지만, 그는 직장을 이용해서 돈을 버는 부업을 고안한 겁니다.

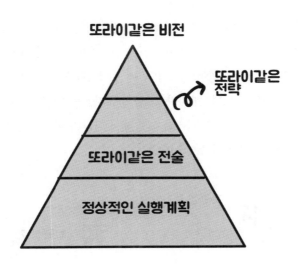

그림 15 큰 목표일수록 비상식적으로 크게 세워야 합니다.

당신의 현재 상황을 기초로 해서 비전과 전략, 전술을 세워보는 것은 일종의 연습입니다.

당신이 실제로 세울 비전은 당신의 현재 상태와는 무관해도 됩니다. 비전은 결정된 것이 아닙니다. 당신의 비전은 '이제 확실하다.'라고 믿어질 때까지 반복해서 수정해 나가도 됩니다. 하지만 연습을 반복해보면 빠르면 2~3일 내에도 당신의 비전이 어느 정도 방향성이 생겼음을 알 수 있습니다. 상상할 수 있는 비전들을 하루에 한 시간씩 쓰다 보면 당신이 아무리 꿈이 없는 사람이라도 1주일 안에 심장이 두근거릴 만한 비전을 찾을 수 있을 것입니다. 저의 경우에는 '그룹의 총수'였습니다. 당신은 6개월의 런웨이를 함부로 사용하지 않기 위해서 비전을 최대 1주일 이내에 세울 수 있어야 합니다. 그리고 정해진 북극성은 이후에는 쉽게 바꾸면 안 됩니다.

북극성을 바꿀 수 있는 것은 연습하는 순간까지입니다. 많은 사람이 성공하지 못하는 이유는 북극성이 없거나, 북극성이 계속해서 변화하기 때문입니다. 업종 같은 건 계속 바뀌어도 됩니다. 내 주력 무기도 계속 바뀌어도 되죠. 정체성도 바뀌어도 됩니다. 하지만 그 꿈의 끝자리를 바꾸는 것은 위험합니다. 비전을 계속해서 바꾸면 당신은 계속해서 다른 방향으로 던져지는 공을 쫓는 강아지가 되어버릴 수 있습니다.

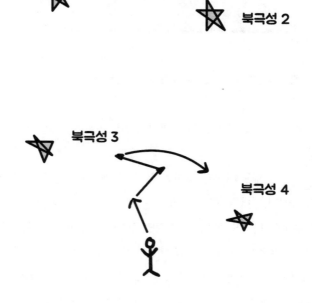

그림 16 북극성이 계속 바뀌면 생기는 일

기억하세요. 또라이 같은 꿈을 꾸고, 또라이 같은 실현 계획을 세워야 합니다.

이 비전이라고 하는 것은 삶에서 매우 중요한 요소이므로 더 구체적으로 논의를 해보겠습니다. 저는 최종 비전이라는 북극성을 지정하고 그를 위해 총 12단계의 정체성 변화를 목표로 세웠습니다. 단계의 수는 사람에 따라 다를 수 있지만, 저의 경우에는 12번의 정체성 변경을 거치고 나면 내가 목표했던 '최고의 나'라는 비전에 도착할 수 있다는 전제에서 기획했습니다. 그중 이 책에서 다루는 것은 2개의 정체성 목표를 세우고 달성하는 것까지죠. 비전부터 시작해서 12단계의 정체성 목표를 세우고 그것을 달성한다면 우리는 안전하게 비전에 도착할 수 있습니다.

1) 그룹의 총수가 된다.(비전 : 말도 안 되는 높은 꿈)
2) 국내 증시 상장사의 소유주가 된다.
3) 체인화된 오프라인 매장을 소유한 기업인이 된다.
4) 계열사 시스템을 적용해 체계적인 관리 시스템을 갖춘 기업인이 된다.
5) 연관된 사업 분야를 계속해서 창업하는 연쇄 창업가가 된다.
6) 사업가 파트너를 통해 사업을 자동화하고 나는 더 높은 부가가치에 집중하는 사람이 된다.
7) 안정적인 수익구조를 가지는 기업인이 된다.
8) 인지도와 영향력을 기반으로 법인 사업체를 설립한다.
9) 강사들을 양성하는 사업가가 된다.
10) 높은 인지도와 영향력을 가진 강사가 된다.
11) 책을 쓰는 인플루언서가 된다.
12) 북스타그램 씬에서 핫한 인플루언서가 된다.

자, 저는 11, 12번 정체성을 달성했습니다. 꽤 많은 분이 제 아이디어에 공감해 제가 진행하는 프로젝트에 참여하는 소위 '화젯거리인' 인스타그래머 중 한 명이 되었고, 보신 바와 같이 책을 쓰는 인플루언서가 되었습니다. 이 책이 출판된 지금 저의 정체성은 높은 인지도와 영향력을 가진 강사입니다. 그를 위해 필요한 일을 할 예정이죠.

니체는 그의 저술에서 낙타, 사자, 어린아이로 계속해서 우리의 정체성이 진화해가야 한다는 말을 한 적이 있습니다. 정확히 우리가 그렇습니다.

우리는 우리의 비전에 해당하는 그 사람이 되어야 하며, 그 사람이 되기 위해 계속해서 나의 정체성을 바꾸어 나가야 합니다. 이 책은 그 첫 2개의 정체성을 6개월 안에 달성할 것을 주문하고 있습니다. 이 속도라면 최대 30개월 뒤에는 제 비전에 도착할 수 있을 것으로 보이지만, 실제로는 뒤로 갈수록 걸리는 시간이 조금씩 길어집니다. 저는 최대 60개월의 시간을 제한 시간으로 설정하고 있습니다.

60개월은 5년이죠. 혹시 아주 초창기 제 인스타그램의 팔로워분들은 기억하실지 모르겠습니다. 제 인스타그램 프로필 소개란에 '5년 안에 끝낸다.'라는 말을 적어두었던 것이지요.

그때 이미 저는 이 비전과 12가지 정체성 목표들을 설계해두었습니다.

정리할까요? 심장이 벌렁거릴 만큼 큰 꿈을 꾸세요. 그리고 그 꿈 같은 존재가 되기 위해 내가 거쳐야 할 최소 10가지 이상의 정체성 목표, '나는 누가 된다.'를 설계하세요. 세부 사항은 지금 고민하지 마세요. 그냥 당신이 꿈같은 사람이 되는 데 필요한 경유지들을 적어두는 것으로 충분합니다. 그리고 그중 2가지를 이번 6개월 안에 반드시 달성하세요.

도른자의 북극성

도른자는 어떤 북극성을 쫓고 있을까요? 저로서는 놀랄 만한 꿈을 가지고 있습니다.

"나는 6개 계열사를 거느린 집단의 총수가 된다."
"이 집단은 나와 함께하는 최소 6명의 사업가 파트너가 출근 없이 즐거워하는 일을 하면서 충분히 만족할 만한 소득을 올리게 하는 집단이다."

이 집단에 대해서는 매일매일 더욱 정교화되어가고 있습니다. 집단의 정체성, 집단의 목표, 집단의 구성 요소. 이것이 도른자의 도른 비전입니다.

내가 걸어가는 모든 길은 이 퍼즐에 대한 조각을 찾아서 채워 넣는 과정일 뿐입니다. 그리고 6개월의 런웨이는 이 퍼즐을 맞추기 위한 첫 이륙 과정이죠.

당신을 위한 생존법 레슨 21.
결정론과 수정주의

도른자들은 결정론을 신뢰하지 않습니다. 대체로 모든 것들은 변화하며, 변화가 우리의 생존율을 높여준다고 믿습니다. 현재 상태가 만족스럽지 않은데 변화라는 게 없다면 현재 상태를 바꿀 방법도 없기 때문이죠.

하지만 '비전'에 관해서는 이야기가 다릅니다. 비전에서 우리는 잠시 수정주의를 미루어두고 결정론을 옹호해야 합니다. 하지만 너무 진지하게 생각하지 마세요. 비전도 정교화되어가는 과정에서 다듬어질 수 있습니다. 예를 들면 도른자가 도른자의 비전을 실행하는 과정에서 6개 계열사를 5개 계열사, 혹은 7개 계열사로 조정해 나갈 수는 있습니다. 그런 차원에서 우리는 비전에서의 결정론을 옹호한다기보다는 지나친 상대주의와 수정주의에서 비전은 약간 예외로 해둔다는 정도로 접근하면 좋을 것 같습니다.

2. 비전을 사용하는 방법(나침반)

인간은 인생의 방향을 결정할 규칙을 가지고 있어야 한다.

- 존 웨인

혹시 나침반을 사용해보신 적이 있나요? 저는 예전에 나침반을 꽤 자주 사용했습니다. 요즘은 나침반을 사용할 일이 많이 줄었지만요. 나침반을 예전에는 '지남철(指南鐵)'이라고 불렀습니다. 남쪽을 지향하는 쇠라는 것이죠. 나침반은 북쪽과 남쪽을 동시에 가리키지만, 나침반을 최초로 발명한 이가 남쪽을 찾는 데 사용한 것이 명칭의 유래가 되었습니다.

나침반은 서기전 2세기 무렵 중국 한나라에서 '풍수지리'를 위해 처음 개발되었고 이것이 유럽으로 전파되었습니다. 풍수지리에서 '남쪽'은 주작의 땅, 따뜻한 기운이 불어오는 곳이라는 의미가 있었기 때문에 묫자리든, 건물이든 남향으로 짓는 것이 풍수적으로 중요했습니다. 그래서 남쪽을 가리키는 철, 지남철이었죠.

하지만 실제로 나침반은 북쪽을 가리킵니다. 남쪽은 부수적인 효과일 뿐이죠. 일반적인 나침반의 용도는 크게 3가지입니다.

1) 방향을 알려준다.
2) 지도를 제작할 수 있게 한다.
3) 길을 잃지 않게 한다.

우리에게 있어서 북쪽은 우리의 꿈, 비전이 있는 방향을 의미합니다. 북극성이 있는 방향을 말하죠. 우리가 제대로 날아오르기 위해서는 이 나침반이 필수적입니다. 그리고 그 용도는 일반적인 나침반의 용도와 크게 다르지 않죠.

1) 방향성을 제시
2) 목적지로 가는 지도를 설계(목표설계)
3) 우리가 길을 잃지 않게 한다.

우리는 앞서 설명한 비전에서 출발해서 지도를 만드는 단계로 넘어와 있습니다. 이 과정에서 우리는 비전을 어떻게 이용해야 할까요? 나침반의 이용방법과 정확히 같은 방법으로 이용하면 됩니다.

비전이 향하는 방향으로 우리의 목표들을 정렬하고, 정렬된 목표들을 북극성에 맞추어 읽어나가는 것입니다. 여기부터는 편의상 도른자의 비전을 기초로 설명하겠습니다. 자신의 비전에 맞추어 생각해보시면 되겠습니다.

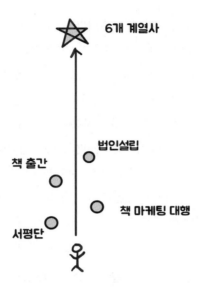

그림 17 비전을 향해 곧게 뻗은 길

　도른자는 함께하는 파트너들이 출근 없이 먹고살 수 있는 6개 계열사의 창
업이라는 비전을 세웠습니다. 각각의 계열사의 용도도 저는 생각해두었지만,
여기서는 편의상 제외하겠습니다.

　우리의 목표는 될 수 있는 대로 이른 시간 안에 비전에 도착하는 것입니다.
따라서 최대한 우리의 경로는 '직선'이어야 합니다. 연쇄적으로 도미노를 넘
어뜨리려면 중간에 한두 개 목표만 빗나가도 연쇄반응이 멈출 수 있습니다.
또 그것이 최단 거리이기 때문이기도 하죠. 가장 이상적으로는 우리가 딱 목
표 방향에 있는 돌만 밟는 것이 좋겠지만 그것은 현실적인 계획이 아닙니다.
따라서 우리의 목표는 '가능한' 모든 세부 목표를 비전 방향에 가깝게 배치하
고 그것을 이루는 것입니다.

북쪽에는 자북과 도북, 진북이 있습니다. 진북은 우리의 비전, 북극성입니다. 진북은 변화하지 않습니다. 언제나 그 자리에서 빛나고 있죠. 그럼 자북은 무엇일까요? 자북은 자석, 나침반이 가리키는 북쪽입니다. 우리가 그려내는 세부목표들이 가리키는 방향입니다. 우리가 어떤 방식으로든 구상한 목표들이 지향하고 있는 방향의 끝이 바로 자북이죠. 실제 진북과는 약간 차이가 있습니다. 이 진북과 자북의 차이를 '자편각'이라고 합니다. 그리고 도북은 지도가 가리키는 북쪽을 의미합니다. 책이 지도라고 말씀드렸죠. 일반적인 책이나 성공 법칙들이 가리키고 있는 성공 방정식들을 말합니다. 도북과 진북의 차이는 '도편각'이라고 부르죠.

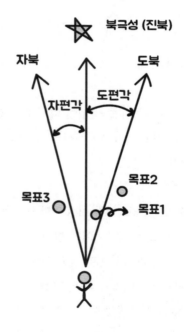

그림 18 비전과 오차범위들

우리의 목표는 도편각과 자편각을 최소화해서 최대한 진북에 가까운 방향의 목표들을 밟는 것입니다.

이 책을 포함해서 모든 자기계발서가 지향하고 있는 소위 성공을 위해 당신이 해야 할 일들은 도북에 가깝습니다. 제 북극성은 여러분들의 북극성과 다르므로 여러분과 정확히 똑같은 도북을 제시할 수는 없습니다. 애석하지만, 매력적인 일이죠.

흔히 사람들이 어떤 책을 보고 '이대로 했는데 안 되던데?'라고 말을 하는 이유는 그들의 진북과 책에 나온 도북의 도편각이 크기 때문입니다.

당신의 진북과 도북의 편각 차이. 도편각을 최소화하려면 어떻게 해야 할까요? 최대한 구체적으로 당신의 진북에 가까운 도북을 제시하는 책들을 보면 됩니다. 하지만 이것은 어려운 일이죠. 당신의 꿈은 특별하기 때문입니다. 따라서 당신이 진짜로 해야 할 일은 어떤 도북을 제시하는 책이건 당신의 진북을 염두에 두면서 읽어내는 '독도법'입니다.

책이 지도라고 앞서 말씀드렸습니다. 당신이 6개월간 봐야 할 책은 당신의 목표 방향으로 잘 정렬되어 있어야 한다고요. 하지만 이건 단순히 책의 내용이 나의 목표를 가리켜야 한다는 의미가 아닙니다. 당신이 그렇게 읽어야 한다는 의미이죠.

실제로 독도법을 사용하는 사람들은 '도편각'을 계속해서 생각하면서 지도를 이용합니다. 책을 읽을 때는 도편각을 항상 생각해야 합니다. 내 비전과의 차이를 생각하면서 읽는 것입니다. 예를 들어 당신은 책에서 '미라클 모닝'을 하라는 조언을 들었습니다. 이것은 도북을 가리키는 방법론입니다. 내 비전을 달성하기 위해 이 미라클 모닝을 어떻게 활용해야 하는지를 생각하는 것이 '독도법'이라는 거죠.

두 번째는 자편각입니다. 자북과 진북 사이의 오차입니다. 당신이 일반적으로 그냥 세우는 목표들은 정확히 진북을 가리키지는 않습니다. 따라서 나침반이 가리키는 북쪽과 진북을 일치시키려는 노력이 필요합니다. 세상에서 '끌어당김의 법칙'이니 '꿈의 시각화'니 하는 것들은 실제로는 이 원리에 입각한 것입니다. 당신의 진북을 생생하게, 명확하게 이해하고 방향을 점검할수록 당신도 모르게 당신이 세워나가는 계획들인 자북이 진북에 가까워져 목표 달성 속도가 비약적으로 빨라진다는 것입니다. 나침반이 정말로 가리키는 방향이 어디인지 계속해서 점검해야 합니다. 그래야 내 목표들이 더욱 효율적이 됩니다.

자편각을 줄이기 위해서 우리가 해야 할 것은 두 가지입니다.

1) 최대한 생생한 꿈을 꾸고, 그 꿈을 계속해서 보는 것(가능하면 써보는 것)
2) 내가 세운 목표들이 진북 방향에 얼마나 일직선에 가깝게 있는지 계속
   확인하는 것

특히 2번은 메타 인지라고 하는 고차사고력이 있어야 합니다. 내 생각에 대해 생각하는 것, 내 목표에 대해 평가하는 것이 고차사고력입니다. 아주 고도화된 사유체계죠.
우리가 일반적으로 지능이 높다고 말하는 경우, 대체로는 이 고차사고력이 높다는 것을 의미합니다. 프로세스에 대한 프로세스, 생각에 대한 생각, 목표에 대한 생각들입니다.

그리고 학교 교육이 인정하는 바와 같이 우리는 이 고차사고력을 배울 수 있습니다. 훈련을 통해서 말이죠. 우리가 가져야 할 것은 틀림없는 나침반이 아니라 나침반의 오차를 이해하고 읽어내는 힘입니다.

무작정 책에 쓰인 대로 달려간다고요? 무조건 당장 눈에 띄는 목표만을 세우고 있나요? 당신은 어딘지 모를 언덕 위에 서서 지나가 버린 시간만을 추억하게 될 것입니다.

당신을 위한 생존법 레슨 22.
당신을 위한 나침반 사용법

시간순으로 목표를 만들기 때문에 자편각이 커집니다. 고민하지 않고 책을 읽기 때문에 도편각이 커집니다. 우리 도른자들은 '반대로' 설계해야 합니다.

진북에서부터 To do list를 도출해야 합니다. 진북에서부터 읽을 책 목록을 선정해야 합니다. 우리는 단추를 먼 아래쪽부터 꿰어야 엇나가지 않죠. 우리의 목표는 내 최종 목표부터 오늘의 목표까지 역순행적으로 구성되어야 합니다.

6개 계열사를 경영한다는 전제라면 각각의 계열사의 사업 목표부터 설계해서 오늘의 목표를 만들고, 6개 계열사의 경영자에게 필요한 것들부터 생각해봐야 합니다. 당신은 '인스타그램 팔로워 늘리는 법'에 대한 생각을 하기 전에 '브랜드란 무엇인가?'에 대한 생각부터 해야 합니다. 실무적인 책은 가장 나중에 봐야 합니다. 이 방법으로 역순행적 목표설계를 하면 당장 봐야 하는 책의 우선순위가 명확해집니다. 당장 해야 할 일이 목표 방향으로 뻗어 나가게 됩니다.

이것이 진북과 도북, 자북을 일치시키는 능력입니다.

3. 장기적인 목표(6개월)

현재, 과거, 미래라는 것은 그야말로
환상 이외에 아무것도 아니다.

- 알베르트 아인슈타인

자, 우리는 북쪽도 확인했고, 진북으로 화살표를 보내는 데 성공했습니다. 이제 구체적인 실행 계획을 세울 단계입니다. 6개월의 이륙 계획입니다.

왜 우리는 장기목표 및 계획부터 잡아야 할까요? 오늘 계획부터 시작해서 일주일 계획, 한 달 계획 이런 식으로 하루 단위의 실행 계획을 쌓아나가는 방식의 '순행적' 구조로는 목표를 정확히 조준하기 어렵기 때문입니다. 우리는 역순행적으로 시간을 구조화해야 합니다.

즉, 연간계획 → 6개월 계획 → 3개월 계획 → 1개월 계획 → 데일리 계획의 순서로 목표를 설계해야 '최종 목표'에 부합하는 세부계획을 도출할 수 있습니다.

혹시 '큰 돌 작은 돌' 실험을 아시나요? 한 교수님이 학생들 앞에 큰 돌, 작은 돌, 모래, 물을 가져왔습니다.

그리고 투명한 플라스틱 통에 큰 돌을 가득 채우고 말씀하시죠. "통이 가득

찼나요?" 학생들은 그렇다고 이야기합니다. 그리고 이번에는 그 통에 작은 돌을 흔들어가며 잘 채워 넣습니다. 교수님은 다시 말하죠. "이제는 통이 가득 찬 것 같나요?" 학생들은 이번에도 그렇다고 답합니다. 교수님은 연이어서 모래, 물을 채워 넣습니다.

그리고 이렇게 말하죠. "이 통이 우리의 인생입니다." 인생에서 우선순위가 높은 것부터 채워나가야 한다는 교수님의 가르침을 도른자 식으로 해석하자면, 우리의 6개월 런웨이에서 큰 목표부터 작은 목표 순으로 채워나가야 한다는 것입니다. 만일 이 교수님이 물부터 채워나갔다면 어땠을까요? 물이 넘치지 않고 모래나 작은 돌, 큰 돌을 넣을 수 있었을까요? 세부 목표를 먼저 세우게 되면 각각의 점들이 어떻게 연결되어 선이나 면이 될지 가늠하기가 어려워지죠.

그러한 이유로 우리는 일간계획보다는 월간계획을, 월간계획보다는 장기계획을 먼저 세워야 합니다.

사실 6개월이라는 기간은 제 기준에서는 초장기 계획입니다. 저는 3개월까지를 장기계획으로 분류하고 그 이상의 범주를 '꿈'으로 분류합니다. 따라서 이 6개월의 계획은 1번의 장기계획과 1번의 꿈으로 구성되어 있었습니다.

계획과 꿈의 차이는 '선명도'입니다. 계획은 최대한 선명하게 만들어 그대로 실현할 것을 목표로 한다면 꿈은 약간은 불투명하고 불확실한 상태로 윤곽만 잡힌 것을 의미합니다. 도른자의 6개월 이륙 프로세스를 먼저 함께 보겠습니다.

전제) 비전을 설정한다.

1) 정체성을 확립한다.

2) 마인드 셋을 포함해서 준비물을 갖춘다.

3) 전술을 결정한다.

4) 전술에 따른 실행 계획을 확립하고 마일스톤을 결정한다.

5) 데일리 실행 계획 및 실행

6) 기록하고 회고한다.

비전 설정을 제외하면 총 6단계로 구성된 프로세스가 한 사이클이었습니다. 6개월의 이륙 계획은 3개월 단위로 총 2번의 사이클로 구성되어 있습니다. 이 6단계 과정을 2번 반복한다는 것입니다.

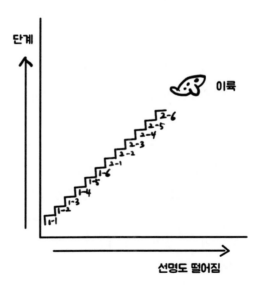

그림 19　계획 설계 프로세스. 가로축은 선명도, 세로축은 단계

계획을 세우는 시점을 기준으로 보면 이 6단계는 뒤로 갈수록 선명도가 떨어집니다. 1 사이클의 6단계보다 2 사이클의 1단계는 선명도가 떨어집니다. 조금 더 불확실하다는 의미입니다. 대신 유동성은 단계가 높아질수록 커집니다. 쉽게 말씀드리자면, 시작 시점에서 보았을 때 뒷순위의 계단일수록 덜 선명하지만, 더 자유롭게 변경이 가능한 특징을 가지고 있습니다. 1-1은 1-2보다 더 선명하지만, 자유도는 낮습니다. 우리의 선택지는 단계를 밟아갈수록 줄어든다는 의미입니다.

이게 왜 중요할까요?

실제 비행기가 비행하는 과정을 상상해보겠습니다. 비행기를 출발시킬 때는 동쪽으로 출발하든, 서쪽으로 출발하든 목표 지역에 도달하는 시간에 큰 영향을 미치지 않습니다. 즉 출발할 때 어떤 방향으로 출발했든, 곧 경로를 수정하면 목적지까지 도달하는 데 걸리는 시간상 거의 차이가 발생하지 않습니다.

하지만 목적지에 다다를수록 길 하나 잘못 들어섰을 때 목적지까지의 소요시간에 미치는 영향은 커지게 마련이죠. 목적지 인근에서 반대 방향으로 날아가면 최종 소요시간은 늦어질 수밖에 없습니다. 따라서 낮은 단계일수록 높은 오차범위를 허락한다고 보아도 무방합니다. 이러한 전략을 통해 우리는 최초 선택과 결정의 비용을 최소화할 수 있습니다.

그러면 이런 궁금증이 생기실 것 같아요. 먼저 전체 단계에 대한 계획을 작성하고, 실행을 시작해야 하는가? 하는 질문이죠. 저의 경우에는 전체 단계(2-6까지)에 대해서는 키워드만 먼저 적어두고 그때그때 당면과제가 된 상황에서 '문장'으로 변경시켰습니다.

예를 들어볼게요.

단계	초안 키워드	최종안
1-1) 정체성 확립	영향력	북스타그램 씬에서 영향력 있는 인물이다.
1-2) 마인드 셋	정상적 목표, 비정상적 달성	통상적인 테크트리를 따르지 않고, 먼저 제안한다. 알고리즘에 의한 성장을 거부하고 교류를 통해서만 팔로워를 확보한다.
1-3) 전략	인스타그램 인지도	독특한 콘텐츠와 소통방식으로 인스타그램에서 인지도와 브랜딩을 획득한다.
1-4) 전술/실행 계획/마일스톤	게시물, 콜라보, 소통	월 20건 콘텐츠 생산, 월 2회 이상 콜라보 진행, 월 150회 이상 DM을 통한 소통(요약된 실행 계획)
1-5) 데일리 실행	1일 1 포스팅, 친한 사람 10명 깊은 대화	O, X로 일간 목표를 체크한다.
1-6) 회고	팔로워 수, 댓글 수, 주요 대화	스프레드시트로 팔로워 수, 댓글 수, 주요 대화를 기록한다. 표로 기울기를 점검한다.
2-1) 정체성 확립	영향력 발휘	보유한 영향력을 기반으로 팔로워에게 행동을 유도할 수 있는 사람이다.
2-2) 마인드 셋	시도, 제안	출판사, 콜라보 대상, 팔로워에게 지속해서 행동을 요청한다.
2-3) 전략	팀 빌딩, 책 출간	팀 피치트리를 구성하고 가치를 제공한다. 도른자의 생존법 책을 출간한다.
2-4) 전술/실행 계획/마일스톤	11월 말일까지 원고 완료, 팀 세팅	11월 말일까지 원고 완료, 12월 2번째 주까지 교정을 거친 후 투고한다. 도서 마케팅 전문 크루인 피치트리 멤버 10명을 모집해 단톡방을 개설하고 계속해서 과제를 제공한다.
2-5) 데일리 실행	하루 1꼭지 글, 마케팅 계획, 팀 운용	하루에 한 꼭지의 글을 쓴다. 마케팅 계획을 '충분하다.'라고 생각될 때까지 정교화한다. 팀을 통해 이벤트 아이디어를 수렴하고 마케팅 활동을 직접 수행해본다.
2-6) 회고	콜라보, 서평 모집사례, 쓴 글 양, 피드백	콜라보 횟수를 스프레드시트에 추가. 다이어리에 서평 모집 진행 사례에 대한 평가 반성. 하루에 쓴 꼭지의 수도 스프레드시트에 추가한다.

어떠신가요? 초안은 런웨이가 시작하는 시점에 작성되었고, 최종안은 실제 해당하는 단계를 진행할 때 작성되었습니다. 단계 → 키워드 → 문장으로 구성되어 있습니다. 실제로 제가 작성한 최종안은 저 내용보다 더 긴 문장들로 구성되어 있습니다. 이렇게 기획하면 실제 실행 단계에서 핵심적인 요소인 키워드들을 빼놓지 않고 목표를 세울 수 있습니다.

큰 틀에서 보면 꿈 같은 비전을 세우고 그에 부합하는 6개월 계획을 잡는 과정이었습니다. 모든 단계가 다 필요한 단계들이지만, 특히 1-3, 1-4, 2-3, 2-4에 해당하는 전략과 전술 및 실행 단계 부분은 조금 더 구체적으로 살펴볼 필요가 있을 것 같습니다. 직관적으로 이걸 제 다음 6개월간 정체성 목표에 대한 전략 및 전술 예시로 보여드릴게요.

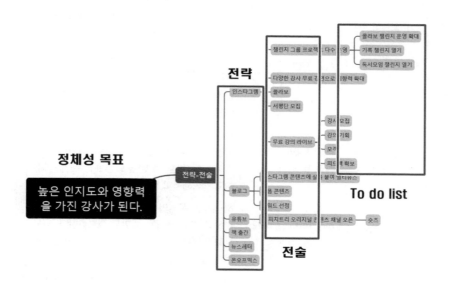

그림 20   전략 전술의 기획

자, 마인드맵을 이용해 큰 틀을 기획하였습니다. 중앙에 정체성 목표가 보이시죠? 아직은 '인지도'와 '영향력'이 핵심 요소에 해당하므로 인지도와 영향력, 강사라는 3가지 키워드를 중심으로 '높은 인지도와 영향력을 가진 강사가 된다.'라는 정체성 목표를 잡았습니다.

다음은 전략적 목표, 즉 어떤 수단을 쓸지를 결정했습니다. 제 경우는 전략적으로 인스타그램, 블로그, 유튜브, 책 출간, 뉴스레터, 온오프믹스라는 6가지 도구를 전략적 목표로 사용하기로 했습니다. 그리고 각각 전략에 대해서 그 옆 가지에 전술을 적고, 그 전술에는 전술별 To do list를 적어두었습니다.

가령 인스타그램이라는 전략을 사용하면서, 챌린지 프로젝트라는 전술을 사용할 때, 콜라보 챌린지를 운영 확대하고, 독서 기록 챌린지 개설하기, 독서 모임 챌린지 개설하기와 같은 대략적인 경로(To do list)를 도출할 수 있습니다. 이러한 경로를 '경로 목표'라고 지칭하겠습니다.

정리해볼게요.

1) 3개월간 달성할 정체성을 결정한다.
2) 이 정체성에 맞게 나의 태도 및 마인드를 결정한다.
3) 전략 수단을 결정한다.
4) 전술을 결정한다.
5) 3개월간 수행할 전략과 전술, 실행 계획 및 마일스톤을 결정한다.

이렇게 6개월간 2개의 정체성 목표와 몇 가지 경로 목표를 도출했다면 이 과정을 완수하신 것입니다. 장기 계획은 세밀하지 않습니다. 그냥 6개월 계획은 두 번의 정체성 변화를 위한 수단으로써 큰 길목들을 몇 가지 뽑아낸다는 생각으로 진행하시면 됩니다.

정리하자면, 1월에 이 작업을 시작한다는 전제에서 6월 말일에 되고 싶은 최종 정체성 목표를 적어두고, 3월 말일에 중간 정체성 목표를 적습니다. 그리고 그 사이 대략적인 경로 목표를 적어두시면 됩니다.

당신의 노트에 적혀 있어야 할 것
1) 6개월 최종 정체성 목표
2) 3개월 차 정체성 목표
3) 주요 경로 목표

여기까지 따라오셨다면 여러분은 이륙을 위한 대략적인 준비가 마무리되신 것입니다. 이제 여러분은 6개월 뒤에 넘어뜨릴 도미노를 위해 앞에 놓일 더 작은 도미노들을 일렬로 배열시킨 것입니다.

혹시 당신이 살면서 어떤 성공도 해 본 적 없다고 실망하고 계시는가요? 기억하세요. 당신은 실패해본 적도 없습니다. 골인 지점을 제대로 정해둔 적이 없으므로 성공도, 실패도 할 수 없는 사람으로 살아왔을 뿐입니다. 이것은 당신의 잘못이 아닙니다. 당신은 골대가 있어야 골을 넣을 수 있다는 것을 몰랐을 뿐입니다. 하지만 이 책을 읽고 나서도 목표가 없다면 그것은 명백히 당신의 잘못입니다.

당신을 위한 생존법 레슨 23.
목표를 마구잡이로 쓰고 계시는가요?

노파심이 듭니다. 목표를 아무 노트에나 마구잡이로 쓰고 계시는 것은 아닐 지요.

이렇게 마구잡이로 쓰게 되면 당신은 목표를 잊게 됩니다.

늘 가지고 다니는 노트나 핸드폰이 있다면 그곳에서도 가장 접근성이 좋은 곳에 이 목표들을 적어두십시오.

그리고 당신이 인스타그램을 열고 싶을 때, 게임을 하고 싶을 때, 술을 마시 고 싶을 때, 당신의 삶 중 당신이 무의식적으로 가장 자주 하는 어떤 행동을 하려고 할 때 이 목표를 열어보십시오. 그것만 하면 됩니다.

4. 단기적인 목표(1개월)

중요한 것은 목표를 이루는 것이 아니라
그 과정에서 무엇을 배우며 얼마나 성장하느냐이다.

- 앤드류 매튜스

이 책에서 말하는 단기 목표는 1개월 계획을 의미합니다. 단기 목표는 매월 월초에 작성합니다. 6개월 계획을 잡으면서 대략적인 경로를 도출했다면 여기서는 더 구체적인 실행 계획이 당신의 캘린더에 본격적으로 작성되어야 하는 시점입니다.

우리의 단기 목표는 앞선 '큰 돌 작은 돌' 실험에서 작은 돌쯤에 해당합니다. 모래는 주간 계획, 물은 일간계획이죠. 그러면 단기 목표(월간계획)은 어떻게 세우면 좋을까요?

드디어 여기부터는 숫자가 들어갑니다. 이제부터는 선명도를 높이고 자유도를 낮추는 과정을 거쳐야 합니다. 숫자는 매우 선명도가 높은 표현수단입니다. 앞선 글에서 나온 표의 1-4에서 저는 '게시물, 콜라보, 소통'이라는 키워드를 초안으로 잡아두었습니다. 이걸 문장으로 변경하는 것이 1단계입니다.

잠시 여담이긴 하지만, 저는 초기에도 그렇고 지금도 그렇고 '팔로워 수'를 목표로 세우지 않습니다. 팔로워 수가 달성목표가 되는 순간 저 스스로가 진정성 없는 팔로워를 만들려고 선택할 확률이 높아지기 때문입니다. 그리고 이 목표는 '영향력'이라는 정체성 키워드에 어긋납니다. 힘은 숫자가 아니라 밀도에서 나온다고 저는 믿기 때문이죠. 법률에는 상위법 우선의 원칙이라는 것이 있습니다. 규칙은 조례를, 조례는 명령을, 명령은 법률을, 법률은 헌법에 어긋날 수 없다는 우리 법의 대원칙입니다. 이러한 원칙을 우리의 목표설계에도 인용해야 합니다. 우리의 단기 목표는 장기목표를, 장기목표는 비전을 위반해서는 안 됩니다. 이러한 원칙에 따라서 키워드 형식의 목표를 문장형식으로 변경해보겠습니다.

여기서도 저의 사례를 기반으로 설명하겠습니다. 저는 1-4의 최종안에서 월 20건 콘텐츠 생산, 월 2회 이상 콜라보 진행, 월 150회 이상 DM을 통한 소통을 할 계획을 세웠습니다. 이 목표는 상위 단계인 전술에도 부합하죠. 저의 전술은 '독특한 콘텐츠와 소통방식으로 인스타그램에서 인지도와 브랜딩을 획득한다.'였습니다. 나의 관점이 들어간 콘텐츠를 만들기 위해서는 일정 시간의 '생각 시간'이 보장되어야 합니다. 인풋도 보장되어야 하죠. 그러한 관점에서 전혀 휴식 없이 콘텐츠를 매일 생산하는 것은 가능하지 않다고 판단했습니다. 또 독특한 포지션을 위해서는 독특하고 기억에 남는 소통방식을 사용해야 합니다. 사람들은 단체톡의 내용을 잘 기억하지 못합니다. 사람들은 개인화된 메시지에 더 친근감을 느끼고 오래 기억하죠. 따라서 저의 목표 기준은 'DM'을 통한 소통이었습니다.

정리해보죠. 단기 목표는
1) 전술과 부합하는 목표
2) 현실적이고 수치화된 목표

로 구성되어야 합니다.

이러한 요건을 갖추기 위해서 많이 이용되는 프레임워크는 SMART 목표 설정법입니다.

SMART 목표설정법이란 George T. Dora가 처음 제시한 것으로 이후 Robert S. Ruben 교수에 의해 본격화되었습니다. SMART 목표는 S(Specific : 구체적) M(Measurable : 측정 가능한) A(Achievable : 달성 가능한) R(Realistic : 현실적) T(Time-bounded : 기한이 있는)의 약어로 좋은 목표 를 설계하는 대원칙으로 많이 이용되고 있습니다.

예를 들자면 인스타그램에서 영향력을 얻는다는 추상적인 목표는 '비전'이 나 '전략' 규모에서는 어울릴지 몰라도 단기 목표에서는 아닙니다. 단기 목표 는 반드시 구체적이고 실현 가능하며 시간제한이 있어야 합니다.

이 SMART 목표설정법을 구현하기 위해서는 단계가 있습니다.

1) 장기목표에서 뽑은 키워드를 분석한다.
2) SMART 요소에 따라 각각의 문장으로 작성한다.
3) 이 문장을 합쳐서 하나의 목표 명제로 선언한다.

저의 사례에서 키워드는 뭐였죠? 맞습니다. '게시물, 콜라보, 소통'입니다.
이 키워드는 철저하게 '전술'에서 추출된 것입니다.
이 중에서 게시물을 예로 들어보겠습니다.

S : 방문자들이 '반응하기' 좋은 게시물 20건을 만든다는 목표는 구체적이다.

저는 자신의 이야기를 남기기 좋은 게시물의 조건에 대한 나름의 기준이 있으므로 이것이 구체적이라고 판단할 수 있었습니다. 그 기준은 인스타그램 게시물 인사이트에서 '노출 수'와 '게시물 반응 수'가 얼마나 비슷한지로 결정합니다. 노출수가 532이고 게시물 반응수가 416이면 반응률은 약 78%입니다. 이 반응률이 60%를 넘으면 저는 '좋은 게시물'로 판단합니다.

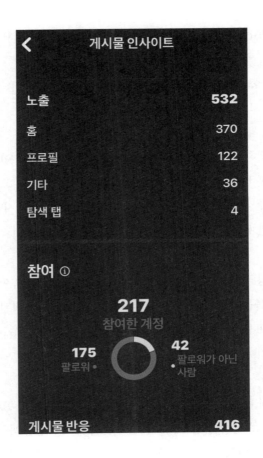

그림 21 게시물 인사이트(인스타그램 캡처)

M : '좋은 게시물' 20건이라는 목표는 수치화된 목표로서 측정할 수 있다.

A : '좋은 게시물' 20건이라는 목표는 혹여 반응률이 낮은 콘텐츠를 올리더라도 추가 콘텐츠를 올릴 충분한 시간이 있으므로 실현할 수 있다.

R : 현재 나의 계정 반응률 평균을 고려하면 이 목표는 현실적인 수치다.

T : 월간 목표이므로 말일 기준으로 평가할 수 있는 '시간제한 있는 목표'다.

이렇게 SMART의 기준으로 목표를 진술한 후 이걸 다시 하나의 문장으로 정리합니다.

이번 달의 목표는 '반응률이 60% 이상인 좋은 게시물 20개를 생산한다.' 입니다.

목표를 계획하는 데 너무 오랜 시간이 드는 것 같다고요? 아니요. 당신이 실행에만 너무 많은 시간을 쓰고 있었을 뿐입니다. 구체적이고 정확한 목표는 실행 시간을 줄여주고 효율을 높여줍니다. 다시 말씀드리지만, 당신이 성공하지 못했던 유일한 이유는 '명확한 골대가 없어서'였습니다.

거칠게 작성되었던 6개월 장기 계획과 비교해 어떠신가요? 이제 점점 우리의 계획이 틀을 잡아가는 것 같지 않나요? 이렇게 재구조화된 월간 목표를 기초로 이 목표를 달성하기 위해 해야 하는 세부 단계들이 To do list로 만들어져서 '초단기' 목표가 되는 것입니다.

To do list에 대해서 잠시 이야기를 하겠습니다. 많은 분이 To do list를 목표관리의 도구로 생각합니다. 하지만 대부분의 To do list는 목표관리가 아니라 할 일 관리 수단입니다. 왜일까요? 당신이 To do list에 '할 일'들을 적기 때문입니다. 아니, To do list에 할 일이 아닌 걸 적는 방법이 있느냐고요? 그냥 내가 할 일을 적는 게 To do list가 아니라는 겁니다. To do list에 할 일을 적으면 그냥 할 일을 한 사람이 됩니다. 하지만 위에서 말씀드린 것과 같이 목표를 세우고 목표를 위해 할 일 리스트를 만들면 전혀 다른 결과가 나옵니다. 이것은 가설이나 이론 같은 것도 아니고, 논리적인 인과관계에 가깝습니다.

안도른자의 To do list 사용법	도른자의 To do list 사용법
■ 충전 케이블 사기 ■ 독서 모임 참가하기 ■ 하루에 하나 인스타그램 콘텐츠 올리기 ■ 냉장고에 야채가 남아 있는지 확인하기	■ 반응률 60% 이상 콘텐츠 하루 한 건 올리기 ■ 인지도가 높은 ○○크리에이터에게 콜라보 콘텐츠 제안하기
결과 : 그냥 할 일을 한 사람	결과 : 목표에 다가선 사람

우리의 To do list에는 목표에서 추출된 할 일들만 포함되어야 합니다. 그 외에 잊지 않기 위해 작성되는 할 일 목록은 별도의 수첩을 활용하셔야 합니다. 반드시 이 둘을 구분하고 목표 To do list에 가중치를 두어 일을 해 나가야 합니다. 저의 경우에는 할 일들이 생각나면 구분하지 않고 마구 적어두었다가 이후에 목표를 위한 To do list에 따로 옮겨 적는 편입니다. 중요한 것은 우리 목표만을 위한 To do list가 따로 있어야 한다는 점입니다.

당신을 위한 생존법 레슨 24.
전술에서 키워드를 추출하는 방법

혹시 '분석'이라는 단어를 아시나요? 놀린다고 생각하지 마세요. 의외로 많은 분이 분석이 진정으로 어떤 의미인지 모르고 살아갑니다. 분석(分析)이란 나눌 분과 가를 석을 쓰는 글자입니다. 분석은 나누고 종류별로 분류해서 해석한다는 의미가 있는 말이죠.

전술에서 키워드를 도출하기가 어려운 분이라면 나의 전술적 목표를 분석해 볼 필요가 있습니다.

제 경우 전술적 목표는 다음과 같은 진술문으로 구성되어 있습니다.

"독특한 콘텐츠와 소통방식으로 인스타그램에서 인지도와 브랜딩을 획득한다."

이 진술문은 몇 가지 구성 요소를 가지고 있어요.
우선 독특한 콘텐츠, 독특한 소통방식, 인스타그램, 인지도, 브랜딩.

총 5가지의 구성 요소를 갖추고 있죠. 일단 나누는 데 성공했습니다. 이제 섞어보죠.

인스타그램에서 독특한 콘텐츠는 뭘까? 인스타그램에서 독특한 소통방식은 뭘까? 인지도를 높이기 위한 콘텐츠는 뭘까? 인지도를 높이는 소통방식은 뭘까? 브랜딩을 위한 콘텐츠는 뭘까? 브랜딩을 위한 소통방식은 뭘까?

6가지 질문이 되었네요. 이제 독서나 검색을 이용한 자료수집을 통해서 다시 키워드를 도출하고 최종적으로 1시간 이내에 달성할 수 있는 To do list를 만드는 과정을 거쳐야 합니다.

일은 언제 하냐고요? 이게 일이에요.

5. 초단기적 목표(소시지 먹기)

승리는 습관이다.
불행하게도 지는 것도 습관이다.

- 빈스 롬바르디

계획하는 데 너무 많은 시간을 사용하는 것이 아닐까 우려하시는 분들이 있습니다. "이봐, 인생은 그렇게 단순하지 않아. 계획대로 되지는 않는다고!" 라고 말하겠죠. 맞습니다. 당신이 아무리 정교하게 목표를 설계해도 그 계획이 맞아떨어지기는 어렵습니다. 또 평생을 이렇게 치열하게 목표를 세우며 살아가는 것도 가능하지 않습니다.

그래서 저는 여러분에게 딱 6개월만 이렇게 사시라고 말씀드리는 것입니다. 당신이 어느 분야에서 당신의 자리를 잡는 데까지 딱 6개월. 이 6개월은 물리학적으로 비유하면 일종의 마찰계수를 돌파하기 위한 노력의 과정입니다. 물체와 물체의 사이에는 마찰계수가 존재합니다. 이 마찰계수는 물체가 미끄러지지 않는 정도를 나타내는 수치죠. 예를 들면 자동차의 바퀴는 미끄러짐을 방지해야 하므로 최대한 마찰계수가 높게 설계되어 있습니다. 마찰계수가 높을수록 덜 미끄러지죠. 물체가 움직이기 직전까지는 물체와 접촉면 사이에서 정지 마찰력이 작용하기 때문에 많은 힘이 소요됩니다. 하지만 일단 움직이기 시작하면 정지 마찰력은 사라집니다. 따라서 우리는 6개월간 '비일상적인 노력'을 통해 움직이지 않던 당신의 삶을 움직이는 데 집중해야 합니다. 이 책에서 안내해 드린 모든 것들은 '도른' 방법입니다. 당신은 최고 속도로 다이어트를 할 때와 같은 방식으로 계속해서 살아갈 수도 없고, 그것이 건강한 방식도 아닙니다. 어느 시점을 돌파하면 유지어터로 정체성을 바꿔야 하죠. 지금은 '감량기'입니다.

초단기 목표, 그러니까 오늘의 목표는 완벽하게 달성할 수 있는 수준으로 작게 만들어야 합니다. 완벽한 하루를 보냈다는 만족감만큼 우리에게 큰 보상은 없으며, 그것이 우리가 6개월을 버틸 수 있게 해줄 겁니다. 마치 시험 기간에 시험 볼 과목들에 대해 '꽤 만족스러운 공부'를 하고 잠드는 날처럼요.

초단기 목표에는 크게 두 가지가 있습니다.

루틴과 이벤트죠.

루틴은 매일 정해진 시간에 정해진 양을 반복해야 하는 것들입니다. 반면에 이벤트는 일회성이죠. 루틴은 '10시부터 11시까지는 무슨 일이 있어도 책을 읽는다.'와 같은 계획이라면 이벤트는 11월 25일 오후 2시 출판사 미팅과 같은 '일정'을 의미합니다.

우선 루틴부터 이야기해봐야 할 것 같습니다. 최근에는 루틴이라는 개념이 보편화하여 많은 분이 이 개념을 알고 계시는 것 같습니다. 다음은 팀 페리스가 저술한 『타이탄의 도구들』에 제시된 성공한 사람들의 아침 루틴입니다.

> 1. 잠자리를 정리하라.(3분간)
> 2. 명상을 하라.(10~20분)
> 3. 한 동작을 5~10회 반복하라.(1분)
> 4. 차를 마셔라.(2~3분)
> 5. 아침 일기를 써라.(5~10분)

이처럼 그냥 아무 생각 없이 실행하는 하나의 시스템을 만드는 것을 루틴이라고 부릅니다. 저는 루틴을 '좋은 습관을 만들기 위한 의도적인 과정'이라고 생각합니다.

한 번만 이기려면 계획을 세우고, 계속해서 이기려면 시스템을 만들어야 합니다. 루틴이 있으면 다양한 장점이 있습니다.

1) 일상이 정돈되어 집중력과 생산성이 향상된다.
2) 정해진 시간에 정해진 루틴을 반복하는 것만으로도 일과의 중요 요소들을 모두 챙기게 되어 자동으로 목표에 접근할 수 있게 된다.
3) 지속 가능한 삶을 위한 필수적인 조건인 '습관'이 생긴다.

우리는 이 루틴이라는 도구를 우리의 런웨이를 위해서 활용할 계획입니다. 즉, 일상적인 루틴들 사이사이에 생존을 위한 준비물 항목에서 소개한 준비물을 단련하거나, 목표를 위한 활동을 하는 루틴을 끼워 넣어 별로 의식하지 않고도 목표를 향해 나아가는 하루를 구성할 것입니다.

자, 『타이탄의 도구들』에 나온 아침 루틴이 당신의 루틴이라고 가정하고 여기에 제 목표와 관련된 루틴을 끼워 넣어보겠습니다.

1. 잠자리를 정리하라.(3분간)
2. 명상을 하라.(10~20분)
3. 한 동작을 5~10회 반복하라.(1분)
4. 오늘 할 가장 중요한 일 3가지를 써본다.(3분)
5. 차를 마셔라.(2~3분)
6. 오늘 쓸 책 원고의 내용을 머릿속으로 상상하고 필요한 자료를 간단히 검색해본다.(5분)
7. 아침 일기를 써라.(5~10분)
8. 밤사이 새로 들어온 인스타그램 댓글들에 답글을 단다.(15분)

이렇게 목표와 관련된 활동 중 아주 사소한 행동들을 나의 루틴에 하나씩 추가해 나가는 과정을 통해 나중에는 루틴대로만 행동해도 하루 목표의 대부분이 성취되는 상태에 이르게 됩니다. 이 단계에 이르면 사실 하루 목표라고 하는 초단기 목표는 거의 불필요하며, 단순히 이벤트, 갑작스러운 상황만 대처하는 정도로도 완벽한 하루를 보낼 수 있습니다.

하지만 처음부터 루틴이 너무 많고 복잡하면 쉽게 지치기 때문에 최대 1주일에 2개 이상의 새 루틴을 추가하는 것은 권장하지 않습니다. 이를 습관 쌓기(해빗 스태킹 : Habit Stacking)라고 합니다. 습관을 쌓아가는 거죠. 이 루틴은 아주 사소하고 하찮은 행동 수준으로 쪼개어진 목표 관련 활동들을 만들고 여러 시간에 나누어 배치하는 것이 중요합니다.

예를 들면 오전 7시 30분에 물 한 잔을 마시는 정도면 실패할 가능성이 거의 없는 수준이지요.

생존 루틴의 제1원칙 : 목표와 부합되는 활동일 것
생존 루틴의 제2원칙 : 실소가 나올 만큼 쉬운 목표로 쪼갤 것

제2원칙이 중요합니다. 예를 들면 저의 경우에는 책을 쓴다는 거대한 목표를 위한 루틴으로 아침 시간에 '한 문단을 쓴다.'라는 루틴을 세웠습니다. 원래는 한 줄이었습니다. 책 5페이지, 팔굽혀펴기 1번 같은 한숨이 나올 정도로 작은 루틴으로 시작해서 늘려가는 방식입니다.

최소 단위의 루틴을 만든다. → 매일 조금씩 루틴의 업무량을 늘려본다.

이게 다입니다. 초단기 목표는 쉬워야 합니다. 성공은 어렵다는 그릇된 확신이 성공을 정말로 어렵게 만드는 것입니다. 단기 목표일수록 쉬워야 합니다. 긴 목표일수록 달성하기 어려워야 하죠. 『네 안에 잠든 거인을 깨워라』의 저자 토니 로빈스는 강연에서 "우리는 우리가 1년 뒤에 할 수 있는 일을 과대평가하고, 10년, 20년 뒤에 할 수 있는 일을 과소평가하는 경향이 있다."라고 말합니다. 우리는 우리가 하루에 할 수 있는 일을 과대평가하고, 6개월 뒤에 해낼 수 있는 일을 과소평가하는 경향이 있습니다. 하루에 할 수 있는 일은 작고 가볍게, 6개월 뒤에 이룰 일은 크고 무겁게 받아들여야 합니다.

펜으로 오늘 인스타그램에 올릴 콘텐츠를 5분간 그려본다. 오늘 할 우스갯소리 한 가지를 떠올려본다. 뭐든 좋습니다. 당신의 전략과 장기, 중기 목표에 부합하는 아주 작은 것이라도 시작하고, 그것을 루틴에 담아야 합니다.

명심하세요. 당신의 하루는 하품이 나올 정도로 시시한 것들이 만들어냅니다. 물을 마신다. 계단 3개를 오른다. 책 1줄을 읽는다. 저녁 8시가 되면 운동화를 신는다. 같은 하품이 나올 만한 시시한 도전들이죠. 그리고 그 찻잔 속의 폭풍은, 곧 찻잔을 깨부수고 허리케인이 될 것입니다.

이러한 '작은 성공'들을 한 개씩 달성함으로써 큰 목표에 도달하는 전략을 철학자인 데카르트는 '소시지 먹기'라고 표현했습니다. 비엔나소시지 한 개는 한입 크기지만, 한입씩 먹다 보면 한 봉지를 먹어치우는 것도 금방이죠. 우리의 루틴은 소시지 먹기입니다. 한국식으로 표현할까요? 당신의 성공은 말입니다. '온돌바닥에서 귤 까먹기'입니다. 한 상자 금방이죠.

두 번째는 이벤트입니다. 이벤트는 다시 두 가지로 구분됩니다. 예상했던 이벤트와 예상치 못했던 이벤트죠. 예상한 이벤트에 대해서는 저는 더 할 말씀이 없습니다. 그저 일정대로 실행하시면 되죠. 하지만 문제는 예상치 못한 이벤트입니다.

예상치 못한 이벤트라는 것은 이런 것입니다. 갑자기 인스타그램 DM으로 협업 제안이 들어왔다거나, 갑작스럽게 무슨 장소에 초대받았다거나 하는 것들입니다.

실제로 저 역시 인스타그램 개설 초기에 제가 너무 궁금하다며 커피를 한 잔 살 테니 잠시 커피 챗을 해줄 수 있냐는 제안부터, 자신이 만든 독서 모임의 모임장을 부탁하는 경우까지 굉장히 다양한 제안들을 받았습니다.

이런 경우 저는 보통 '질문'을 합니다. 최대한 공손하게요.

"저에게 이런 제안을 하시게 된 이유가 궁금합니다. 혹시 여쭤봐도 괜찮으실까요?"

그 이유에 따라서 답변을 정할 거로 생각하지만 틀렸습니다.

이유는 저에게는 중요하지 않습니다. 그건 '그 사람의 이유'니까요.

이유를 묻는 이유는 마치 고객에게 '우리 제품을 구매하신 동기가 무엇인가요?'와 같은 것입니다. 왜 내가 매력이 있었는지를 설문하는 것입니다. 그래야 나중에 더 매력적인 나를 만들 수 있기 때문이죠.

제가 그 예상치 못한 이벤트에 참여 여부를 결정하는 기준은 현재 나의 상태입니다. 내가 아직 런웨이 초반이라면 될 수 있는 대로 다양한 종류의 이벤트를 경험하는 것이 중요합니다. 아직은 모든 것이 유동적인 단계이기 때문이지요.

하지만 우리가 런웨이의 중반부를 넘어서게 되면 갑작스러운 제안은 신중하게 검토해야 합니다. 만약 갑작스럽게 제안을 받았다면 당신이 생각해야할 한 가지 포인트는 그 일이 내가 얼마나 해보고 싶었던 일인가가 아니라 그 일이 내 목표에 얼마나 상관도가 높은가입니다.

그리고 제안은 보통 매우 급하게 이루어지기 때문에 평소에 내 목표를 확실히 머릿속에 담고 있다가 빠르게 답변을 주는 것이 좋습니다. 그래야 그 제안한 측과 다음에 다른 기회를 가질 수 있기 때문이죠. 지금 당장에는 제안을 받기 어렵지만, 당신이 이륙에 성공했을 때 그분과의 협업이 필요해질 거예요. 만일 DM으로 제안이 왔다면 슬며시 내 목표 노트를 열어보고 목표 로드맵 중 어느 지점에 이 점을 찍을 수 있을지 생각해보는 것도 좋습니다.

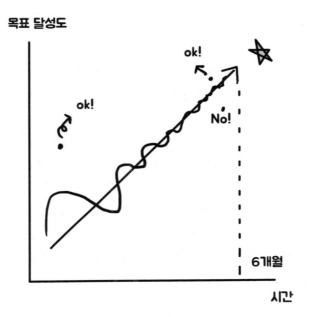

그림 22 목표 달성도가 낮을수록 큰 자유도를 인정

계획 단계에서는 뒤로 갈수록 자유도가 높아지지만, 실제 실행을 하는 단계에서는 목표에 다가갈수록 목표 지향적으로 행동해야 한다는 점을 기억해 두면 좋습니다. 시험공부를 계획할 때는 시험 마지막 날 보는 과목의 공부법에 대해 조금은 자유롭게 열어 둘 필요가 있지만, 막상 시험 전날에는 그 과목 점수에만 집중해야 한다는 말씀입니다.

당신을 위한 생존법 레슨 25.
당신을 위한 루틴 팁

루틴은 협상의 대상이 아닙니다. 그냥 그 시간에 그걸 하는 거죠. 루틴으로 하루의 중요한 대부분 시간을 채울 수 있다면 최선이겠지만, 우리의 삶은 변수로 가득 차 있습니다.

그래서 우발적인 이벤트들에 대한 대응 시간도 염두에 둬야 합니다.

당신이 DM이나 메시지를 확인하는 시간, 메일을 확인하는 시간, 전화를 받는 시간이나 안 받는 시간 등을 충분히 염두에 둬서 루틴을 하나씩 쌓아가는 것이 좋습니다.

그리고 루틴은 방해받지 않을 시간을 먼저 발견하고 그곳부터 채워나가야 합니다.

저녁 시간, 아침 이른 시간 등 내 삶에서 다른 방해요소가 가장 적은 시간, 가장 적은 요일이 언제인지 달력에 표시해보세요.

단순히 머리로 말고요. 갑자기 메일이 들어와서 시간을 빼앗겼나요? 그게 무슨 요일 몇 시였죠? 이렇게 일주일의 시간을 먼저 관찰하면서 루틴을 넣어도 아무 방해 없이 꾸준히 할 수 있는 시간을 찾아야 합니다.

그리고 루틴의 또 한 가지 중요한 점은 계속해서 업데이트해야 한다는 거예요. 루틴을 실행하면서 이 시간에는 이런 문제가 있다거나, 이 루틴이 내 목표에 큰 도움이 되지 않는다고 한다면 빠르게 루틴을 변경시켜 나의 루틴을 완성해 나가야 합니다.

6. 흙탕물을 먼저 뒤집어써라

이미 비에 홀딱 젖은 자는
비를 무서워하지 않는다.

- 도른자

대부분의 삶은 우발적인 변수들로 가득 차 있습니다. 어떤 계획을 세우든, 계획이 그대로 현실이 되는 것은 어렵습니다. 생존이라는 관점의 큰 목표와 계획이라면 그 변수는 더 많을 거예요. 그래서 우리는 '흙탕물을 뒤집어쓸' 각오를 먼저 계획해야 합니다.

혹시 단도투자라는 투자 용어를 아시나요? 단도투자란 잃을 확률이 낮고, 얻을 확률이 높은 곳에만 투자하는 투자 기법입니다. 그런 꿈의 투자 기법이 있다고요? 있습니다.

단도투자를 위한 여러 가지 원칙이 있지만, 제가 생각하는 하나의 원칙은 '변화하지 않는 것에 투자하는 것'입니다. 아마존의 창립자 제프 베저스 회장이 한 말이죠. "10년 후 어떤 변화가 있겠느냐는 질문을 많이 받는다. 구태의 연한 질문이다. 10년이 지나도 바뀌지 않을 게 무엇이냐는 질문은 왜 하지 않나. 이것이 더 중요한 문제인데 말이다."

예를 들어볼게요. 초기에 인도 사람들이 미국에 이민 와서 정착할 때의 이야기입니다. 이때 이들의 생존은 매우 큰 위협을 받는 상황임을 말하지 않아도 눈치챌 수 있죠. 당장 주거지가 문제였습니다. 이들은 모텔 사업을 했습니다.

모텔 사업은 우선 그들의 주거지를 확보하는 사업이었죠. 그들은 모텔의 일부 칸을 자신들의 숙소로 활용했습니다. 그리고 대가족 중심인 인도인들의 특성을 이용해 가족이 빨래, 계산대, 청소 등을 나누어 맡음으로써 고정비를 최소화하고 이윤율을 극대화할 수 있었습니다. 아무리 시대가 변해도 '잘 곳'은 계속해서 필요하고, 그건 소비자와 판매자 모두에게 통용됩니다. 변하지 않는 것이죠.

오늘날 인도인들은 미국 사회에서 큰 비중을 차지하며 자리를 잡았죠. 어떤 직업을 가지든, 거주할 곳이 있어야 한다는 사실은 변화하지 않습니다. 따라서 그들은 거주할 곳을 자산으로 만들기 위한 투자를 한 것입니다. 실패해도 잃을 것은 모텔을 매입한 비용 이상이 되지 않습니다. 반면에 수익의 상한선은 높은 편이죠.

자, 우리의 목표도 자리를 잡는 것입니다. 그래서 우리가 해야 할 것도 단도투자이죠. 우리는 단도투자 계획을 세워야 합니다. 우리의 계획들은 실패할 겁니다. 그럴 가능성이 얼마든지 열려 있다는 것입니다. 따라서 실패에 따르는 위험성이 최소가 되면서도 그 과정에서 이익이 발생할 수 있는 계획들을 세워야 합니다.

예를 들면 다른 인스타그램 인플루언서들과 협업 콘텐츠를 만든다는 계획을 세웠다고 가정합시다. 구체적으로는 이 목표를 통해 릴스의 조회 수를 5

만 명을 만드는 목표를 세웠습니다. 이 목표를 실행함으로써 우리는 실패해도 새로운 팔로워를 얻거나, 새로운 관점, 새로운 시도를 통한 경험을 얻습니다. 잃을 것은 그저 '목표 달성에 실패했다.'라는 우울한 기분뿐이죠.

이렇게 계획을 세울 때는 항상 계획을 통해 얻을 수 있는 것과 잃을 것들을 동시에 염두에 둬봐야 합니다. 초단기 목표를 세웠고 그것을 당신의 다이어리에 기록했다면 그 옆에 자그맣게 얻을 수 있는 것과 잃을 수 있는 것을 적어둡니다.

실패 이후의 계획을 잡으라는 것이 아닙니다. 우리의 기회 범위와 위험성 범위를 고려해 계획을 조금씩 조정하라는 의미입니다. 우리는 실패를 생각할 필요가 없습니다. 우리가 하는 것은 실패를 통해 최악의 상황에 잃을 수 있는 것까지 염두에 둔 계획을 처음부터 세우는 것이기 때문이죠.

우리가 흙탕물을 뒤집어쓸 각오를 하고 계획을 세우게 된다면, 우리는 흙탕물까지 고려한 계획을 세울 수 있습니다. 늘 자신의 목표와 계획을 살피고, 틈틈이 그 목표로 얻을 수 있는 것과 잃을 것을 적어두세요. 이것이 목표에 대한 열정을 강화해주기도 합니다.

구체적으로 단계를 정리해볼까요?

비전 설정 – 얻을 점, 잃을 점 – 장기목표 – 얻을 점, 잃을 점 – 중단기 목표 – 얻을 점, 잃을 점 – 초단기 목표 – 얻을 점, 잃을 점 – 초단기 목표 조정

이때 얻을 점과 잃을 점을 통해 계획을 수정하는 단계는 초단기 목표에 한

정합니다. 상위의 목표일수록 조금 달라질 때마다 틀어지는 초단기 목표가 커지므로 신중하게 수정해야 하죠. 따라서 상위의 목표들은 애초에 설계하는 과정에서 얻을 점과 잃을 점을 충분히 고려하고 더 낮은 단계의 목표를 설계하는 과정으로 넘어가시는 것이 효율적입니다. 기억하세요. 우리의 6개월 런웨이 중에서 우리가 실제로 변경할 수 있는 목표는 최대 중단기 목표(월간 목표)까지입니다.

장기목표(3~6개월 목표)까지 손을 대면 우리는 제때 날아오르지 못할 가능성이 생깁니다. 따라서 높은 수준의 목표 변경은 신중하게, 낮은 수준의 목표 변경은 빠르게 진행해야 합니다.

당신을 위한 생존법 레슨 26.
당신의 계획에 단도투자 요소를 포함하는 팁

아마도 당신은 목표에 '얻을 점', '잃을 점'을 넣는 것을 까먹을 겁니다. 특히 초단기 목표의 경우에 더 그렇죠. 제가 그랬거든요.

그래서 이 단도 투자적 관점에서의 목표 조정을 하는 시간을 당신의 루틴에 포함해야 합니다. 지하철을 타면, 화장실에 가면, 어디서, 어떤 상황이든 당신의 손가락이 자유로울 시간을 하나 정해두고 '목표의 득실을 써보기' 루틴을 추가해보세요.

7. 낚시는 자리 선점(정체성)

스스로를 어떻게 정의하는가가
스스로의 삶을 정의한다.

- 도른자

　인생의 난이도를 바꿔주는 쉽고 빠른 방법이 있습니다. 바로 '정체성'이죠. 예를 들어볼게요. '나는 직원 없이 스마트 스토어로 위탁판매를 하는 영세 사업자입니다.'라는 정체성을 가진 분이 있습니다. 그러면 그의 소득 상방 한계선이 비교적 명확해집니다.

　스스로 '영세 사업자'라고 정의했기 때문입니다. 만일 그가 커머스 사업을 하는 사업가라는 정체성을 가졌다면 그는 직원 고용을 포함해 더욱 넓은 범위에서 사유하고 공부하고 실행할 수 있습니다.

　동네에서 채소가게를 열었다고 가정하겠습니다. 만일 그가 동네 채소가게 사장님이라는 정체성을 가졌다면 그의 매출 및 순이익의 상방 한계선은 매우 뚜렷해집니다. 연간 순이익으로 5억 원을 달성하는 동네 채소가게 사장님은 흔치 않으니까요.

　"아닌데? 우리 동네 채소가게 사장님은 늘 손님이 줄을 서고, 5억은 우습게 벌 것 같은데?"

라고 항의하시는 분이 있을 수 있겠군요.

그렇다면 그 사장님을 잘 관찰해보세요. 그가 자기 자신을 '그저 그런 동네 채소가게 사장님' 정도로 생각하고 있는지 말이죠.

아마 아닐 겁니다. 그는 매년 5억 원의 순이익을 벌어들이는 사업가라고 자신의 정체성을 생각하고 있을 겁니다. 그가 그런 정체성을 가지고 있으므로 그에게는 보이는 겁니다. 5억 원의 순이익을 벌어들이는 사람이 좋은 채소를 확보하는 전략과 손님을 대하는 태도, 마케팅하는 방법이 말입니다.

우리는 어떤 일을 하면 결과적으로 그런 사람이 되어간다고 생각합니다. 이건 전형적인 안도른자의 세계관입니다. 우리는 먼저 그 사람이 되었다는 정체성을 가지고 일에 접근해야 합니다. 우리는 어떤 단계를 통해 순이익 연간 5억의 사장님이 되는 것이 아니라 순이익 연간 5억 원의 사장님처럼 행동함으로써 그런 사람이 될 수 있습니다.

	동네 사장님	순이익 5억의 사업가
서비스	그냥 우리 동네에서 괜찮은 수준	전국구 스케일의 서비스
품질	우리 동네에서 괜찮은 품질	'객관적'으로 좋은 품질
가치	오며 가며 쉽게 살 수 있는 채소	우리 가족의 건강까지 고려한 맛과 품질의 채소와 과일을 큐레이팅
가격	경쟁이 생길수록 낮춤	경쟁이 생길수록 차별화하며 높임
순이익률	경쟁이 생길수록 점점 낮아짐	경쟁이 생길수록 점점 높아짐
자아상	그냥 영업시간에 자리를 지키는 사장	최고의 야채 큐레이터이자 마케터
마케팅	매출이 떨어지면 전단지	고객 퍼널을 구축, CRM 등 모든 첨단 전략을 응용

모든 변화는 생각에서 시작됩니다. 그리고 그 생각이란, 나에 대한 생각에서 출발합니다. 나에 대한 생각이 바로 정체성입니다.

내가 반장이라는 생각이 아이를 솔선수범하게 합니다. 내가 주인이라는 생각이 손님을 대하는 태도를 바꿉니다. 따라서 우리는 나의 정체성을 가장 먼저 계획해야 합니다.

사실 우리는 이미 정체성을 앞선 글을 통해 먼저 계획해 두었습니다. 우리의 비전이 바로 우리의 정체성이죠. 앞선 장에서 『미치지 않고서야』를 저술한 미노와 고스케라는 인물에 관해 이야기했는데요. 그의 비전이 혹시 기억나시나요?

"비교 불가의 출판 편집자가 된다."

이 비교 불가의 출판 편집자가 그의 정체성입니다. 그는 이 비교 불가의 편집자라는 정체성에서 출발해 그의 계획들을 세웠을 겁니다. 도른자는 '6개 계열사를 이끄는 그룹의 총수가 된다.'가 목표였습니다. 그리고 이게 저의 최종 정체성이죠.

저는 그룹 총수의 관점에서 이 모든 일을 기획합니다. 제가 해야 하는 일은 '균형'을 맞추는 일이죠. 그리고 각각의 계열사가 일어서기 위한 성장전략과 계열사 간의 시너지 효과를 고려해야 합니다. 그리고 제 하루는 이 정체성을 기반으로 설계되었죠.

비전은 너무 커서 내 하루에 담을 수 없을 것 같나요? 물론 실제로 하루는 작게 쪼갠 목표들로 구성되어 있으므로 비전이 아무리 크더라도 내 정체성은 비전에 맞추는 것이 좋지만, 그것이 어렵다면 일단은 6개월 장기목표를 정체성으로 삼아도 좋습니다. 이렇게 항상 지금 당신의 정체성은 '현재의 실제 정체성'이 아니라 '목표한 정체성'이어야 합니다.

저는 책을 쓰는 도서 인플루언서로서 자리를 잡는 것이 6개월 이륙의 목표였습니다.

따라서 저의 당시 정체성은 '출간을 한 주목받는 도서 인플루언서'였죠. 이 정체성 설정 방법도 어렵나요? 더 쉬운 방법을 알려주겠습니다.

"○○라서 안 돼!"를 찾는 겁니다.

이 방법은 간다 마사노리가 저술한 『비상식적 성공법칙』이라는 책에 나온 사례에서 영감을 얻었습니다. 아까 이야기한 채소가게 사장님 관점에서 이야기해볼게요.

"요즘 우리 가게 주변에 대형 마트가 들어와서 가게 매출이 폭락했습니다. 여러 대책을 연구하고 있지만, 쉽지 않아요. 우리는 영세한 동네 채소가게니까요. 그리고 가격으로 대기업과 출혈 경쟁을 할 수는 없어요. 우리는 낮은 마진율을 버틸 수 없습니다. 우리의 채소는 좋은 품질을 가지고 있지만, 어차피 고객은 모를 거예요."

자, 채소가게 사장님이 ○○ 때문에 안 된다고 믿는 게 3가지가 나왔습니다.

1) 영세한 동네 채소가게
2) 마진율이 낮으면 안 된다.

3) 고객은 품질을 높여도 모른다.

이 3가지에서 내 정체성을 뽑아낼 수 있습니다.
볼까요? 나는 영세한 동네 채소가게가 아니고, 마진율도 높으며, 고객이 우리의 품질을 잘 알아주는 가게를 운영합니다. 그게 내 사업이죠.

이제 이게 나의 정체성입니다. 나는 전국구로 프리미엄 마진율의 채소를 판매하는 높은 마케팅 역량을 갖춘 사업가죠. 한 문장으로 정의해볼까요? 나는 지금 영향력 있는 식자재 유통 사업가가 된 겁니다. 이로써 우리의 판로는 온라인과 오프라인을 아우르고, 우리의 마케팅 전략은 고객 관계관리부터 퍼포먼스 마케팅을 아우릅니다. 정체성을 기획하기 어렵다면 '내가 안 되는 이유'부터 찾아보세요. 그리고 그 사람이 아닌 사람을 상상하세요. 그것이 당신의 정체성입니다.

어떤 방식으로 정체성 목표를 정했든, 우리의 현재 정체성을 목표한 정체성으로 바꾼 순간 놀라운 일이 시작됩니다. 우리는 놀랍게도 '그 사람'처럼 생각할 수 있게 되죠.

당신을 위한 생존법 레슨 27.
당신의 정체성

이번 장을 읽으면서는 거부감을 느끼는 분들이 많을 거 같아요.
아니, 당장 월세도 못 내는데 6개 계열사 회장의 정체성으로 일을 해보라고?
제정신이야?
맞습니다. 제정신이 아닙니다. 그리고 당신은 제정신으로 현재 이런 상태에
있습니다.

현재 상태에 나의 정체성마저 머무르고 있다면 나는 현재 상황을 벗어날 어
떤 희망도 남기지 못합니다. 왜 당신이 변하지 못하냐고요? 왜 퇴사를 할 수
없느냐고요? 당신 스스로가 지금 당신의 정체성을 받아들여 버렸기 때문입니
다. 이래서 안 되는 사람이 되기로 결정한 사람에게 변화가 가당키나 하나요?

그것이 방금 당신이 저에게 '제정신이 아니다.'라고 말한 것이죠. 이래서 안
된다면 이러지 않는 사람을 당신의 모습으로 상상하는 것 말입니다.

8. 먼저 팔 계획을 세워라

먼저 이기고, 그 후에 싸움을 구한다.

- 손자병법

당신의 계획에 아직 포함되지 않은 요소가 한 가지 있습니다. '팔 계획'이죠. 당신이 자리를 잡는다는 것은 당신의 지식이든, 가치든, 정보든, 물건이든 어떤 것이든 소비자에게 팔아야 합니다. 그리고 당연하겠지만 물건을 내놓는다고 팔리는 것은 아닙니다.

우리가 6개월 안에 자리를 잡는다는 것은 일정 수준의 소득을 확보할 수 있다는 것을 전제로 합니다. 당신이 직장을 유지한 채로 이 새로운 정체성을 찾아 모험을 떠난 것이든, 아니면 저처럼 사표부터 날리고 여행을 떠난 것이든 말입니다. 따라서 당신의 계획에는 반드시 '팔 계획'이 포함되어 있어야 합니다.

무엇인가를 판다는 것은 어떤 의미일까요? 상업의 역사부터 추적해보겠습니다. 상인(商人)이라는 말은 고대 중국의 상나라(소위 은나라라고도 부릅니다.)가 멸망하면서 상나라의 유민들이 세계 곳곳을 유랑하며 물건을 사고판 데서 유래한 말입니다. 상나라 사람이라는 뜻이죠. 그리고 이들 상나라 사람이 하는 일을 상업이라고 불렀습니다. 물론 상나라 사람 이전에도 상업은 존재했습니다. 물물교환의 형태였죠. 이들 상나라 사람들도 세계 곳곳에서 물물교환을 통해 교환 및 거래를 했을 겁니다. 물물교환의 기본은 '등가 교환'입니다. 즉, 같은 가치를 가졌다고 거래 당사자들이 믿는 어떤 것을 바꾸는 행위입니다.

이 상업의 본질은 여전히 변하지 않았습니다. 우리가 해야 하는 일은 '높은 가치'를 만들어서 그와 동등한 가치를 가졌다고 판단되는 화폐와 교환하는 행동입니다. 여기에 모든 것의 열쇠가 있죠.

'물건', '서비스'가 아닙니다. 가치입니다.
가치란 상대방이 당신에게 가지는 신뢰까지 포함되는 개념입니다. 같은 강의를 하더라도 더 신뢰 있는 당신이라면 더 높은 가격에. 같은 물건이라도 더 확실하고 신뢰로운 당신이라면 더 높은 가격에 교환할 수 있는 것이 '상업'의 기초라는 것입니다.

예시를 들어볼게요. 여기 네일샵을 운영하는 사업가가 있습니다. 그는 어떤 근거로 돈을 받을까요? 손톱에 색칠해준 시간에 대한 인건비로 돈을 받는 것 같은가요? 그렇다면 그는 자신의 시급을 영원히 높일 수 없습니다. 그는 이처럼 생각해야 합니다. '고객에게 준 행복감을 화폐 가치로 환산해 받는다.' 그렇게 생각할 수 있다면 그의 가치는 완전히 달라집니다. 더 높은 만족감과 행복감을 줄 방법을 찾으면 되니까요. 더 훌륭한 실력, 더 편안한 고객 응대 태도, 더 좋은 분위기, 고객이 행복해야 한다는 그의 신념. 이 모든 것이 계산서 이면에 포함되어 있다는 생각은 그를 진짜 사업가로 키워줍니다. 이것이 동네 육아 상담소의 원장님과 오은영 박사의 몸값 차이를 만듭니다. 솔루션이나 상품의 차이가 아닙니다. 고객이 느끼는 '가치'의 차이죠.

저는 이 책을 통해 계속해서 6개월이라는 시간이 당신에게 필요하다고 주장했습니다. 이건 단기간 성공이 불가능하다는 뜻은 아닙니다. 다만 당신이 시간을 사용해서라도 '가치'를 올리는 과정을 겪어 볼 필요가 있다는 뜻입니다. 장장 6개월이나 당신을 다듬어야 하는 이유는 당신이 추구해야 할 것이 바로 어떠한 형태이든 '상업'이며, 이 상업은 '가치'의 등가 교환이기 때문입니다. 저 도른자가 퇴사를 하고 돌아앉아 독서부터 시작한 것 역시 '가치'를 높이기 위해서였습니다.

가치에는 모든 것이 포함됩니다. 당신의 브랜드, 당신의 마케팅, 당신의 글, 책, 사상, 사진, 소통. 당신이 쌓아둔 모든 것이 교환에서 가치로 계산됩니다. 단지 우리의 가격표에 그 항목들이 기록되어 있지 않았을 뿐입니다.

어느 날 어떤 여인이 파리의 카페에 앉은 피카소를 발견합니다. 그녀는 기쁜 마음에 피카소에게 달려가 그녀 자신을 그려달라고 요청하죠. 적절한 대가를 지급하겠다면서요.

피카소는 몇 분 만에 그녀를 스케치한 후 50만 프랑(약 8,000만 원)을 요구하죠. 그녀는 놀라서 항의합니다.

"아니. 겨우 몇 분 만에 그리신 것 아닙니까?"

피카소는 웃으며 답합니다.

"아니요. 나는 당신을 그리는 실력을 얻기까지 장장 40년의 세월이 걸렸소."

물론 이건 예술가의 말이지만, 이것 역시 상업적 세계관에 포함된 말이라고 생각합니다. 상나라 사람들은 A 국의 어떤 물건을 10의 가치에 해당하는 어떤 것과 교환한 후 이걸 들고 수천 킬로미터 떨어진 B 국에 가서 100의 가치가 있는 물건과 바꾼 것입니다. 여기에는 이들의 노동력과 시간, 모든 비용이 청구되어 있습니다.

이것이 상업의 본질입니다. 상업이 뭐라고요? 가치의 교환이며, 우리가 할 일은 높은 가치를 만드는 것뿐이라는 것입니다.

우리는 많은 돈을 버는 유튜버를 보면서 부러워합니다. 불과 몇 시간 일하는 것만으로 수천만 원에서 수백억에 이르는 돈을 벌어들이는 것처럼 보이니까요. 하지만 아닙니다. 그들은 그들 스스로가 만들어낸 어떤 가치를 화폐로 등가 교환한 것뿐입니다.

따라서 당신의 계획에는 반드시 이 팔 계획이 포함되어 있어야 하며, 그 계획이란 '가치'를 세우는 계획을 의미합니다. 당신이 청구서에 넣을 항목들을 당신이 만들라는 이야기입니다.

이 책이 19,000원이라고 가정하겠습니다. 출판사가 부담하는 제조 비용 및 인건비 등 제반 비용이 있을 겁니다. 그리고 저의 지식이나 정보, 인사이트는 물론이고 글을 쓴 시간에 대한 비용과 마케팅을 위해 한 노력, 그 시간에 대한 기회비용까지 모두 포함되어 있습니다. 시장이 합리적이든, 합리적이지 않든 소비자는 자신이 이해할 수 있는 비용만 냅니다.

당신이 3만 원짜리 물건이나 지식 서비스를 판매한다면, 당신은 3만 원에 필적하는 가치를 제공하거나 심지어는 3만 원 이상의 가치를 제공해야 합니다. 그리고 이 거래에서 소비자가 얻은 이익이 지급한 비용에 비해서 크다고 생각하면 할수록 재구매는 물론 소비자를 통한 입소문도 활발해지게 되죠. 우리가 떡볶이집에서 떡볶이 1인분을 시키고 그에 상응하는 비용을 지급했는데 맛있는 떡볶이는 물론 튀김 2개까지 서비스로 넣어주었다면, 우리는 그 가게를 친구에게도 소개하거나 최소한 다시 이용하려고 하는 것처럼요.

바꾸어 이야기하면 당신이 1만 원짜리로 느껴지는 제품이나 지식상품을 만들어서 1만 원에 팔면서, 추가로 어떤 가치를 더 제공할 수 있다면 '더 팔린다.'라는 것입니다. 그러면 우리의 계획은 명확해집니다.

1만 원짜리 제품을 팔면서 2만 원의 가치를 소비자가 느끼게 하는 것. 만일 아이들 간식을 판매하는 어떤 셀러가 어린이집 선물로 사용할 수 있는 딱 좋은 가격대의 상품구성을 만들면서 부모들이 염려할 수 있는 모든 요소를 고민하고 그 검증 절차를 상세 페이지로 녹여내었다면 소비자는 이 '추가적인 이익'에 대해 더 많은 거래로 보답하게 됩니다. 이 거래가 등가 교환이 아닌 것 같은 불편한 느낌은 소비자가 추가적인 어떤 행동을 하게 합니다. 상업의 기본은 '등가 교환'이니까요. 상인이 이득인 것 같다면 거래를 중단하겠지만, 자신이 이득인 것 같다면 거래를 계속하고 거래량을 늘릴 겁니다.

최근 많이 이야기되고 있는 기버 마케팅도 같은 원칙에 따라서 작동합니다. 기버 마케팅은 기본적으로 철저히 계산된 퍼널 이론에 기반을 둔 마케팅입니다. 전문용어는 모르셔도 됩니다. 퍼널 이론은 잠시 후에 더 설명하겠습니다. 쉽게 이야기하면 고객을 우리 깔때기 안에 넣는다는 것이 이 퍼널 마케팅의 기초입니다. 우리 깔때기로 들어오게 하도록 '무료로' 무언가를 먼저 제공하는 것이 퍼널 마케팅에서 유래한 기버 마케팅이죠. 어렵죠? 그냥 그렇구나 하고 따라오셔도 됩니다.

목적은 단 한 가지. '등가 교환이 아닌 것처럼 느끼게 하는 것'입니다. 슈퍼마켓 사장님이 쌀과자 한 개를 쓱 봉지에 더 넣어준 것 같은 느낌. 등가 교환이 아닌 것 같은 찝찔한 느낌으로 다시 그 슈퍼를 이용하게 만드는 것입니다.

당신의 6개월 계획에는 최소한 3가지의 팔 계획이 포함되어 있어야 합니다.

1. 나와 나의 재화, 서비스에 대한 가치를 극대화하기 위한 성장 계획
2. 책정된 가치보다 큰 것을 받았다고 느끼도록 해줄 어떤 것(물질적이든, 정신적이든)
3. 당신과 당신의 상품 가치를 이해해줄 많은 '예비 소비자'에 대한 접근 및 신뢰 형성 전략

저의 사례를 함께 보시죠.

저는 구체적인 수익화 모델을 초기부터 기획했습니다.
앞선 장에서 말씀드렸듯 제가 비전 및 정체성으로 설정한 것은 '도서 인플루언서'였습니다. 출판 마케팅 및 서평단 운영 대행은 거의 수익화가 어려운 분야이며, 이와 관련해서 독서 모임 등을 운영하는 것 역시 '수익'이라는 결론만 놓고 생각했을 때는 부합하지 않았습니다.

수익화가 가능한 영역은
1) 광고

2) 챌린지 운영

3) 도서 출판

4) 강의 모델

이었습니다. 따라서 사업화를 위한 저의 전략은 다음과 같았습니다.

1) 광고를 위한 예비 고객에 대한 노출 수 및 참여율 증가

2) 챌린지 운영을 위한 명확한 정체성 제공

3) 도서 출판

4) 강의 및 강연을 위한 콘텐츠 빌딩

위의 사업화 단계는 놀랍게도 '퍼널' 마케팅의 구조에 따른 논리적 순서로 구성되어 있습니다.

그림 23   마케팅 퍼널

이 [그림 23]이 퍼널 구조입니다. 저는 이 마케팅 퍼널 이론의 단계에 기반을 두고 수익화 프로세스를 구축해 나갔습니다.

첫 번째 단계는 인지 단계입니다. 이 단계는 일반적으로 고객 유치 단계를 의미합니다. 저는 이 모객 단계를 매력 발산 단계로 정의합니다. 나와 나의 채널이 가진 매력을 어필해 내 고객들에게 나의 존재감을 드러내는 단계죠. 수익화의 관점에서 제가 광고를 수주하기 위해서는 소비자의 인지도를 확대할 필요성이 있었습니다. 이를 위해 인스타그램이라는 전술과 무료 도서 마케팅팀 모집이라고 하는 방법을 채택했습니다. 브랜딩을 희망하는 인스타그래머들이 많았기 때문에, 이들과의 적극적인 콜라보레이션 콘텐츠 생산 및 마케팅팀 모집이라는 방식으로 빠르게 인지도를 확대하고 광고 확보 전략을 구축했습니다.

두 번째 단계는 고려의 단계입니다. 이 단계는 일반적으로 고객에게 정보를 제공하는 단계를 의미합니다. 제품이나 서비스에 대해 정보를 제공하는 단계를 통해 고객은 구매에 더 가까워지는 단계라고 이해할 수 있습니다. 저는 제가 제공할 수 있는 서비스, 지식, 교육을 따라 할 수 있는 챌린지를 기획했고, 공동으로 이 일을 할 파트너를 찾아 공동 챌린지를 운영했습니다. 챌린지를 따라오는 과정에서 정해진 코스에 따라 제가 교육하고자 하는 내용이 일종의 커리큘럼이 될 수 있다는 정보를 소비자에게 적극적으로 제시했습니다.

세 번째 단계는 전환입니다. 상품으로 치면 구매가 발생하는 상태를 의미합니다. 그 결과물이 바로 이 책입니다. 애초에 저는 6개월 런웨이의 최종 목표지점을 이 출판으로 정해두었기 때문에 조금 송구한 말씀이지만 이 책을 여러분이 구매하신 상태에서 저는 전환에 성공한 것입니다.

마지막 네 번째 단계는 충성의 단계입니다. 저는 아직 이 단계를 달성하지 못했지만, 여기까지 보신 분들이라면 제 다음 목표가 강연임을 짐작하실 수 있을 것 같습니다. 한 가지 더, 퍼널의 단계가 아래로 내려갈수록 더 높은 수익률을 기대할 수 있는 사업임을 아실 수 있을 겁니다.

놀랍게도 인지, 고려, 전환, 충성은 각 기업이 비용을 지출하는 출혈 경쟁을 통해 고객을 확보하고 팬으로 만드는 과정입니다. 저는 이 '비용이 드는 과정'을 '돈을 버는 과정'으로 바꾼 것뿐입니다. 또한, 저는 단도투자를 염두에 두고 있었기 때문에, 인지, 고려의 단계에서 매출이 발생하지 않더라도 원래 목표했던 소비자의 확보, 상품의 설계 및 커리큘럼화, 책의 저술 및 유통이라고 하는 '진짜' 목표에는 문제가 없습니다. 시간을 제외한다면 비용을 들이지 않고 말이죠.

자, 여기서 앞선 이야기와 결합을 해볼까요? 앞에서 제가 '무료로 무엇인가를 제공한다.'라는 이야기를 했습니다. 그 과정을 통해 이 거래가 '등가 교환이 아닌 것처럼 느끼게' 만드는 것이 목표라고 했죠. 이 과정은 퍼널의 모든 단계에서 적용되는 원칙이지만, 일반적으로는 '나의 인지도를 높이는 데' 아주 효율적인 방법입니다.

저의 경우에는 콘텐츠 소재 제공 및 다양한 저자와의 협업 기회 제공이라는 방식으로 팔로워에게 '기대 이상'의 가치를 제공하고 있습니다. 그뿐만 아니라 이번 6개월의 최종 전환인 이 책의 출간에서도 저는 구매 인증한 모든 분에게 추가적인 가치를 제공하고 있습니다. 굿노트 서식 크리에이터인 윤희(@younheeq) 님과의 협업으로 이 책의 이론에 기초한 워크북 무료 PDF를 제공하는 방식으로 등가 교환의 균형점을 깨뜨리기 위해 노력했죠.

이번 편의 내용은 어렵습니다. 쉽다고 말씀드릴 수 없죠. 아주 천천히 반복해서 읽으시면서 내가 6개월간 얻고 싶은 정체성을 기반으로 어떤 수익화가 있을 수 있는지 단계별로 설계해보셔야 합니다.

당신의 수익화 로드맵이 나왔다면 그것을 당신의 장기, 중기, 단기 목표와 대조하면서 어느 시점에 이 수익화 목표들을 넣을지 충분히 고려해 넣기만 하면 됩니다. 사실 이 부분을 굉장히 어려워하시는 분들도 많습니다.

어떤 것을 수익화해야 하는지는 알겠는데, '언제' 수익화를 해야 하는지는 모르겠다는 분이죠. 사실 저도 이 부분은 조금 고민을 많이 했던 부분입니다. 결론적으로 내가 특정 모델을 수익화해서 운영할 수 있는 정확한 시점을 찾는 방법은 '무료로' 그것을 먼저 제공해봐야 알 수 있습니다.

만일 챌린지를 통해 수익화를 하고 싶다고 해보겠습니다. 그러면 정교하게 구성된 챌린지 모델을 개발하고, 이를 '무료'로 자신의 플랫폼에서 제공해 보는 겁니다. 그리고 이 무료 체험자들에게 피드백을 받습니다. 이 피드백은 다음 챌린지의 홍보에 활용합니다. 사람들이 모이기 시작하고 내가 해야 할 일이 'Give'의 범주를 넘어서고 있다는 느낌이 드는 순간. 여러분은 수익화를 시작할 수 있습니다.

책을 놓고 볼게요. 저는 저의 인스타를 통해 이 책에 쓰일 아이디어들을 올려왔습니다. 무료로 제공한 것입니다. 그리고 어느 순간 '책 쓰셔도 되겠네요.' '책 내야죠.'라는 이야기가 심심치 않게 들어오기 시작합니다. 물론 저는 이런 반응들이 나오기 이전에 먼저 책 쓰기를 고려하고 있었지만, 이러한 팔로워들의 반응들이 '책을 써서 유료화'라는 목적에 확신을 심어주게 됩니다.

언제 수익화를 해야 하는가? '세상이 그것을 원할 때'가 정답입니다. '내가 아무리 해도 사람들이 나에게 뭔가를 원하지 않던데!'라고 하시는 분도 있습니다. 당신이 아직 제대로 된 가치를 줘본 적이 없기 때문입니다. '강연을 할 수 있는 사람이구나, 책을 쓸 수 있는 사람이구나. 챌린지를 운영할 수 있는 사람이구나.'라는 생각을 심어줘야 합니다. 그러면 세상이 답할 겁니다. '돈을 내겠소.'라고 말이죠.

당신을 위한 생존법 레슨 28.
난 물건을 판다고요

수익화 전략에서 저의 사례를 강조하다 보니 지식 창업에만 국한된 전략이 아니냐고 말씀하실 수도 있습니다.

이 전략은 원래 '물건의 유통'에서 기원한 전략입니다. 이를테면 이건 원래 육상전의 전술이었다는 말입니다. 제가 말씀드린 것은 2가지입니다. 등가 교환의 등호를 깨뜨려라. 퍼널 이론에 따라 수익률을 고도화해라. 이 2가지 원칙이면 당신이 '자리를 잡는 정도'의 수익화는 충분히 가능하다는 말씀입니다. 더 많은 마케팅 전략, 더 고도화된 전략은 얼마든 있습니다만, 당신이 목표를 설계하는 과정에서 고려해야 하는 단계는 이 정도면 충분하다고 저는 믿고 있습니다.

9. 당신이 어떻게 보여야 하는지를 기획하라

눈에 띄어라. 관대하라. 예술을 창조하라.
스스로 판단하라. 사람들과 관계를 맺어라.
아이디어를 공유하라.
그러면 사람들은 보상하지 않을 수 없을 것이다.

- 세스 고딘

앞서서 우리는 '정체성'을 결정하는 방법을 배웠습니다. 그리고 이 장에 나올 내용은 '그런 정체성을 가진 사람이 어떻게 보여야 하는지'를 결정하는 과정입니다.

당신의 정체성을 만들었다면, 당신은 그 정체성을 다른 사람들도 알 수 있도록 보여줘야 합니다. 그것을 '브랜딩'이라고 합니다. 브랜딩에 대해서는 다양한 이론과 방법론이 있고, 브랜드를 구성하는 요소에 대해서도 어마어마하게 많은 책이 쏟아져 나오고 있습니다.

브랜드에 대한 수많은 이론은 옳으면서, 틀렸습니다. 쉽게 말해 '브랜드를 식별하게 하는 요소가 색깔, 네이밍, 카피라이팅 등이다'와 같은 정의는 브랜드와 브랜딩을 이론적으로 이해하고 쉽게 적용해보게 하기 위해서는 옳은 지적들이지만, 당신의 브랜드가 교과서에 나와 있는 모든 요소를 다 반영해야 함을 의미하는 것은 아니라는 이야기입니다.

개인 대 개인의 관계를 생각해보겠습니다. 우리가 어떤 선배를 알고 있습니다. 이 선배는 예전에 의류 판매장을 운영했었고, 패션 업계에서도 오래 근무해왔습니다. 또한, 본인도 패션에 관한 관심이 매우 높은 선배로 우리가 알고 있습니다.

우리가 새 옷을 선택할 때 '이 선배의 의견'이 중요하게 느껴질까요? 아닐까요?

당연히 중요하다고 느껴질 겁니다. 선배는 패션의 트렌드와 색채의 매칭에 관한 한 내가 아는 범위에서 '전문가'이기 때문입니다. 의류의 선택에 있어서 선배의 영향력은 여기에서 출발합니다. 만일 이 선배가 나뿐 아니라 많은 내 친구들의 의상 코디에도 영향력을 가지고 있고, 점점 입소문을 타고 있다면 이 선배는 이걸로 사업을 시작할 수 있겠죠. 이 선배는 직접적인 카피라이팅, 브랜드 컬러, 네이밍을 가지고 있지 않지만 이미 브랜드입니다.

브랜드는 우리를 식별하게 하는 요소입니다. 우리를 설득하는 과정을 쉽게 해주는 것이죠. 이 선배의 의견에 별도로 이유를 묻지 않아도 왠지 이 선배의 코디가 멋지게 느껴지거든요. 이 선배가 추구하는 단순한 스타일이나 옷에 대한 철학도 공감이 가는 것 같습니다. 이게 가장 거친 의미에서의 브랜딩입니다.

우리가 인스타그램 계정을 운영하든, 유튜브나 스마트 스토어를 운영하든 매우 정교한 수준의 브랜드 기획을 진행할 필요는 없습니다. 그런 것이 있다면 조금 더 나아 보일 수는 있겠지만, 그것이 전부는 아니라는 의미입니다.

저를 예시로 둘까요? 저는 브랜드를 구성하는 수 없이 많은 요소 중 3가지에만 집중했습니다.

1. 콘셉트
2. 컬러
3. 철학

저는 숟가락을 프로필 이미지로 사용하고 있습니다. '당신이 아는 최고의 숟가락'이라는 메인 카피라이팅과 'Purple makes you perfact'라는 서브 캐치프레이즈 이외에도 시그니쳐 시작 멘트와 마무리 멘트를 정해두었습니다.

"독서는 잡수셨습니까? 당신이 아는 최고의 숟가락. 도른자입니다."

"독서 챙겨 드십시오. 도른자였습니다."

라는 문구죠. 당신에게 책에서 얻은 지식과 정보를 쉽게 떠먹여 주는 숟가락이라는 콘셉트에서 기반을 둬서 시작한 문구입니다만 현재는 도른자를 기억하게 하는 시그니쳐 멘트로 알려지고 있습니다.

그림 24   필자의 SNS 프로필 캐릭터(인스타그램 계정 @chommu_toon 제작)

저의 모든 활동은 이 콘셉트, 일종의 세계관을 기초로 해서 나를 기억시키는 데 주안점을 두고 있습니다. 저는 팔로워에 집중하지 않습니다. 저를 진짜로 기억하는 사람의 수를 늘리는 데 집중할 뿐이죠. 그래서 저는 댓글을 달 때 2가지 요소를 항상 포함합니다.

1) 상대방의 필명
2) 상대방의 콘텐츠에 대해 내 콘셉트를 상기시킬 수 있는 댓글이나 반응

상대방의 필명을 언급하는 이유는 '내가 당신을 기억하고 있다.'라는 친근감의 표시이자, 상대방에게도 나를 기억해달라는 무언의 메시지입니다. 앞서서 말씀드렸죠. 등가 교환. 상대방과 나의 관계가 등가 교환이 아닌 것처럼 인식되면 상대는 일종의 고통을 느낍니다. 그래서 나를 기억하기 위해 노력하죠.

또 한 가지 중요한 사항은 어떻게 해서든 내 콘셉트를 각인시키는 댓글을 남기려고 한다는 것입니다. "오! 오늘도 좋은 인사이트 한 숟가락 잘 얻어먹고 갑니다." 같은 반응을 통해 상대는 나의 프로필 이미지를 한 번 더 보고, 필명을 한 번 다시 보면서 나를 기억합니다.

저는 당신이 당신이나 당신이 팔 제품의 정체성을 세상에 알리는 방식으로 성공하고 싶다면, 반드시 '기억된다.'라고 하는 원칙에 따라서 비즈니스를 운영하는 것을 먼저 배우시기를 권해드립니다.

처음부터 '릴스 떡상' 공식 같은 것에 눈이 가면 당장 숫자는 빠르게 느는 것 같지만, 사람들이 당신을 기억하게 하는 것은 점점 어려워집니다. 사람들은 비슷비슷한 콘텐츠를 만드는 크리에이터를 식별하지 못하기 때문이죠. 그

러면 상대는 내 댓글 창에 '좋은 글이네요.' 정도의 글만을 남긴 채 떠나갑니다. SNS를 운영해보면 어떤 느낌인지 아실 것 같습니다. 어떤 계정들은 딱히 댓글을 달 말이 없다는 것이죠. 이는 그가 '구분되지 못하고 있다.'라는 의미입니다. 그것이 물건이나 서비스라고 해도 결과는 마찬가지입니다. 따라서 당신의 계획에는 '독특한 당신의 세계관'을 세우고 그것을 효율적으로 전파하기 위한 전술을 만드는 것이 포함되어 있어야 합니다. 마치 소설의 케릭터를 만들 듯, 주인공인 나에게 사람들이 몰입할 수 있도록 주인공의 배경, 생각, 이야기들을 담아낼 그릇을 만들어야 합니다. 이는 상품이라도 마찬가지입니다. 우리가 만들어야 하는 것은 브랜드가 아니라 몰입하고 공감할만한 '케릭터'와 '세계관'입니다. 우리 제품이 해결해야 하는 문제는 '빌런'입니다. 우리가 고객의 이런 문제를 해결한다는 목표를 세웠다면 주인공과 빌런 모두를 매력적으로 만들어야 이 이야기가 팔립니다. 환경보호에 도움이 되는 제품을 개발했다면, 환경을 해치는 빌런들을 구체적이고 매력 있게 묘사해야 합니다. 그리고 그 콘셉트는 당신의 제품이나 브랜드 모든 곳에서 일관되게 나타나야 하죠. 이것이 바로 '식별 가능한 독특한 콘셉트'입니다.

저는 '물러설 수 없는 외벌이 가장'이라는 상황, 즉, '생존 문제'라는 빌런을 물리칠 슈퍼 영웅으로 '생존에 미친 도른자'를 만들어냈고, 그 외형으로서 가족의 생계를 책임지는 숟가락을 그려내었습니다. 그리고 이 세계관은 점점 저 구체화 되어가고 있죠.

또라이 → 또라이인데 퇴사자 → 또라이인데 퇴사자인데 외벌이 아빠 → 또라이인데 퇴사자인데 외벌이 아빠이면서 육아도 함 → 또라이인데 퇴사자인데 외벌이 아빠이면서 육아도 하는데 MBTI가 INFJ.

주인공의 배경에 대해 사람들이 이해할수록 그들은 주인공에게 몰입합니다. 콘셉트가 식별 가능하고 독특하기 때문입니다.

또한, 식별 가능한 독특한 콘셉트는 독특한 컬러를 기획하게 해줍니다. 또 그것이 당신의 철학을 우회적으로 보여줄 수 있죠. 저의 경우에는 컬러에 대해서는 문외한인지라, 제가 정의한 저의 콘셉트를 기반으로 챗 GPT에게 브랜딩을 위한 시그니처 컬러를 추천해달라고 요청했습니다. 그렇게 나온 컬러가 현재의 메인 컬러코드인 #833AB4(hex color Code)입니다. 애초에 GPT에게 Hex color code로 추천해달라고 요청해서 받은 여러 색 중 제가 고른 색이죠.

보라색은 고급을 상징합니다. 황제들의 색깔이며 미친 자들을 상징하기도 합니다. 황제가 되려면 미쳐야 하기 때문이죠. 그리고 그것이 도른자의 정체성입니다.

당신의 계획에도 반드시 이 브랜드에 대한 대략적인 기획이 포함되어 있어야 합니다. 실제로 소통하면서 조금씩 대화의 톤이나 어감이 바뀔 수는 있지만, 기조가 되는 콘셉트 등은 미리 세워두면 여러모로 도움이 됩니다. 그리고 이 모든 기획의 기초는 '나를 구분되게 한다.'라는 원칙에 따라야 합니다.

10. 회고까지 기획하라

우리는 경험으로부터 배우는 것이 아니라,
경험에 대한 회고로부터 배운다.

- 존 듀이

당신의 목표설계에 들어가야 할 마지막 중요 포인트가 있습니다. 바로 회고입니다. 회고란 돌이켜 생각해본다는 의미입니다. 내가 진행한 프로젝트들을 되돌아보면서 어떤 점이 좋았고 어떤 점이 나빴는지를 다시 생각해보는 것입니다.

우리는 회고를 왜 해야 할까요? 한번 이렇게 생각해보겠습니다. 회고라고 하면 거리감이 느껴지니까 편하게 일기로 연상해보겠습니다. 매일 일기를 쓰는 습관은 좋을까요? 나쁠까요? 대부분은 이 습관이 유익하다고 생각합니다. 왜 일기는 유익할까요? 나중에 추억을 되살리기 위해서? 물론 그렇습니다만, 일기를 사용하기에 따라서는 인생이 통째로 바뀌기도 합니다. 일기에 KPT를 넣는다면 말이죠.

KPT란 무엇일까요? Keep, Problem, Try의 약어입니다. Keep은 잘한 점입니다. 계속 유지할 것들을 의미하죠. Problem은 이 일을 수행하는 데 있어서 발생하는 문제점, 개선할 점, 불편한 점 등을 기록하는 것입니다. Try는 문제를 해결하기 위해서 뭘 해야 할지입니다. 시도해볼 만한 것들을 적어 보는 것입니다.

　자, 예시를 들어보겠습니다.
　도른자는 오늘 인스타그램을 통해 웹툰 작가와의 콜라보레이션 콘텐츠를 업로드했습니다. 콜라보 상대방과 나의 장점을 고려해 두 장점이 모두 부각될 수 있는 콘텐츠 형식을 개발하고 이를 통해 공동으로 게시되는 콘텐츠를 개발해 업로드한 것입니다.

　이 방법이 아주 효과가 좋았습니다. 좋아요도 평소보다 150% 이상 높게 형성되었고, 팔로워도 빠르게 늘었습니다.
　그래서 오늘 일기에 Keep으로 다양한 분야의 콘텐츠 제작자들과 협업을 지속하는 것을 적었네요. 그리고 Problem으로 콘텐츠 생산에 걸리는 시간이 너무 많이 걸렸다는 사실을 적었습니다. 마지막으로 Try에서 콘텐츠 제작자 2명이 각기 자신이 자신 있는 다른 부분을 맡아서 콘텐츠를 생산함으로써 콘텐츠 생산속도를 줄여봐야겠다고 적었습니다.

　이렇게 적은 일기와 '오늘은 비가 왔다. ○○님과 콜라보를 했다. 기분이 좋았다. 팔로워도 늘었다.'라고 적는 것에 비해 압도적인 성취를 달성할 수 있음은 굳이 설명해 드리지 않아도 알 것 같습니다. 그리고 이렇게 적으면 일기를 계속해서 다시 볼 수 있습니다. 기록은 세이브라고 했죠. 세이브 기능을 가장 효율적으로 활용할 수 있는 방법의 하나가 '회고 기록'인 것입니다.

　그러면 궁금하실 것 같습니다. 어떤 것들을 회고해야 하는가? 6개월 런웨이를 기준으로 해서 저는 3가지 영역으로 회고를 하고 있습니다.

1) 배움 : 해당 프로젝트와 관련해서 내가 배운 것(K), 몰라서 못 하는 일
   (P), 어떤 것을 배울지(T)를 기록합니다.
2) 관계 : 해당 프로젝트와 관련된 사람들과의 관계에 있어서 잘한 일이나
   제안한 사항들(K), 문제점이나 어려움, 갈등요소(P), 시도해볼 제안이나
   갈등의 해결방안(T)
3) 일 : 일을 진행하면서 계속 유지해볼 기조나 방법론(K), 불편했던 점이
   나 효율이 낮아 보이는 것들(P), 시도해볼 실험들(T)

저는 '업노트'라는 노트 앱을 통해 회고를 기록하는데요. 다음과 같은 서식
을 만들어두고, 매일 복사해서 기록하고 있습니다.

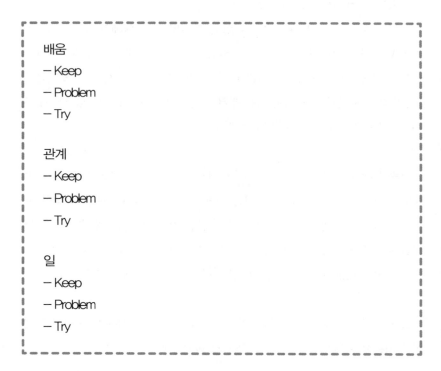

```
배움
– Keep
– Problem
– Try

관계
– Keep
– Problem
– Try

일
– Keep
– Problem
– Try
```

회고는 현재 도른자 런웨이 프로젝트에 대해서만 진행하고 있으므로 이 프로젝트에서 내가 배움, 관계, 일과 관련해서 잘한 점, 문제점, 시도해볼 점을 각각 기록하고 있는 것입니다. 우리는 문제점들을 기록해보거나 그에 대한 해결책이나 시도해볼 것들을 기록해보는 과정을 거치는 그것만으로도 계속해서 성장할 수 있습니다. 이 일은 계속해서 반복해야 하는 일이므로 당신의 루틴에 추가해 두시는 것이 좋습니다.

저처럼 디지털 노트 앱을 사용하셔도 되고, 공책을 하나 만드셔도 됩니다. 저는 따로 시간을 내어 각을 잡고 회고를 하기 어려운 성품이라 언제고(화장실에서도!) 내가 잘한 것 못한 것을 그때그때 기록할 수 있는 디지털 노트를 선호합니다. 즉, 저는 시간을 정해두고 이 일을 하지는 않습니다. 여러분은 정해진 시간에 회고하시는 것도 좋습니다.

기억하세요. 회고가 당신이 승리하게 합니다.

당신을 위한 생존법 레슨 29.
회고의 3가지 원칙

회고할 때 신경을 써야 하는 3가지 원칙이 있습니다.

1) 감정은 자제하라.
2) To do list를 도출하라.
3) 맥락까지 기록하라.

종종 회고하다 보면 '짜증이 났다.'라거나 '지쳤다.' 같이 감정을 기록하게 되는 경우가 있습니다. 회고의 목적은 나의 행동들에 대해 잘한 점은 유지하고 못한 점은 보완하며 나아갈 방향을 도출하는 데 있습니다. 따라서 회고는 기본적으로 '객관적'인 태도를 유지하기 위해 노력해야 하는 기록입니다.

이 일의 목적은 더 나은 To do list를 계속해서 도출해 내는 것입니다. 따라서 될 수 있는 대로 자세하게 해당하는 상황이나 맥락까지 기록해두면 시간이 흐르고 나서도 빠르게 문제의 본질을 파악할 수 있습니다.

4부

실행은 단순하게

CRAZY
SURVIVE

1. 심플하라

단순화하라, 단순화하라.

- 헨리 데이비드 소로

Think different.

광고에 크게 관심이 없는 분들도 이 카피 정도는 들어보셨을 것 같습니다. 애플을 떠났던 스티브 잡스가 돌아와 가장 먼저 진행한 광고입니다. 이 광고를 통해 잡스는 '예전의 애플'을 되찾습니다. 애플 부활의 신호탄이었죠. 책 『미친 듯이 심플』을 저술한 켄 시걸은 이 광고 프로모션을 기획하고 진행한 사람으로서, 잡스가 가장 신뢰하는 애플의 마케팅 파트너였습니다.

그는 이미 고인이 된 잡스에 대해 서문에서 이렇게 감사의 말을 전하고 있습니다.

"모든 것을 단순화한 잡스에게 고마움을 전한다."

사실 단순화는 쉬운 것이 아닙니다. 단순화를 위해서는 그 모든 '복잡함'을 견뎌내야 합니다.

잡스와 일해본 모든 이들이 말하듯, 단순함은 모든 것에 적은 리소스와 노력을 넣는다는 의미가 아닙니다. 잡스가 스스로 매킨토시의 출시 설명회에서 말한 것처럼 '미친 듯이 엄청난'(Insanely great) 것을 만들기 위해 집착한 심플이란, 소비자의 관점에서 '놀랍도록 단순한'을 의미하는 것이지 그 과정을 진행하는 애플 팀원의 관점에서 쉬움을 의미하지 않는다는 것입니다.

우리는 앞서서 계획을 세웠습니다. 이게 심플함과는 거리가 멀었다는 점은 아마 독자분들도 공감하셨을 겁니다. 우리는 왜 이렇게 복잡한 과정을 거쳤을까요? 단순화하기 위해서입니다. 아주 솔직히 말씀드릴까요? 공을 들여서 우리의 목표를 장기, 중기, 단기로 구분하고 세부적으로 상상했다면, 우리는 원래의 아이디어들을 지워도 됩니다. 정확히는 지운다기보다는 이걸 '요약해서 하나의 단순한 원칙으로 도출할 수 있다면 세세한 계획은 지워도 괜찮다는 것입니다.

우리의 여정은 이렇습니다. 6개월의 런웨이를 위한 최대한 많은 전략과 To do를 세우고, 경로를 최소화하기 위해 이것을 지우는 과정. '단순화'해서 실행하는 과정입니다.

당신이 해야 할 일은 아이러니하게도 앞서 세운 이정표에서 '불필요하다.'라고 생각되는 것들을 지우는 일입니다. 하나의 원칙을 세우고 말이죠. 성공을 위한 계획은 더하기가 아니라 빼기입니다. 우리의 목표에서 불필요한 것을 제거하는 과정이 '심플'입니다. 조각가는 돌을 보태어서 위대한 작품을 만드는 것이 아니라, 거대한 돌에서 불필요한 것을 제거해서 작품을 만듭니다. 우리라는 작품 역시 '불필요한 것을 제거'함으로써 달성할 수 있습니다. 당신은 거대하고 정교한 계획을 세우고 이걸 한 문장의 원칙으로 도출함으로써 원칙에 맞지 않는 모든 불필요한 일들을 제거할 수 있습니다. 이것이 도른자가 실행을 하는 방법입니다. 고려할 수 있는 것들을 고려해 계획을 세우고,

이 중 불필요한 일들을 지워나간 후 그 나머지를 실행하는 방식입니다.

티베트 불교 전통에서는 '만다라'라는 예술세계가 있습니다. 일반적으로는 기하학적인 패턴으로 그린 매우 정교한 형태를 '색 모래'로 그린 그림을 만다라라고 부릅니다. 승려들은 짧게는 수십 시간에서 길게는 수십 년 동안 이 그림을 그리고, 완성되는 즉시 만다라를 지워버립니다.

단 하나의 원칙, '가장 아름다워지는 순간이란 고작해야 과정에 지나지 않는다. 모든 것은 흩어지게 마련이고, 사라지게 마련이며, 부수어지게 마련이다. 모든 것은 공(空)이다.'라는 티베트 불교적 깨달음이라고 하는 하나의 원칙을 남기기 위해서 지우는 것이죠.

우리도 그렇습니다. 최대한 정교한 계획을 세우는 것은 우리의 아이디어를 남김없이 쏟아내기 위한 목적에 지나지 않습니다. 저는 To do list를 세우고 그 리스트를 자주 보라고 말씀드리지 않습니다.
저는 정체성을 세우고 정체성을 자주 보라고 말씀드릴 뿐입니다. 리스트는 경로일 뿐이며, 우리가 모두 알고 있듯이 경로의 수가 가장 적을 때 가장 빨리 목적지에 도착할 수 있습니다.

우리의 진정한 도착점은 '우리가 세운 정체성'이며, 이 정체성을 가지는 데 필요하지 않은 모든 경유지는 경유지 목록에서 지워야 합니다. 다시 말하죠. 목표는 경유지입니다. 결과가 아니라 단계라는 의미입니다. 정체성은 그 단계를 거치고 나서 얻어지는 진정한 결과죠. 따라서 과정인 목표는 상황에 따라 바뀔 수 있습니다. 하지만 결과가 바뀌면 곤란하죠. A 제품을 런칭한다는 목표는 바뀔 수 있지만, 기업가가 된다는 정체성은 바뀌지 않는다는 것입니다.

댄 히스 칩 히스 형제가 저술한 『스틱』이라는 책에는 재미있는 일화가 하나 나옵니다. 노스캐롤라이나주에 있는 '던'이라는 마을에는 기이한 신문사가 하나 있습니다. '데일리 레코드'라는 신문사죠. 이 신문사의 시장 점유율은 놀랍게도 112%입니다. 던 지역 거주 주민이 아닌 사람들도 이 신문을 구독하기 때문입니다.

이유가 뭘까요? 이 신문사는 '이름, 이름 그리고 또 이름'이라는 정체성을 고집하고 있기 때문입니다. 이들은 '옆 동네 핵폭탄보다 내 이름이 들어간 기사'가 강력한 구독 기준이라는 점을 간파하고, 최대한 많은 지역민의 이름이 거론되는 기사만을 적습니다.

신문에 내 이름이나 가족의 이름, 친구의 이름이 나왔다면 어떨까요? 당연히 사겠죠. 그리고 이 신문사의 기자들은 무엇을 할지 To do list를 사장이 말해주지 않아도 알고 있습니다.
당장 달려 나가서 지역민의 이름이 들어가는 기삿거리를 찾는 거죠. 반면에 이들은 주민들의 이름이 들어가지 않는 모든 이슈는 무시합니다. 가장 많은 주민들의 이름을 거론하는 언론사라는 정체성 목표에 부합하지 않기 때문입니다.

우리의 심플은 이렇습니다. 수많은 과정을 거쳐 내가 실제로 거치거나 거칠 수 있는 경로를 구축함으로써 '내 정체성'을 명확히 하는 것입니다. 심플한 한 문장의 정체성을 정하면, 그다음에 당신이 무엇을 해야 하는지는 당신 스스로가 알 것입니다.

쉽게 예시를 들어보겠습니다. 나는 한 달에 1권의 책 서평단을 모집하고 4

명의 크리에이터와 협업하며 월간 2회의 이벤트를 진행한다는 할 일 목록을 가지고 있습니다. 이걸 하나의 정체성 문장으로 요약하면 뭐가 될까요? "나는 참여율 높은 콘텐츠를 지속해서 생산하는 크리에이터이다." 정도면 어떨까요? 이 세 가지 할 일 목록의 진정한 목적은 '팔로워 참여'를 높이는 것이기 때문이죠. 이렇듯 할 일 목록들을 정리해서 하나의 문장으로 만들게 되면, 이 일을 해야 할지, 하지 말아야 할지에 대한 선택 기준이 명확해집니다.

도른자 같죠? 미친 듯이 다양한 요소를 고려해 신중하게 계획을 세워놓고서 고작 하는 일이 그 리스트를 지우는 일이라니요. 하지만, 실제로 해보면 이것이 얼마나 효과적인지 알 수 있으실 겁니다.

저는 인플루언서가 된다는 정체성 목표에 대해서 구체적으로 '당신이 아는 최고의 숟가락'이라는 원칙을 세웠습니다. 누군가에게 '최고'라는 것은 그 사람에게 많은 도움이 되고 있다는 것을 의미합니다. 실제로 제가 이런저런 방식으로 무언가를 알려드리거나 도움을 드리면 꼭 도움을 받으시는 분들이 하시는 이야기가 "역시! 내가 아는 최고의 숟가락이에요!"입니다. 저는 '최고의 숟가락'이라는 약간은 유머러스한 표현을 통해 '교만'이라는 인식에서 벗어나는 것도 기획했습니다. 최고의 마케터나 사업가라고 내 입으로 말한다면 교만이겠지만, 최고의 숟가락이라고 한다면 '그럴 수 있겠네!'라면서 미소 지을 수 있는 수준이니까요. 나머지는 최고의 숟가락이 할 법한 일을 하는 것뿐입니다.

심플이란, 이토록 어려운 일입니다.

2. 공포에 잡아먹히지 않는 법

인생이 끝날까 봐 두려워하지 마라.
당신의 인생이 시작조차 하지 않을 수 있음을 두려워하라.

- 그레이스 한센

당신이 목표를 세우고, 목표를 지우는 데까지 성공했다면 당신의 머릿속에는 수많은 아이디어가 떠오를 것입니다. 연 매출 30억 원의 사업가라는 정체성을 세웠고 그 모든 가능성까지 검토했다면 당연히 다음 단계에서 당신이 해야 할 일들이 계속해서 떠오르게 마련입니다.

그런데 말입니다. 실제로 당신은 쉽게 변하지 못합니다. 이유는 한 가지입니다. 시작하지 못해서이죠. 왜 우리는 위대한 계획과 정체성을 세우고도 실행에 옮기지 못할까요?

실패하면 어떡하지? 6개월을 쏟아부었는데 아무런 결과가 나오지 않으면 어떻게 하지? 하는 두려움이 당신을 지배하고 있기 때문입니다. 지금부터는 공포에 잡아먹히지 않는 방법을 알려드리겠습니다.

이때 당신이 해야 할 것은 2가지입니다.

1) 5초의 법칙

2) 새도복싱

무언가를 시작하는 단계에서 당신이 가지는 최고의 위험은 "당신이 너무 똑똑하다."라는 것입니다. 당신은 말입니다. 너무 똑똑해서 문제입니다.

인간은 왜 어둠을 두려워했을까요? 나에게 상대가 잘 보이지 않으면 상대방도 내가 잘 보이지 않을 텐데 말입니다. 인간이 빌어먹게 똑똑해서 그렇습니다. 저 어둠 안에 무언가 예상할 수도 없는 괴물체가 있다는 상상을 하고 있으니 어둠 속으로 걸어 들어갈 엄두가 나지 않는 것입니다.

우리가 만일 너무 똑똑해서 시작하지 못한다면, 우리는 우리의 '인간적이지 않은' 어떤 힘들을 이용해야 합니다. 개들이나 쥐들에게도 있는 힘을 이용하는 거죠. '조건반사' 말입니다.

5초의 법칙은 제가 실제로 활용해본 '조건화'의 법칙 중에서도 황당할 정도로 효과가 있었던 법칙입니다. 멜 로빈스가 저술한 『5초의 법칙』은 아주 단순한 방법으로 실행을 촉구합니다.

로켓이 출발하기 전처럼 마음속으로 5, 4, 3, 2, 1 하고 카운트다운을 하고, 카운트다운이 끝나면 그냥 실행하는 것입니다. 정말로 이것이 전부입니다. 우리가 정지한 상태에서 무언가를 실행하기 위해서는 마찰계수를 돌파하기 위한 어떤 에너지가 필요합니다. 이건 지극히 물리학적인 관점이죠. 그런데 애석하게도 우리는 그런 에너지를 스스로 부여하지도 않은 채 '마찰계수를 돌파해!', '당장 움직이라고!'라고 외쳐봐야 공허할 뿐입니다. 우리의 뇌에 '에

너지가 필요해.'라고 요구하는 과정이 바로 이 카운트다운입니다.

카운트다운이 끝나면 그냥 시작하는 것이라고 파블로프의 개처럼 우리 스스로 조건화하는 것은 '이성'이 우리의 시작을 가로막을 때 자신을 이겨 낼 수 있는 몇 안 되는 강력한 에너지입니다. 당신을 파블로프의 개처럼 조건화시켜서 '그냥 하게 하는 힘'이 바로 5초의 법칙입니다.

두 번째는 섀도복싱입니다. 혹시 섀도복싱이라는 말을 아시나요? 권투선수가 링에 오르기 전 머릿속의 상대와 결투를 벌이는 상상을 하면서 상상 속의 적의 움직임에 맞추어 훈련하는 과정을 섀도복싱이라고 합니다.

섀도복싱의 핵심은 '정해진 적'을 상상하고 그에 대적하는 나의 모습을 생생하게 몸으로 재현해보는 일종의 '예행연습'입니다. 우리가 공포에 잡아먹히는 여러 이유 중 강력한 동기 하나는 '우리가 실전에서 잘 못 하면 어떻게 하지?'라는 막연한 생각입니다.

링 위에 오르는 자가 자기를 믿지 못하는데 어떻게 적을 이기겠습니까? 우리는 우리가 해야 할 것들을 머릿속으로 계속해서 재현하고 그 장면에서 나타날 나의 표정까지 몸으로 재현해봐야 합니다.

예를 들어보죠. 나는 강사가 된다. 강의장에서 이런 첫인사를 한다. 웃는다. 웃긴다. 모든 과정을 예행연습 해보면 두려움이 사라집니다.

이 방법은 사실 권투에서만 이용되는 것은 아닙니다. 바둑이나 체스 같은 '승패를 업으로 삼는' 승부사들은 거의 대체로 이런 '그림자 결투' 방법을 통해 자신의 두려움을 없애고 자신감을 높입니다. 간혹 프로 바둑기사들이 혼자 흑돌과 백돌을 번갈아 두며 공부하는 장면을 보신 적 있을 겁니다. 이들은 '명확한 적'을 상상하면서 바둑을 둠으로써 자신의 승리에 대한 자신감을 높이는 연습을 하는 것입니다. 이것을 시각화라고 부를 수도 있고 다른 어떤 것으로 부를 수도 있습니다. 꿈을 끌어당긴다 이런 이야기를 하면 노이로제적으로 거부감을 느낄 수도 있습니다. 하지만 이는 실제로 작동하는 힘입니다. 이 과정에서 우리는 예상 가능한 위험 요소들을 파악하고, 심지어 승리한 후의 표정까지 연습할 수 있습니다.

모의고사의 역할을 부정하는 학습 전문가는 아무도 없습니다. 당신이 공포에 사로잡히지 않기 위해서는 조건반사적으로 시작하기. 즉, 무조건 시작하기. 전체 과정을 생생히 상상하기라는 모의고사와 같은 과정을 반복하는 것입니다. 언제까지요? 모든 새로운 도전이 '자연스러운 것'이라고 느껴질 때까지입니다. 무의식적으로 책상에 앉아 종이 울리면 언어영역부터 펼쳐서 모의고사를 시작하는 수험생처럼 말이죠.

당신을 위한 생존법 레슨 30.
모래시계 효과

예전에 다큐멘터리에서 국내 모 대기업 총수가 중요한 의사결정을 하고 나서 바로 모래시계를 뒤집어 모래가 다 떨어질 때까지 결정의 진행을 유예하는 모습을 본 적이 있습니다.

기업의 총수로서 빠르게 의사 결정해야 하는 상황에 너무 익숙해져서 모래시계를 통해 '잠시 멈춤'을 하는 모습이었습니다.

우리의 문제는 이 회장과 정반대입니다. 우리는 너무 느리게 결정하고, 너무 느리게 실행으로 옮깁니다. 따라서 우리는 최소한 5초의 법칙까지는 어렵더라도 '모래시계가 다 내려가면 시작한다'와 같은 구체적인 '시작의 기술'을 가지고 있어야 합니다. 혹시 육아하시는지 모르겠습니다. 저의 경우에는 아이에게 '치카치카를 몇 분 후에 시작할 거야.'와 같이 다음에 시작할 것들을 타이머로 설정해둡니다. 놀랍게도 놀이에 집중하던 아이도 타이머가 울리면 양치질을 시작합니다. 우리의 시작의 기술은 이렇게 직관적이고 쉬워야 합니다.

3. 생각하지 말고 당장 할 것

성공하는 사람들이 성공하는 이유는 아주 단순하다.

- 세스 고딘

당신이 당장 해야 할 것들은 많습니다. 당신이 하지 말아야 할 것들을 제외한 모든 것을 당장 시작해야 하죠. 하지만 만일 당신이 저에게 '지금 당장 뭘 해야 하나요?'라고 묻는다면 저는 아마 이렇게 답할 것입니다.

치밀하고 치열하게 계획을 세우십시오. 당신의 비전을 세우고, 그 비전을 달성하기 위해 당신이 할 수 있는 모든 전략을 세우고 공부해보십시오. 이 과정을 아무리 길어도 1주일 안에 끝내십시오. 그리고 그다음 주에는 그 모든 걸 요약해 하나의 '행동 원칙'을 도출하십시오. 그다음에는 제가 더 설명하지 않아도 당신이 방법을 찾을 것입니다. 예를 들어볼까요? 저는 첫 번째 정체성 목표로 북스타그램 씬에서 주목받는 사람이 되는 것이었습니다. 이를 위해 내가 해야 할 일과 계획들을 아주 상세하게 설정했죠. 그리고 이걸 모두 포괄해서 "참여를 유도하는 독특한 콘텐츠를 올린다."라는 원칙을 세웠습니다. 독특하다는 목표는 콜라보레이션 같이 형식의 차원에서도 독특할 수 있고, 메시지의 내용상 독특하다는 것을 의미하기도 합니다. 여하튼 이 원칙에 기초해서 더 독특하고 더 많은 참여를 유도할 수 있는 행동들을 찾아 수행할 수 있습니다. 이렇게 원칙이 정해지면 어떤 행동을 할 때 의사결정이 쉽고 빨라집니다. 다른 인스타그래머에게 DM을 보내는 것이 참여를 유도할까? Yes. 진행. 다시 말씀드리죠. 복잡한 계획을 세우는 것은 이 계획들을 포괄하는 원칙을 세우기 위해서이지, 그대로 하기 위해서가 아닙니다. 즉, 계획은 공부의 과정일 뿐입니다. 권투선수가 섀도복싱을 하는 이유는 그대로 움직이기 위해서가 아니라 무의식적으로 반응하기 위해서입니다.

정리할게요. 도른자로서 우리가 '정체성'을 얻기 위해 실행을 하는 단계는 아래와 같습니다.

1) 미친 듯이 정교한 계획을 세운다.
2) 불필요한 것들을 깎아내서 심플한 실행 계획을 세운다.
3) 꼭 필요한 것들로 이루어진 실행 계획에서 이 모두를 관통하는 하나의 원칙 문장을 세운다.
4) 꼭 필요한 일을 하면서 원칙에 따라 세부적인 것들은 빠르게 의사결정하고 실행한다.

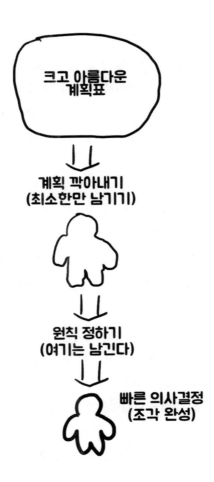

그림 25 계획 깎아내기와 원칙 세우기

다시 한번 말씀드리죠. 더하기가 아니라 빼기입니다. 모차르트는 말했습니다. "진짜 음악은 음표와 음표 사이, 그 여백에 있다." 음악이 멈추는 곳에서 음악은 시작됩니다. 우리는 음악을 만들기 위해 먼저 음표가 들어가지 않는 곳을 기획해야 합니다. 풍경화를 그리기 위해 풍경화의 여백부터 결정해야 합니다. 당신의 계획을 위해 그 계획에 포함되지 않아야 하는 것들부터 치워내야 합니다. 원칙에 부합되지 않는 모든 것들을 비워내는 것입니다. 그것이 우리가 말하는 '원칙'이고, 그것이 우리가 말하는 '루틴'입니다. 당신은 비행을 준비하고 있습니다. 조종 계기판에서 이륙에 필요하지 않은 모든 버튼을 잊어야 합니다. 바로 이 힘이 6개월 만에 우리가 무언가를 이룩할 수 있게 해주는 힘입니다.

당신은 당신의 목표를 위한 미친 듯이 단순한 계획표를 가지게 될 것입니다. 당신은 그 단순한 계획표에 따라 많은 것들을 루틴화함으로써 '생각하지 않고' 성취해 나갈 것이며, 두려움 없이 시작해 나갈 것입니다. 또 하나의 원칙에 의해 당신의 모든 행동은 빠르게 분류될 것입니다. 할 것인가? 말 것인가? 그뿐입니다.

따라서 당신이 당장에 해야 할 일은 단 한 가지. 단순한 6개월을 위한 복잡한 계획을 세울 것. 한 달에 한 번 정도만 당신이 '세이브'해둔 이 복잡한 계획을 훑어보면서 혹시 잊었던 아이디어가 없는지만 점검할 것뿐입니다.

기억하세요. 많은 계획을 세우고, 그 계획들을 꼼꼼히 검토해 목표에 불필요한 모든 경유지를 지워나가는 겁니다. 최대한 단순한 계획, 어떤 돌발 상황에서도 대처할 수 있는 중요한 원칙이 핵심입니다. 계획은 실행 중에도 계속해서 지워내야 합니다. 가령, 인스타그램 팔로워를 늘린다는 목표를 세우고, 매일 100개의 댓글을 남기겠다고 결심했다고 가정해보겠습니다. 물론 '종이 위'에서는 이 계획이 목표 달성을 위해 타당해 보입니다. 즉, 괜찮은 경유지처럼 보이죠. 하지만 실제로 내가 실행을 며칠 해보니 시간 소모가 심하고 그에 비하여 팔로우 성장세에 미치는 영향은 크지 않았다면 이런 계획은 정리

절차로 들어가야 합니다. 최대한 많은 계획을 세우는 것이 아니라 최소한의 실행 계획으로 목표를 달성하는 것을 지향해야 합니다.

불이 난 아파트에서 탈출하기 위해 단계를 많이 만들지 마세요.

당신을 위한 생존법 레슨 31.
이 책이 쓰인 과정

저는 이 책을 크게 4단계에 걸쳐서 작성했습니다.

1) 책의 콘셉트 잡기
2) 장르와 핵심 주제의 설정
3) 책의 뼈대 및 목차 기획
4) 책의 소제목 단위별로 들어갈 예시 및 논조까지 최대한 꼼꼼하게 기획

그리고 이 프로젝트 노트를 집어넣었습니다. 종종 메모를 추가할 때만 꺼내 보았을 뿐입니다. 정해진 뼈대를 기초로 그냥 마구 써 내려갔죠. 이 과정에서 뼈대도 많이 달라지고 내용도 거의 90% 이상 바뀌었습니다. 원고 작성은 2 주 정도가 걸렸습니다. 원고 기획에는 2주 이상이 걸렸죠. 눈치 채셨을지 모르겠습니다.

'이대로 할 것처럼 계획을 세우고'
'이대로는 하지 않는 것'
이 우리의 목표입니다.

이대로 하지도 않을 계획을 세우는 이유는 제가 이 책의 '정체성'을 명확하게 하기 위해서였습니다. 이대로 하지 않을 계획을 세우는 진짜 이유는 '하지 않을 것'을 명확하게 하기 위해서입니다. 계획을 세우는 것은 일의 구도를 잡기

위해서입니다. 그림을 그리듯 구도를 잡아두되 실행에서는 구도에 얽매이지 않아야 합니다.

왜 이런 미친 짓을 하냐고요? 당신의 '생생한 정체성'을 만들고 각인하기 위해서입니다. 당신이 어떤 일을 하는 사람이라는 강렬한 인식을 만들기 위해서입니다. 그래서 앞선 장에서는 이걸 지워야 한다는 이야기를 일언반구도 하지 않은 것입니다. 당신이 이대로 해야 한다고 믿도록 말이죠.

4. 날기 위해 멈출 것

용감한 자는 자기의 운명을 스스로 창조한다.

- 미겔 데 세르반테스

당신이 당장 멈춰야 할 것은 '솔루션 찾아 헤매기'입니다. 한 병원에서 받은 내 병명에 대해 다른 병원에 다시 가보는 것은 처음 병원을 믿지 않아서입니다. 내가 스스로 배우고 세운 솔루션을 믿지 못해서 6개월 내내 솔루션만 찾다가 끝내버릴 건가요? 당신이 당장 멈춰야 하는 것은 '이 일에 대해 모두 알고 시작하려는 태도'입니다. 분명한 주관과 계획을 세우는 과정에서 당신이 진짜로 배워야 할 것들은 비교적 명확해집니다. 정말로 배워야 할 것이 명확해지면 우리가 배우지 않아야 할 것들이 선명해집니다.

바로 이 배움 중독에서 벗어나기 위해서 6개월이라는 시간제한을 여러분에게 부여한 것이기도 합니다. 배우는 건 아무리 길어도 3일 이내에 끝내야 합니다. 뼈대만 배우면 되니까요. 나머지는 실행하면서 배워나가야 합니다. 그렇게 하기에도 6개월은 짧습니다.

죽어도 이 사람 강의는 들어야겠다면 말리지 않겠습니다. 당신에게는 제가 생각도 못 해본 이유가 있을지도 모르니까요. 하지만 그 사람의 모든 강의를 다

집중해서 듣겠다면, 그건 '런웨이에서 할 짓은 아니야.'라고 말하고 싶습니다.

지금 당신의 항공기가 이미 출발했고, 6개월 뒤에는 꼬꾸라질지 모르는데 '이륙법' 말고 어떤 항공기 조종 기술을 체계적으로 배우려고 한다는 것이 말이 안 됩니다. 왜요? 아예 조종사 자격증도 따시지 그래요? 당신이 현재 보유한 유일한 자산은 '시간'입니다.

당신의 목표보다 저렴한 어떤 것과도 당신의 시간을 맞바꾸지 마세요. 지금은 그런 시간입니다.

한 가지 더, 당신이 당장 멈춰야 하는 것이 있습니다. 바로 비교입니다. 저 사람이 나보다 늦게 시작한 것 같은데, 혹은 얼마의 수익이 나는 데까지 나는 왜 이렇게 오래 걸리지? 하는 초조한 마음입니다. 빠르게 수익화하는 것이 더 나은 인간을 의미하지 않습니다. 만일 당신이 '맞는 방향'으로 가고 있다면 그것이 당신의 최고 속도입니다. 속도, 숫자에 집착하지 마세요.

SNS를 통한 퍼스널 브랜딩을 예시로 들어볼게요. 다른 사람들은 유행하는 릴스 영상을 따라하면서 굉장히 빠르게 팔로워를 늘려가는 것 같습니다. 그래서 초조하고 급한 마음에 원래의 전략을 포기하고 요즘 유행한다는 방법을 따라 해보기 시작하죠. 당장은 그것이 더 효과적으로 보입니다. 그런데 당신의 목표는요? 목표로부터 멀어져도 괜찮은 건가요? SNS를 통해 사업을 하건, 스마트 스토어나 오프라인 매장을 운영한다고 해도 절대로 잊어서는 안 되는 것이 있습니다. 바로 '본질'이죠.

팔로워가 10명인 사람도 수익화가 가능합니다. 만일 내가 우드 카빙과 관련해서 나름의 지식과 노하우를 가지고 있습니다. 나는 어제 인스타그램에

가입했고, 우드 카빙을 공부하는 사람들 10명을 팔로우했습니다. 당연히 내 계정에도 내가 만든 우드 카빙 영상 5개 정도가 올라와 있습니다.

수익화가 가능할까요? 당연히 가능합니다! 당연히요. 당신이 당신의 사업을 하는 데 10만 명의 팔로워가 정말로 필요하다고 착각하고 계십니까? 아뇨. 당신은 10 팔로워만으로도 시작할 수 있습니다. 열 명이면 넉넉한 편이죠.

그리고 내가 그런 가치를 줄 수 있다면 10명으로도 우드 카빙 온라인 클래스를 열 수 있습니다. 목적이 각기 다른 사람들의 사업 운영 노하우, 목적이 각기 다른 사람들의 비즈니스 노하우를 배우면서 내 목적을 잃으면 안 된다는 것입니다. 이것이 본질입니다.

본질적으로 우리가 얻어야 할 것은 '고객이 돈을 낼 만한 가치가 있는' 상품을 내가 가지고 있음을 입증하는 데이터뿐입니다. 나의 스토리일수도 있고, 나의 비법일 수도 있죠. 하지만 명백히 '어떤 단계가 먼저 달성되어야' 무엇을 할 수 있다는 것은 사실도, 본질도 아니라는 걸 기억하셔야 합니다. 당신이 필요한 만큼의 돈과 등가 교환할 어떤 것만 있으면 됩니다. 팔로워 수, 쇼핑몰 방문자 수 같은 것은 이 항목에 해당하지 않습니다. 물론 하나의 주제에 관심을 가진 10만 명의 팔로워를 가졌다면 좋겠지만, 그것이 수익화나 차별화를 위한 '필수' 조건은 아니라는 것입니다.

이제 마케팅의 세계는 '전환율' 싸움이 되어가고 있습니다. 노출 수 싸움이던 시대에는 모든 마케팅이 대중 매체를 중심으로 운영되었습니다. 전환율을 측정할 명확한 방법이 없으니 그냥 최대한 많은 사람에게 광고를 노출해왔던 것입니다. 그러나 온라인 광고가 대중화되면서 대중 매체 광고는 점차 유명

무실해지고 있습니다. 이제 우리는 10만 명에게 노출해 100명에게 파는 시대에서 벗어나 1,000명에게 노출해 100명에게 판매하는 시대로 넘어왔습니다. 쉽게 이야기할까요? 내 물건을 살 사람 1,000명에게 효과적으로 마케팅해야 하는 세상이 되었다는 것입니다. 하루에 30명만 꾸준히 내 스토어를 방문해도 먹고살 수 있는 세상입니다. 이들에게만 집중하는 것이 본질입니다. 아직도 더 많은 '숫자'를 가진 사람과 당신을 비교하고 있나요?

당신을 위한 생존법 레슨 32.
당신의 목표보다 저렴한 것

당신의 목표보다 값진 것에는 시간을 써야 합니다. 가족이라거나, 그 외에도 당신이 목표보다 중요하게 여기는 것들을 포기할 수는 없습니다. 다만 당신의 시간을 교환할 때는 계속해서 "이것이 내 목표보다 싼가? 비싼가?" 혹은 "내 목표를 위해 지급되는 시간인가?"를 고려하시라는 것입니다.

명심하세요. 시간은, '언어 그대로' 돈입니다.

5. 인생의 A/B 테스트

미래를 예측하는 가장 좋은 방법은
미래를 만드는 것입니다.

- 피터 드러커

성장은 A/B 테스트입니다. 우리는 우리의 행위 모든 것의 결과를 예측할 수 없습니다. 하지만, 최대한 확률이 높은 것에 배팅할 방법은 있습니다. 흔히 온라인 마케팅에서 활용되는 A/B 테스트라는 방법론입니다. A/B 테스트는 하나의 실험에 있어서 A라는 선택지와 B라는 선택지를 다른 조건이 같게 시장에 내보내고, 이에 대한 소비자 반응을 보면서 더 반응이 좋은 것에 더 많은 자원을 투자하는 일종의 기법입니다.

원래 A/B 테스트는 그로스 해킹이라고 하는 마케팅 기법에서 나온 것으로 서로 다른 광고 시안을 무작위의 소비자에게 보여주고 더 반응률이 높은 것에 광고비를 쏟아붓는 방식으로써 계속해서 여러 시안을 비교하는 일종의 이상형 올림픽 같은 개념이라고 이해하시면 편할 것 같습니다. 이렇게 더 높은 반응률을 보이는 광고 시안을 계속해서 비교하고 검증하는 과정을 통해 지속적인 성공을 얻어낼 수 있다는 이론으로 최근 많은 소규모 신생기업들의 성공 전략으로 주목받아왔습니다. 우리가 런웨이에서 성공적으로 날아오르기 위해서는 이 A/B 테스트라는 그로스 해킹 기법을 우리의 실행 단계에서 계속 염두에 둬야 합니다.

예를 들어보겠습니다. 저는 우선 고전, 문학, 철학, 자기계발서를 가리지 않고 다양한 분야에 대한 서평을 남겨보았습니다. 결과는 자기계발과 관련된 게시물의 독자 반응이 상대적으로 높았다는 점을 알 수 있었습니다.

그래서 저는 반응이 좋은 자기계발 분야의 콘텐츠 빈도수를 늘렸습니다. 다음은 콘텐츠의 형식이었습니다. 릴스, 사진, 카드뉴스 등 다양한 실험을 수행했습니다. 눈치채신 분들도 있겠지만 저는 대체로 자기계발서에 대한 서평에서 형식의 변화를 실험했습니다. 다른 조건을 최대한 일정하게 만들어야 실험 결과가 유의미하기 때문이죠.

사람들은 계정을 성장시키기 위해서는 릴스를 많이 올려야 한다고 하지만, 저의 경우에는 카드뉴스의 반응이 높은 편이었습니다. 그리고 카드뉴스가 저의 계정 정체성이 되어가고 있죠. 이렇게 '인스타그램에 매일 콘텐츠를 올린다.'라는 목표는 기본적으로 '성장'을 고려해서 A/B 테스트를 통해 나와 내 고객에 대한 이해를 높여가는 과정을 포함하고 있어야만 합니다.

그래야 '무의미하게 게시물 수만 늘어나는' 현상을 피할 수 있습니다. 고객에 대한 나의 이해를 높여가는 것은 결국 계정의 콘셉트를 명확하게 하는 과정이며 정체성을 확립하는 과정이고 성장하는 과정입니다.

우리는 성장을 위해 모든 영역을 A/B 테스트할 수 있습니다. 병렬독서와 직렬독서를 A/B 테스트할 수 있고, 미라클 모닝과 미라클 나잇을 A/B 테스트 할 수 있죠. 우리 중 누구도 성공에 대한 절대적 법칙을 알지 못하는 이유는 우리가 모두 다른 사람이기 때문입니다. 따라서 우리는 계속해서 나의 성공 법칙을 만들어나가야 합니다. 그리고 그 효율적인 방법론이 바로 A/B 테스트입니다.

A/B 테스트를 하기 위해서는 몇 가지 기억해두어야 할 것이 있습니다.

1) 끝없이 가설을 세울 것

A/B 테스트는 기본적으로 과학적 실험 방법론에서 모티브를 얻은 방법론입니다. 과학은 특정한 가설을 세우고 실험과 반복실험을 통해 그 가설이 사실임을 검증하는 과정입니다. 우리는 '자기계발 책에 대한 서평이 내 팔로워들에게 더 반응이 좋을 것.'이라는 가설을 검증하고, 가설이 사실이라면 자기계발 중에서도 목표관리에 관심이 많을 것. 책의 전체 내용 요약보다 중요한 한두 가지 포인트에 집중한 리뷰가 반응이 좋을 것 등 지속해서 가설을 세워나가야 합니다. 그걸 우리는 '성장'이라고 부릅니다.

2) 다른 변인들을 최대한 통제할 것

가설검증을 위한 실험을 할 때는 최대한 다른 변인들을 통제할 필요가 있습니다. 여러 장르의 책 중 A 장르의 책이 내 팔로워에게 반응이 좋을 것이라고 가설을 세웠다면 장르별로 비슷한 수준의 인기를 얻고 있는 책을 선별하고, 같은 리뷰 형식을 사용해야 합니다. 가능한 모든 조건을 일치하게 설정한 이후에야 이 가설검증이 유의미하다고 할 수 있습니다.

3) 될 수 있으면 수치화된 결과로 비교할 수 있을 것

실험적 방법론에서 '우리의 감정'이라거나 느낌 같이 추상적인 요소들이 판단 기준이 되어서는 안 됩니다. 예를 들어 새벽 독서와 심야 독서 중 어느 쪽이 더 효율적인지 테스트하기 위해서는 '읽은 페이지 수', '핸드폰 안 보고 독서만 한 시간'과 같이 수치화할 수 있는 요소를 중심으로 비교하고 판단해야 합니다.

이상은 다양한 사례에서 A/B 테스트를 통해 지속적인 성장을 얻어내는 방법이었습니다. 우리의 목표지점인 이륙은 기본적으로 반복할 수 있고 확장성 있는 내가 되는 것을 전제로 합니다. 우리는 지속적이고 반복 가능한 성공을 유지할 수 있어야 하고 확장성 있는 나의 비즈니스 모델 포지션을 잡아야 합니다. 그러한 결과를 원한다면 당신의 실행에는 반드시 A/B 테스트가 고려되어야 합니다.

당신을 위한 생존법 레슨 33.
A/B 테스트로 비즈니스 만드는 법

사업을 하기 위해서는 먼저 인스타그램을 운영해보라는 조언을 하는 분들이 많습니다. 왜 그럴까요? 인스타그램은 내 제품의 소비자가 될 수 있는 분들과 계속해서 콘텐츠를 통해 실험할 수 있기 때문입니다. 아래와 같은 단계를 상상해볼 수 있습니다.

1) 우리 고객들은 A라는 문제를 가지고 있다고 가정한다.
2) 이 문제에 대해 내 인스타그램 팔로워를 대상으로 A/B 테스트
3) 사실 고객의 문제는 A가 아니라 B였다.
4) B 문제에 대한 솔루션은 C일 것이다.
5) A/B 테스트를 통해 C 솔루션의 가치 입증
6) 후기 확보
7) C 솔루션의 상품화

당신이 어떤 문제를 가지고 있든, 당신의 고객이 될 가능성이 큰 팔로워들에게 실험할 수 있으므로 우리의 의사결정은 단순하고 쉬우며, 빨라질 수 있습니다. To do list를 살펴보면서 '이런 건 이렇게 실험해 볼 수 있겠네!'라는 생각을 계속해서 해보시기를 권해드립니다.

6. 멍청아 이거 팀플레이야

함께 한다는 것은 시작에 불과하다.
함께함을 유지하는 것은 진보를 뜻한다.
그리고 함께 일하는 것은 성공을 뜻한다.

- 헨리 포드

영화 〈대부〉를 혹시 알고 계시는가요? 미국 사회에 정착한 초기 이탈리아인들이 자리를 잡아나가는 이야기를 다루고 있는 작품입니다. 영화는 이탈리아 마피아들의 대부인 '돈 콜리오네'의 딸이 결혼하는 결혼식부터 시작합니다.

이날 대부에게는 수많은 손님이 찾아옵니다. 예전부터 이탈리아에서는 자녀의 결혼식에 찾아와 청탁하는 경우가 많았다고 하죠.

그리고 한 장의사가 대부에게 찾아옵니다. 자신의 딸을 미국인처럼 키우고 싶었으며, 자유롭게 딸이 살게 하고 싶었다. 그런데 어느 날 자신의 딸이 미국인 대학생들에게 집단 성폭행을 당할 뻔했다. 그리고 이걸 거부한 결과 무차별적인 폭행을 당했다. 문제는 이들 대학생이 '부유층' 자제들이어서 미국의 법원은 이들에게 '집행유예'를 선고했다는 것이었습니다.

그리고 장의사는 한 번도 찾아온 적 없었던 대부에게 고개를 숙입니다.
'부디 정의를.'이라면서.

그리고 여기서 대부는 이렇게 말하죠.

"만일 자네가 내 친구였다면, 그들도 자네를 두려워할 테지."

그리고 대부의 부하들이 그 '대학생'들을 찾아갑니다. '죽이지는 마라.'라는 명령만 받은 채로 말이죠.

어떻게 되었을까요? 장의사는 나중에 대부의 목숨을 구해줍니다. 적대 세력이 병원에 입원 중인 대부를 기습할 때 장의사가 권총을 가진 척 병원 입구를 지켜주거든요.

이게 '힘'입니다. 영화에서 대부는 실제로 계속해서 이탈리아인들의 '어려움'을 도와주고 '신뢰'를 얻습니다. 그리고 이 신뢰를 기반으로 매우 빠르게 조직을 키워나가죠.

우리는 '나'라는 자원만 고려의 대상으로 생각하는 경향이 있습니다. 창업하든 뭘 하든 돈을 줘야만 '다른 사람의 협업'을 끌어낼 수 있다고 착각하죠. 하지만 사실 퍼스널 브랜딩이든 쇼핑몰 창업이든 그 밖의 어떤 창업이든 빠르고 즐거운 성장을 위해서는 '다른 사람의 리소스'를 고려해야만 합니다.

저의 경우에는 제 콘텐츠의 일관성을 가져가는 콘텐츠에서는 '혼자' 진행하지만, 그 외에 변주곡들은 대체로 '콜라보'를 통해서 진행하고 있습니다. 이러한 콜라보를 통해서는 혼자서 진행하기 어려운 것들을 달성할 수 있는데요. 대표적으로는 많은 도서 인스타그래머들이 꿈꾸는 '서평단 모집'을 다른 크리에이터와 협업 형태로 저자에게 제안해 1K도 되지 않는 팔로워로 서평단 모집 대행을 시작했던 '콜라보 서평단 모집' 이벤트가 있습니다.

통상 서평단 모집 대행 같은 경우에는 팔로워가 많은 인플루언서만 진행할 수 있다고 생각하시기 마련입니다. 하지만 저는 800 팔로워 정도에서 서평단 모집 대행을 진행했고, 연이어서 다른 책들도 서평단 콜라보 모집을 요청받기 시작했습니다. 그뿐만 아니라 이 책의 핵심 노하우를 담은 굿 노트 서식은 굿 노트 서식을 만드는 인플루언서인 @younheeq 님과의 협업을 통해 만들어졌죠.

협업의 장점은

1) 나 혼자 할 수 없는 것을 할 수 있다.
2) 내 계정에 재미를 부여한다.
3) 더 다양한 것들을 시도해볼 수 있다.

그림 26   해원칭(@haewon.ching) 님의 책 『라이프워너』를 미니(@mini_flix_b) 님과 공동
으로 서평단 모집한 사례

우리의 관점은 '경쟁'에서 '협력'으로 옮겨져야 합니다. 지금은 '콜라보의 시
대'입니다. 밀가루 회사가 맥주를 만들고, 펭수가 옷에 새겨지는 시대. 끝없
이 새로운 고객이 발굴되는 시대죠. 우리 역시 협력을 통한 곱하기를 추구해
야 빠르게 성공할 수 있습니다.

퍼스널 브랜딩 강의를 하는 사람이 인스타 툰 작가와 협업하고, 도서 인플루
언서가 인테리어 인플루언서와 협업하는 시대입니다. 모든 것이 믹스될 수 있
는 시대는 누구나 믹스를 통해 '새로운 것'을 만들 수 있는 시대를 의미합니다.

그러면 어떻게 협업을 할 수 있을까요? 다음의 단계를 따라 나와 협업할 파트너를 찾아봅시다.

1) 이상한 조합을 찾는다.
2) 이 조합의 구성원 모두에게 도움이 될 방법을 고민한다.
3) 양측 모두의 팔로워(고객)에게 도움이 되는 조합으로 콘텐츠나 상품을 만든다.

예를 들어보겠습니다. 도른자가 건강식품을 팔고 있습니다. 뭐, 수면에 도움이 되는 건강기능식품을 팔고 있다고 가정해보죠. 일반적으로 떠올릴 수 있는 협업 마케팅 전략은 '수면 베개' 업체와의 콜라보를 기획하는 것입니다.

하지만, 재미가 없죠. 누구나 상상할 수 있으니까요. 벽돌 책을 읽는 도서 인플루언서와의 협업은 어떨까요? 벽돌 책은 '수면제' 급의 졸음 유발 효과가 있으니까 이 제품을 섭취하면서 벽돌 책을 읽어보는 챌린지를 해보는 거죠. 수면 개선 건강기능식품 업체와 벽돌 책 도서 인스타그래머는 '이상한 조합'입니다. 그리고 놀랍게도 저의 중계로 한 도서 인플루언서가 수면 관련 건강식품 업체의 제품을 광고하기에 이르렀죠.

이렇게 우회적이면서도 창조적인 콜라보를 기획했다면, 콜라보 상대와의 등가 교환만 고려하면 됩니다. 우리가 매체력이 있는 제품 회사라면 우리의 매체력과 인플루언서의 매체력을 맞교환하는 것으로 간단히 등가 교환이 이루어질 수 있을 겁니다. 인플루언서도 새로운 팬을 확보할 수 있을 테니까요. 하지만 우리가 인스타 계정도 없다면, 등가만큼의 돈이나 제품을 지원해줄 수 있을 겁니다.

이처럼 둘 사이의 등가 교환이 성립될 수 있는 조건을 고려했다면, 이를 통해 우리의 팬과 해당 인플루언서의 팬에게 모두 도움이 될 수 있는 프로모션을 본격적으로 진행해보는 것이죠. 지속적인 콜라보를 통해 우리는 무한히 외연을 확장해 나갈 수 있습니다.

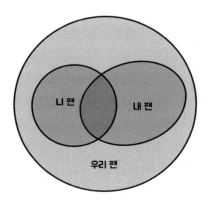

그림 27 콜라보의 개념

이러한 콜라보와 협력을 통해 우리는 사용할 수 없었던 리소스를 사용하게 됨은 물론 우리의 팬들에게 이색적인 가치를 제공해줄 수 있습니다.

우리는 조금 더 다채롭게 성장할 수 있습니다. 그리고 콜라보가 그 비밀이죠.

혹시 인스타그램을 운영하면서 어떻게 콜라보를 시작해야 할지 모르겠다면 저에게 DM을 주세요.(@dorenza0831) 저는 인스타그램 초심자를 위한 〈모두의 콜라보단 챌린지〉를 운영하고 있으며 이곳에서는 참여자들이 각각의 장단점을 서로 분석하고 교류하면서 계속해서 콜라보 콘텐츠를 쌓아나가고 있습니다.

또한, 우리가 '함께 성장'하는 방법은 콜라보만 있는 것은 아닙니다. 우리는 '레버리지'를 통해 우리의 능력을 무한대로 확장할 수 있습니다. 우리가 활용할 수 있는 리소스를 우리 안에만 가둘 필요가 전혀 없으며 우리의 사고도 '다른 사람의 능력'까지 염두해 확장해야 한다는 것입니다. 가령, 저는 이 책의 제목이나 디자인과 관련해서 인스타그램의 친구분들의 의견을 구했습니다. 다중의 동의라는 절차이기도 하지만, 나에게 없는 능력을 빌려온 겁니다.

여기서 레버리지란 원래 지렛대를 의미하는 용어입니다만, 일반적으로는 대출을 받아 투자하는 형태로 알려져 있을 것입니다. 하지만 실제로 레버리지는 시간적, 인적, 자원적으로 모든 차원에서 내가 보유하고 있지 않은 것을 활용해서 기대수익을 극대화하는 모든 전략 또는 사고방식을 말합니다. 예컨대 나보다 영향력이 높은 인플루언서의 영향력을 활용해 내 제품을 알리는 전략이나 외주 디자이너에게 디자인을 맡기는 모든 것들이 포함될 수 있습니다. 등가 교환만 성립하면 됩니다. 핵심은 우리가 생존하고 이륙하기 위해 하는 모든 것들이 솔로 플레이가 아니라 팀플레이라는 점입니다.

춘추전국시대의 사상가인 묵자라는 학자가 있었습니다. 그는 세상 모두가 형제이며, 우리는 형제로서 다른 이에게 친절해야 한다고 가르칩니다. 그가 주장한 것의 핵심은 이렇습니다. '겸상애, 교상리.' 겸상애는 서로가 서로를 사랑한다는 의미입니다. 그리고 교상리는 서로가 서로에게 도움이 된다는 것입니다. 묵자의 가르침에서 가장 빛나는 대목은 서로가 서로에게 도움이 된다는 이 교상리입니다. 그는 말합니다. 걷지 못하는 이와 볼 수 없는 이는 서로를 도울 수 있다. 볼 수 없는 이가 걷지 못하는 이를 업고, 걷지 못하는 이가 길을 제시하면 된다.

우리의 성장과 성공은 이와 같습니다. 신속하게 성장하고 싶다면, 당신에게 없는 것을 가진 이를 찾고, 그와 힘을 합칠 방법을 찾는 것이 가장 빠릅니다. 경쟁은 당신을 병들게 할 뿐입니다.

당신을 위한 생존법 레슨 34.
어떻게 협업할 수 있을까?

협업의 기초는 '윈-윈'입니다. 내가 줄 수 있는 것과 그가 줄 수 있는 것이 적절히 조화가 이루어질 수 있다면 어떤 협업이든 성사될 수 있습니다.

1) 우선 내가 상대에게 줄 수 있는 것을 파악한다.
2) 상대에게 받을 수 있는 것을 파악한다.
3) 망설이지 말고 제안한다.

아주 쉽죠. 단순합니다. 예를 들어보겠습니다. 저는 어떤 책의 저자에게 '콜라보'를 제안했습니다. 보통 팔로워 1,000명도 되지 않는 인스타그래머들은 이런 선택을 하지 못합니다. 자기가 줄 수 있는 게 없다고 스스로 생각해버리기 때문입니다.

하지만 모든 것은 상대적이라는 것을 알아야 합니다. '가르치는 포지션'의 사람은 '배우는 포지션'의 사람을 필요로 합니다. '저자'는 '독자'를 필요로 하죠.

꽤 유명세가 있는 작가도 '독자' 포지션의 사람과 협업하기를 바랍니다. 어떻게 아냐고요? 저도 그러니까요. 저는 저보다 높은 인지도의 분들에게 계속해서 협업 제안을 합니다. '제 팔로워 중 아직 저자님을 모르는 분들이 많다. 이렇게 접근하면 어떻겠냐?' 등 구체적인 제안을 담아 DM을 보냈고, 대부분 동의를 받았습니다.

안 되면 어떻습니까?

7. 멈추어 서지만 않는다면

미래는 절대 단숨에 오지 않는다.
그 미래가 밝은 미래이건 어두운 미래이건
오늘 하루하루가 쌓여 다가온다.

– 마크 저커버그

A/B 테스트와 협업까지 실행 계획에 추가되었다면 이제 당신은 더는 새로운 솔루션이나 방법론에 쉽게 흔들리지 않고 당신의 길을 찾아서 걸어갈 수 있게 되었을 것입니다. 당신에게 마지막 남은 항목은 '그릿(Grit)'입니다.

최고의 성과를 내는 사람들과 그렇지 않은 사람들의 결정적인 차이는 지루한 인고의 세월을 견딜 수 있는가 그렇지 않은가입니다. 중국 드라마 〈사마의: 최후의 승자〉에서 제갈량의 계속되는 조롱과 도발에도 군대를 출진시키지 않는 아버지 사마의에게 아들 사마소가 더는 참을 수 없다며 출전하자고 제안하자 사마의는 이렇게 답합니다.

"참을 수 없는 것을 참는 것을 인내라고 한다."

우리가 해야 하는 것은 참을 수 있는 것들을 참으며 나는 인내의 세월을 보냈다고 자위하는 것이 아니라, 참을 수 없는 것들을 참아내는 일입니다. 반복되는 실패에도 평정심을 잃지 않고 견뎌내는 힘. 그것이 진짜 당신을 꺼내 들 수 있는 마지막 열쇠입니다. 참을 수 있는 인내는 진짜 당신을 깨우지 못합니다.

사실 우리가 애초에 6개월이라는 런웨이를 설정한 이유는 당신의 몰입력 있는 변화를 촉구하기 위해서입니다. 하지만 저 역시 모든 사람이 6개월 만에 자신의 포지션을 잡아낼 수 있으리라고 믿지는 못합니다. 다만 이 6개월의 시간이 보다 농도 짙게 이 과업을 달성하기 위한 장치라고 생각할 뿐입니다.

인제 와서 무슨 이야기냐. 오늘 정체성을 위한 목표를 달성하지 못했다고 정체성 자체를 포기하지는 말라는 이야기입니다. 6개월이 지났다고 당신의 꿈을 버리지는 마시라는 겁니다. 당신이 해야 할 가장 중요한 일을 '포기하지 않는 것'입니다. 당신의 변화는 당장 당신의 눈에 보이지 않습니다. 괴테가 글쓰기를 포기했다면 『파우스트』는 없었을 겁니다. 괴테가 『파우스트』라는 위대한 작품을 세상에 내놓는 데 얼마나 긴 시간이 걸렸을까요? 60년입니다. 그는 이 한 권의 책을 60년 동안이나 저술합니다. 그에게 시간제한은 없었습니다. 그의 목표는 한 가지. 괴테 자신도 더 손을 댈 수 없을 만큼 완벽한 작품을 만드는 것이었습니다. 물론 우리는 완벽함을 추구할 수도 없고, 추구하는 것이 현명한 것도 아니지만 우리는 '포기하지 않는 것'에 대해서 괴테에게 한 수 배울 필요는 있습니다.

당신이 '정체성 만들기'를 포기한다면, 당신의 포지션은 절대 만들어지지 않을 겁니다.

마법은 있는가? 마법은 있습니다. 왜 우리는 마법과 만나지 못할까요? 당신을 바꿀 마법은 당신이 포기했기 때문에 만나지 못한 것일 뿐입니다.

마법사가 되고 싶다면, 마법사가 되려는 노력을 멈춰서는 안 됩니다. 멈추지 않는 한 마법은 있습니다. 당신은 지금까지 새로운 당신이 되는 법을 배웠습니다. 새로운 당신이 되는 것을 포기하지 않는 한, 결단코 당신은 그런 사람이 될 수 있습니다. 이것이 당신 삶에 숨겨진 '진짜 마법'입니다. 원칙을 세우고 밀고 나가는 힘. 자신의 결정에 대해서 의심하지 않고 밀어붙이는 힘. 그것이 진짜 실력입니다. 꾸준함은 우리가 쌓을 수 있는 아주 중요한 실력입니다.

하지만 여전히 많은 사람이 꾸준함에 어려움을 느낍니다. 왜 우리는 꾸준히 무언가를 밀고 나가지 못할까요? 우리가 어떤 일을 시작하지 못하는 이유와 마찬가지로 저는 우리가 무언가를 지속하지 못하는 이유도 '자기 효능감'이 떨어지기 때문이라고 생각합니다. 이걸 한다고 결과가 나올 것 같지가 않은 겁니다. 한 달, 두 달 해 봤는데 변화가 느껴지지 않아서입니다. 마침내는, 내가 결과를 바꿀 수 없다고 믿는 지경에 이릅니다.

반대로 생각해봅시다. 그러면 우리의 우리가 꾸준히 했던 어떤 것들. 우리는 왜 그것을 꾸준히 했을까요? 저는 두 가지 요소가 우리를 결과가 나올 때까지 끌고 갈 힘이 있다고 믿습니다.

첫 번째는 '미스터리'입니다. 우리는 왜 수십 편에 달하는 드라마를 끝까지 볼까요? 왜 우리는 위대한 추리 소설을 끝까지 쉼 없이 읽어 내려갈 수 있을까요? 왜 게임은 끝까지 하게 될까요? 궁금해서입니다. 우리가 야구 경기를 끝까지 보는 이유도 '누가 이길지 알 수 없기 때문'입니다. 우리는 궁금한 것을 참지 못합니다. 어떤 방법을 써서라도 결과를 알고 싶어 하죠. 만일 당신의 결과에 '미스터리'를 얹을 수 있다면 당신은 미친 듯이 그 결과를 쫓을 겁니다.

내가 15㎏이 빠지면 어떤 모습이 될지 궁금해 미치겠다면, 이 긁지 않은 복권을 긁기 위해 어떤 대가든 치를 수 있을 테니까요. 당신의 목표에 질문 하나를 추가하십시오. 만일 이 목표를 달성한다면 나한테 무슨 일이 생길까? 나는 어떤 사람들과 만날 수 있게 될까? 이런 질문들입니다. 추리 소설에서 범인의 정체가 궁금해 잠을 못 자는 당신처럼 당신은 그 목표에 매달릴 것입니다.

두 번째는 '정체성'입니다. 우리가 꾸준함을 유지하기 어려운 이유는 대체로 나의 어떤 행동이 결과를 도출하지 못할 거라는 효능감 저하에서 발생한다는 것이 제 견해라고 말씀드렸죠. 다이어트를 하기로 했는데 어제는 치킨을 먹었습니다. 체크리스트법, To do list 법을 이용해 이 목표를 살펴보면 이건 실패입니다. 우리는 이 작은 한 번의 실수로 너무 쉽게 결과 또한 실패라고 결정해버립니다. 그리고 도전을 멈추게 되죠. 이 이유는 '우리가 매일 운동을 한다.' 같은 목표를 세워버렸기 때문입니다. 만일 To do list와 같은 목표를 세우지 않고 하나의 문장화된 정체성 목표를 세웠다면 어떨까요? "나는 날씬한 몸매를 가진 매력적인 사람이다."와 같은 정체성 목표였다면 한 번의 치킨은 '일탈'이 됩니다. 치킨이 끝나면 우리는 다시 날씬한 몸매의 매력적인 사람으로 행동합니다. 나는 날씬한 사람이니까요. 하얀 것은 독이라고 믿는 사람이니까요.

공자 정치사상의 핵심은 '정명론'입니다. 정명론이란 그 이름에 맞게 살아가는 것을 의미합니다. 군주라는 이름을 가졌다면 그가 해야 할 바를 마땅히 행해야 합니다. 군주가 도적처럼 행동해서는 안 됩니다. 아버지라는 자가 아버지라는 이름에 걸맞게 살고, 어머니가 어머니라는 이름에 걸맞게 살면 군주는 백성을 해치지 않을 것이고, 부모는 자식을 사랑할 것이며 자식은 부모를 존경할 것이다. 이것이 공자가 진심으로 믿었던 '바른 세상'이었습니다. 우리가 할 일 목록을 세우기에 앞서서 '누구인지'를 먼저 결정하고 그것을 잊지 않는다면 꾸준함은 선택 항목이 아니게 됩니다.

당신이 김연아인데 오늘 연습을 미룰 수는 없으니까요. 가장 위대한 당신의 정체성을 상상하고, 그 사람이 되기 위한 모든 참을 수 없는 것들을 견뎌내야 합니다.

1. 독서 및 검색 기록

내가 살아남기 위한 여정을 잘 걷고 있는가? 이를 계속해서 확인할 수 있는 것이 있습니다. 바로 마일스톤입니다. 마일스톤(milestone)이라면 원래 프로젝트를 진행할 때 잘 진행이 되고 있는지를 파악할 수 있는 단계입니다. 표지판이 없던 시절에 돌에다가 '어디까지 몇 킬로' 이렇게 방향과 거리를 기록해 다음 사람들이 쉽게 길을 찾을 수 있게 해 두었던 장치죠.

우리가 잘 가고 있는지는 마일스톤을 살펴보면 알 수 있습니다. 당신이 정체성을 변화시키고 확립해가는 과정을 잘 볼 수 있는 것은 당신이 보는 것들을 적어두는 것이 가장 좋은 방법입니다. 저는 될 수 있으면 1주일에 4~5권의 책을 보려고 노력하고 있습니다.

그리고 보는 책들의 제목을 따로 기록하고 있죠.

1주일이 지나면 지난주에 읽은 책들을 기초로 해서 이 책들이 목표 방향으로 가고 있는지, 얼마나 목표에 근접해가는 책들을 고르고 있는지를 확인합니다. 검색 기록도 마찬가지입니다.

저는 검색엔진이나 GPT에 오늘 검색한 것들을 기록하는 습관이 있습니다.

이를 통해서 내가 얼마나 '목표 중심적'으로 생활하고 있는지를 점검하고, 목표까지의 거리를 가늠합니다.

가령, 도서 인플루언서라는 정체성을 꿈꾼다면 퍼스널 브랜딩이라는 포괄적인 책부터 시작해서 점점 더 구체적이고 체계화된 질문과 도서 선정이 진행될 거예요. 이렇게 질문이 체계화되는 과정 자체가 성장이며 목표와의 거리감입니다. 당신이 지금 이 책과 같이 포괄적인 책들만 보고 있다면, 당신은 아직 목표로 향한 걸음을 옮기고 있지 않은 걸 거예요.

이 책을 보고 생겨난 질문들과 이를 통해 내가 어떻게 답을 찾아가는지, 가령 A/B 테스트에 대해서 더 자세히 알아보고 검색하려 했는지를 회고해 봐야 합니다. 이를 통해 우리는 포괄적이고 보편적 질문, 예컨대 성공하려면 어떤 요소가 있어야 하냐는 질문에 답을 얻었다면 다음 단계로 나아가야 합니다. '그 요소는 어떻게 얻을 수 있는가?'와 같이 방법에 대한 질문이 될 거예요. 그리고 나면 더욱 구체적으로 이런 방법을 실전에 적용한 사례들을 조사하는 단계를 거칩니다. 마무리는 검색이 아니라 스스로 묻고 답하는 과정이죠. "나는 이 방법을 어떻게 적용할 것인가?" 이 질문까지 모두 적고 그에 대한 답을 찾아가는 과정을 우리는 성장이라고 정의해야 합니다.

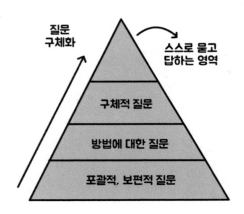

그림 28 질문의 단계

반드시 질문과 도서 목록은 하나의 기록장에 기록해야 합니다. 내 생각의 과정과 성장의 과정을 점검할 수 있는 마일스톤이기 때문입니다. 당신의 성장을 확인할 수 있는 가장 직접적인 방법은 당신의 질문을 분석하는 것입니다. 여기까지 따라오신 분이라면 아마 '런웨이 프로젝트' 전용 노트를 가지고 계실 텐데요. 이 노트에 질문 태그를 만들고 그때그때 기록하셔야 합니다. 물론 이동 중에 생긴 질문들은 노트에 바로 적기 어려운 경우가 많으므로 저는 검색창에 프로젝트에 대해 질문을 하고, 그 질문을 복사해서 나와의 카톡에 남겨 두었다가 나중에 자리를 잡으면 노트로 옮기는 방법으로 질문과 이에 대한 간단한 답변을 남기는 편입니다.

질문과 답변을 남기면 나의 성장은 매우 빠르게 가속력이 붙습니다. 우리는 바퀴를 다시 발명하는 수고를 멈출 수 있으니까요. 그리고 이 질문 기록을 다시 보고 검토하는 과정에서 내가 미처 간과했던 질문들과 만날 수 있습니다. 저의 경우에는 예전에 남겨 둔 질문들에서 새로운 해법을 찾는 경우도 많습니다. 세이브 기능의 아주 긍정적인 활용이지요.

질문 → 나와의 채팅 → 프로젝트 노트 → 재검토 → 다른 답변 도출 → 실행

내가 지금 가진 질문이 지금의 나입니다. 만일 1주일간 나의 질문들을 기록해보고, 내 질문과 보는 책 리스트가 일반적이고 보편적인 질문 수준을 계속해서 맴돌고 있다면, 예컨대 퍼스널 브랜딩이 뭐야? 수준에 머물고 있다면 우리는 지금 정체해 있는 것입니다. 이 벽을 깨뜨리는 제가 아는 한 가장 효율적인 방법은 내가 같은 질문을 계속하고 있는지 적어보는 것이죠. 당장 질문을 기록해보세요. 그리고 당신의 질문이 지금 어떤 단계에 해당하는지 계속해서 반문해 보세요.

2. 퇴사를 위한 SNS

당신의 생존확률을 가늠할 수 있는 마일스톤도 있습니다. 바로 SNS입니다. 저는 당신이 무슨 일을 하든 꼭 SNS를 운영하시기를 권해드리고 있습니다. 당신의 과정을 기록하고, 소통을 통해 생각을 정비할 수 있는 '무료' 수단임과 동시에 당신을 알리고 당신의 생존율을 높일 수 있는 팬을 확보할 수 있는 수단이기 때문이죠.

마일스톤으로서 SNS를 활용하기 위해서는 팔로워 수보다 사람들의 요청을 확인할 필요가 있습니다. 사람들이 당신에게 무언가 기대하는 바가 있다면 이것은 중요한 마일스톤입니다.

○○님. 독서 모임을 운영해주시면 안 되나요?
책을 내주세요.
유튜브를 열어주시면 안 되나요?

이렇게 사람들은 자신에게 도움이 될 것 같은 사람들에게 요구합니다.
이건 중요한 신호죠. 당신이 '어떤 가치를 줄 수 있다.'라고 사람들에게 인식되어가고 있다는 신호입니다. 그리고 그 과정을 당신이 되풀이하면 되풀이할수록 당신에게 요구하는 사람들의 숫자는 늘어날 것입니다. '돈을 낼 준비가 되어 있다.'라는 신호입니다.

당신의 시장 가치를 빠르게 확인할 수 있는 채널은 SNS입니다. 물론 당신은 곧바로 몰을 개설할 수도 있고, 강연을 열 수도 있습니다. 하지만 SNS를 통한 고객 검증을 거치지 않았다면 당신은 '매우 불친절한' 비즈니스 프로세스에 따라서 사업을 하는 것입니다. 당신은 당신의 고객이 '당신 없이' 거래하기를 기대하고 있는 것입니다. 길거리의 무인 자판기 같은 승률에 기대어 사업을 하는 것이죠. 사람은 없고 거래만 있는 비즈니스도 요즘은 흔하지만, 그것은 '수요와 공급'이라는 딱딱한 철학에 의한 비즈니스일 뿐입니다.

당신이 SNS를 통해서 해야 할 가장 중요한 일은 당신이 가치를 제공할 수 있음을 계속해서 암시함으로써 당신에게 오는 길을 더욱 편하게 만들어 주는 것입니다.

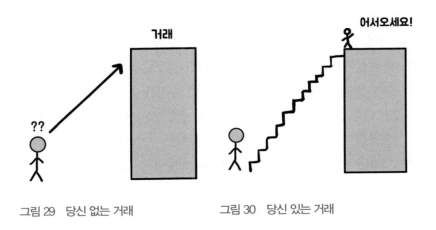

그림 29 당신 없는 거래   그림 30 당신 있는 거래

스티브 잡스가 말했듯, 고객은 자신이 무엇을 필요로 하는지 모릅니다. 애석하지만 진실이죠. 그래서 우리는 고객의 필요를 발명해야 합니다. "당신의 인스타그램이 성장하지 못하는 이유는 ○○ 때문입니다."와 같이 솔루션을 유통하는 분들은 철저하게 '고객의 필요'를 발명합니다. 그렇게 그들은 수익화에 성공하죠. 우리는 고객도 모르는 고객의 진짜 필요를 알아채서 이걸 '가치'로 만듦으로써 고객이 그 가치와 자신의 시간이나 돈을 '등가 교환'하게 만

들어야 합니다.

그리고 내 상품이 일정한 시간이나 돈과 등가 교환할 만한 가치가 있는지를 검증할 수 있는 거의 유일한 채널은 SNS죠. 여기까지 오시면서 SNS를 아직 개설하지 않은 분이 있다면 꼭 인스타그램이 아니라고 하더라도 블로그, 유튜브 등 자신에게 맞는 SNS 채널을 개설해보시기를 권해드립니다. 이 SNS 채널에서 당신을 통해 연결되는 사람이나 가치, 시간이 많아지면 많아질수록 당신의 생존확률은 비약적으로 높아집니다.

사업가는 돈이 많은 사람이 아닙니다. 많은 돈이 나를 통해 흐르게 하는 사람이 사업가죠. 인플루언서는 많은 팔로워를 보유한 사람이 아닙니다. 많은 정보와 사람이 나를 통해 교류하게 할 수 있다면 그것이 인플루언서죠. 그리고 온라인상의 영향력은 돈으로 직결됩니다. 우리가 원하든 원하지 않든 말입니다. 많은 것이 흐르게 해야 합니다. 당신의 정신, 사상, 아이디어, 노하우가 당신을 타고 많은 사람에게 흘러가고, 다른 사람들의 정보나 사상, 아이디어, 노하우, 인맥이 당신을 중심으로 흘러가게 할 수 있다면 당신은 분명히 생존할 수 있습니다.

3. 이륙 이후

대학에서 문화인류학을 배울 때 교재로 사용되는 책 중 하나가 『낯선 곳에서 나를 만나다』라는 책이었습니다. 책에는 여러 문화 인류학적 사례들이 나옵니다. 그중에서도 쿵 족의 이야기는 꽤 재미있습니다. 리처드라는 문화 인류학자가 남아프리카 칼라하리 사막에서 쿵 족의 생활과 문화를 연구하기 위해 방문합니다. 리처드는 이 쿵 족이 크리스마스가 되면 소를 잡아서 나누어 먹는 풍습이 있다는 것을 알고, 당시 그가 돈으로 살 수 있는 가장 큰 황소를 수배합니다. 쿵 족에 그간 받았던 호의에 대해 무언가 해주고 싶었기 때문이죠.

그런데 이 쿵 족은 리처드가 사 온 어마어마하게 큰 소를 보고 비웃기 시작합니다.
"이건 늙은 소 아닌가?", "난 자네가 우리를 잘 아는 줄 알았는데 실망했네.", "이 소 자네 혼자 먹을 건가? 비쩍 마른 소라니."와 같은 말들이었습니다.

리처드는 다급히 더 좋은 소를 찾습니다. 그가 쿵 족의 크리스마스를 망칠까 봐 겁이 났죠. 하지만 이 일대에서는 리처드가 사 온 소가 가장 큰 소였습니다. 150명은 족히 먹을 수 있는 거대한 황소였죠.

그리고 실제로 크리스마스가 되자 부족민 모두가 리처드의 황소를 잡아 신나게 잔치를 벌이며 춤을 춥니다. 리처드는 기분이 나빴죠. 곧 주민들에게 항의합니다.

그러자 마을 주민이 이렇게 답합니다.

"그건 단지 우리 식으로 말한 겁니다."

"왜죠? 왜 호의를 베푼 사람에게 그렇게 대하는 겁니까?"

쿵 족은 말합니다.

"그건 교만 때문입니다. 사람들은 자기가 너무 많은 짐승이나 큰 짐승을 잡으면 자기가 무슨 추장이나 그에 버금가는 대단한 사람이 된 거로 착각합니다. 그리고 그 자만심은 언젠가 우리 중 누군가를 죽게 하리라는 것을 우리는 잘 알고 있습니다."

이들은 '조롱'이라는 문화적 수단으로 사회 전체에 '교만'을 막고 있는 것입니다.

이제 막 도약을 한 우리가 가장 주의해야 하는 점도 이것입니다. '자기만족' 말이지요. 너무 큰 고기, 너무 많은 고기를 잡았다고 우리가 추장이 되는 것은 아닙니다.

그리고 그런 생각은 언젠가 우리를 바닥으로 내던질지도 모릅니다. 당신이 이륙에 성공했다고 '성공자'가 되는 것은 아닙니다. 그저 성공을 경험해본 자가 될 뿐이죠.

우리는 반복적으로 날아올라야 하고, 반복적으로 확장해야 합니다. 당신이 한 것이라고는 고작 그 한 사이클을 마무리한 것뿐입니다. 당신을 비난하려는 것이 아닙니다. 단지 쿵 족처럼 당신의 교만을 경계할 뿐입니다.

한 사이클을 마감했다면, 당신은 이제 황급히 비행술을 배울 차례입니다.

세계사에서 유례없는 땅을 손에 쥔 자. 칭기즈칸조차 자녀들에게 이렇게 유훈을 남깁니다.

"절대로, 절대로 초심을 잃지 마라."

4. 당신의 6개월 로드맵

이제부터는 여러분이 실제로 이 책에 나온 것들을 실행에 옮기기 위한 로드맵을 정리해보겠습니다. 독도법 이야기를 하면서 말씀드린 것과 같이 이 글을 나의 상황이나 목표로 연결해서 충분히 생각하시고 실행할 계획을 잡아보시기를 권해드립니다.

1단계) 비전 설계 : 최종적인 정체성을 설계하는 단계입니다. 이 단계를 실행하기 위해서는 상상할 수 있는 최고의 나를 상상하는 연습이 필요합니다. 내가 현재 직업에서 최고 수준이 되었을 때 어떤 정체성을 얻을 수 있는지, 혹은 나는 이래서 안 된다고 하는 것들을 모두 극복할 경우 될 수 있는 나를 상상하는 것이 필요합니다.

2단계) 마인드 세팅 : 이 책에 나오는 마인드들을 반복적으로 읽으며 내 마음이 이런 생각 방법에 거부감이 들지 않는 상태를 만들어야 합니다. 마인드 셋 부분에 나온 내용을 나의 상황에 적용해보고, 가능하다면 적어보거나 정리하는 것도 도움이 될 수 있습니다.

3단계) 단계별 정체성 비전 설정 : 저는 12단계로 최종 비전까지 제가 '변신'해야 하는 정체성 들을 정리했습니다. 1.5~3개월 내로 달성할 수 있는 단위의 정체성 목표를 세워야 합니다. '책을 쓰는 작가다'와 같은 정체성 목표는 3개월에 달성하기 어려워 보입니다. 그런 목표가 좋은 목표입니다. 전력을 다했을 때만 달성할 수 있는 정체성 목표들을 세웁니다. 아주 고도로 집중했을 경우 80~90%의 달성률을 보일 것으로 추정되는 목표. 그것을 세우는 것입니다.

이 정체성들은 최종 정체성의 구성 요소여야 합니다. 우리가 하는 것은 마지막으로 넘어뜨리고 싶은 가장 큰 도미노를 넘어뜨리기 위해 중간에 여러 개의 더 작은 도미노들을 놔두는 작업입니다. 각각의 정체성은 다음 정체성을 넘어뜨릴 수 있는 정도의 크기여야 합니다. 또 일렬로 배열되어 있어야 하죠. 따라서 당신은 다음 정체성보다는 조금 작은 정체성을 세우되, 다음 정체성과 일직선상 위에 있는 정체성을 세워야 합니다. 강사라는 목표를 위해 앞에 작가라는 정체성 목표를 세우는 것으로 이해하시면 편합니다.

4단계) 첫 2개의 단계를 6개월 안에 달성하기 위한 전략과 전술 세우기 단계입니다. 전략은 목표를 이루기 위한 수단이며, 전술은 그 방법입니다. 예를 들면 영향력 있는 사람이 된다는 목표를 위해 인스타그램을 활용한다는 전략을 세우고 콜라보, 서평단 모집 등의 전술을 세우는 것입니다. 1단계 정체성을 달성하기 위한 전략, 전술과 2단계 정체성을 달성하기 위한 전략 전술을 작성해야 합니다. 이 과정은 아직 공부를 시작할 필요가 없습니다. 내가 쓸 수 있는 한 써보는 것이 먼저입니다.

5단계) 키워드 도출입니다. 내 전략이나 전술을 돌이켜보면서 여기서 키워드를 뽑아내는 과정을 거쳐야 합니다. 최대한 다양한 키워드를 뽑았다면 이제 도서관이나 서점으로 달려가 이 키워드에 해당하는 책들을 찾고 여기서 How to들을 뽑아서 집으로 돌아옵니다. 해야 하는 일의 아웃라인을 찾는 작업입니다.

6단계) 장기 - 중기 - 단기 목표를 세웁니다. 책에 나온 방식으로 장기, 중기, 단기 목표를 세우고 캘린더에 기록합니다.

7단계) 루틴을 세웁니다.

8단계) 장기, 중기, 단기 및 루틴에서 얻을 점, 읽을 점을 적어보고 구체적으로 어느 시간대에 어떻게 실행할지 계획합니다.

9단계) 수익화 계획을 세웁니다. 구체적으로 어떤 수익모델로 어떻게 수익을 창출할지 계획하고 고객과 등가 교환을 하기 위해 어떤 가치의 상품을 만들어 공급할지 계획합니다. 가격 등을 상세하게 계획하면 좋습니다.

10단계) 회고를 할 시간, 회고할 내용, 형식을 정합니다.

11단계) 이 모든 걸 포괄하는 하나의 원칙을 세우고 지금까지 계획한 경유지들을 최소화하는 작업을 시작합니다.

12단계) 실행하고, 기록하고, 회고합니다.

이상의 단계를 통해 당신은 6개월 안에 목표한 정체성을 달성할 수 있습니다. 실행과 회고를 제외한 이 모든 단계는 당신이 결심하고 1주일 이내에 마무리해야 하는 작업입니다. 늦은 밤이든 새벽이든 가리지 말고 일단 이 절박한 상황에서 빠져나올 방법들만 정리하시기를 바랍니다.

에필로그 당신도 퇴사할 수 있다

이로써 장장 6개월에 달하는 우리의 퇴사를 위한 도른 도전이 끝났습니다. 당신은 언제든 이 책을 다시 볼 수도 있고, 제 인스타그램을 찾아와 DM을 보낼 수 있습니다. 기술의 차원에 많은 지면을 할애했지만, 사실 저는 퇴사 생존을 위한 도구나 기술을 전파할 생각이 없었습니다.

언제나 도구보다 중요한 것은 마음입니다. 이 도구들을 챙기며 당신의 마음을 다지고, 촉박한 비상(飛上) 계획을 세우며 당신에게 한 가지 마음만 남길 수 있다면 저의 과업을 잘 마쳤다고 자평할 수 있을 것 같습니다.

"당신이 포기하지 않는 한, 당신이 날아오를 확률은 '절대적'이다."

이 책을 저술한 진짜 의도는 이렇습니다.

내가 6개월 안에 진짜로 이룩하고 싶은 나의 정체성을 결정하고, 그것을 매우 생생하게 시각화하기 위한 계획을 세우는 것. 그리고 그 과정에서 필요한 것들을 배우는 법, 포기하지 말고 정체성을 추구하는 마음을 안내하고 싶었습니다.

그렇습니다. 저는 배를 만드는 방법을 가르쳐드리고 싶지 않습니다. 당신에게 '거대한 바다에 대한 야망'을 가지게 하고 싶었을 뿐입니다. 당신이 바다를 꿈꾸는 순간, 배를 만들 방법은 당신 자신도 얼마든지 찾아낼 테니까요. 바다를 상상하는 법을 안내하고 싶었습니다.

우리는 질문할 수 있습니다. 이것은 신이 우리에게 준 어마어마한 능력입니다. 평온한 삶을 살고 싶다면 의심하지 말고 지금처럼 살면 되지만, 만일 인생 그 전체를 살고, 그 모든 꿈을 거머쥐겠다는 야심이 있다면 '질문'하면 됩니다.

질문은 당신을 단 한 번도 가본 적 없는 미래로 안내할 것입니다. 그로서 당신은 '사상 최초의 당신'이 될 수 있습니다. 당신을 위한 마법의 주문은 이와 같습니다.

"나는 이룩하고 싶은 나를 상상하고, 그것을 달성하기 위한 모든 질문을 하겠다. 그리고 그 질문의 답변을 반드시 찾아내겠다."

자, 런웨이 위의 레이스가 시작되었습니다. 시궁창입니까. 하늘 높은 곳입니까.

이 책의 작성에 영감을 준 많은 인스타그램 친구를 소개합니다.

순서는 저와의 친밀도와 전혀 관계가 없습니다.

@dreaming_chanel @mini_flix_b @bookcandoit @simwoosaem @stairs_book
@writing_rabbit___ @learner_ollie @book_colddew @se.kayla_book @book._.dada
@goodreader_june @monmun_archive @sabujakgeorida_ @hyo.energy @secret1__r
@blabla_lizzypark @bookzzinfan @_shining_myself @maple_withbooks @hewitt_book
@book_rich_ @kyo_oah_ @book.withuu @boramchan.everyday @supermadame_
@thebetter_wp @g_rum_edo @alice__bookworm @ssooks_book @wanjung419
@dajoung_books @book_withppt @hestia_hotforever @vigesco_daisy @kulkim_love
@whatidid_today @anotherme.ondal @writer_ziya_ @chuwol_heather @yes_2book
@book_mariej @chaec_sanggung @lumi_withbooks @wooah_books @book___tori
@kim_so.jang @scandi.mom @jane_bookcafe @foreate_go @book._.yj @so.so_book
@ggutree @uraura.mom @distant_perfume @im__jiho @tinystar.books @jjing.write
@on_rida @jjinsmile_ing @shine_essaybook @bookey_jju @melody._mom
@book_namaste @zoomkitlist @book_jiye @jeunesse_candy @onri_u3 @hongeunkyeong
@bookbooksummer @mwal.ng.n @woojoos_story @gray._book @successful_reading
@hy_ose_on @booki_booka @eunchong_mommy @bookreviewer_mj @bookkey_dokey
@10sec_insight @book.dessert @npipe1 @so.phia_namu102 @lead_ddabooksis
@book_daol @ggi_marry @oneday_lool @lalla_book @reminin_books @freeunni__
@my_checkbbang @book.cherry_log @y__mjo @newly_books @myvid_book @gguilac
@0221_hj @mindful_yui @booka_long @chowha_yeon_life @bookwithmom2023
@sosohan_books @book_sseyo @the_only_growth @daily._.izumod @book_osimarrr
@_plumstone_ @areumdaeun_book @mongs_book @helle0032 @10._.book
@book_star_light @h_opesmell @richnjindam @from__mind @grace_booklover77
@hanga_book @nohmihwa4 @gahi_love_u @gurygury_book @im.rinha
@successmaker_aromi81 @happyrich_book @bookbbal @n_think_about @da_jung_miso

@dondok.books @lotto_k05 @yooncopy_note @ihyemi000 @boo_n_book @buzzaumma @_so.so_book @botongbook @make_haru @miyoung_books @oceanpage_gyeom @branding.eureka @hohohyejins @ramy_books @todacx2_me @sveino.sljbook @estella_tk @reading_books_80 @book_love_suki @a.m_writer @book_tro @wseulgi2617 @love_gayoung2 @book_puffgirl @mgim73584 @bookscent_yun @almond_knit_book @kbg0406 @sugarholic_writer @_dolphin_book @haran.book @allrounder_yujin @yo__niverse @kim.yeojin @5neul_book_jw @sun__0223 @bara.book2 @books_kim @ssen_mental @text____phile @jangsamdeog5 @heang_jjin @daltokki.book @happybook.jin @yoonseul_library @rara.n.gle @yoonchae_bookgarden @mrsjin_ @grin.b00k @500.now @rich_alicia_by_book @namuni_books @gonggam.bora @attistory @2haewriter @easy._.b.reader @19th_episode @jj__man2 @writer_namji @beagle_boda @deokwonyu @miseon00527 @sumok_23 @yr.books.cy @m.j.bro_books @choigrowth @grow.yeon @namansi_school @sonzx33 @bakcas @mommy.roun

Special Thank You

@jjookibookstory @writer_jiji @haewon.ching @naro.shine @marblsystem @yoonwoong_mom @gritj_ys @younheeq @luvv_mang @wybook @ja_yaa__ @jsstory_today @powerbooks02 @chommu_booktoon @kali_suzie_jin @nns_writing

여러분과 소통하며 영감을 나눌 수 있음에 무한한 영광을 느낍니다. 이외에도 지면상 부득이 기록하지 못한 많은 팔로워분께도 고개 숙여 감사와 사랑을 전합니다.